KB098147

# 영어의 이해와 유래

**영어의 이해와 유래**

2015년 8월 20일 초판 인쇄
2015년 8월 25일 초판 발행

**지은이** 박희석 | **펴낸이** 이찬규 | **펴낸곳** 북코리아
**등록번호** 제03-01240호 | **전화** 02-704-7840 | **팩스** 02-704-7848
**이메일** sunhaksa@korea.com | **홈페이지** www.북코리아.kr
**주소** 462-807 경기도 성남시 중원구 사기막골로 45번길 14
우림라이온스밸리2차 A동 1007호
**ISBN** 978-89-6324-439-6 93740

값 17,000원

# 영어의 이해와 유래

## The Understanding and History of English

박희석 지음

북코리아

## 머리말

영어를 전공하는 학생들뿐만 아니라 영어에 관심을 갖고 있는 학생들에게 영어의 음성과 구조에 대한 지적인 정보를 제공하고, 영어가 어떻게 발전해 왔는지를 개관해 보여주고자 『영어의 이해와 유래』를 출간하게 되었다. 이 책은 이전에 출간된 『영어의 이해』(2012)를 토대로 하였으며, 그 내용을 대폭 수정 보완함과 동시에 영어의 유래에 관한 내용을 후반부에 새롭게 정리하여 실었다. 그리하여 영어발음이나 영어음성현상, 영어의 구조적인 특성, 그리고 영어의 변천사에 관한 종합적인 이해가 이루어질 수 있도록 구성해보았다. 실용성이 강조되는 대학교육의 현실에 발맞추어 일상생활에서 충분히 활용할 수 있는 영어음성과 구조 등에 대한 내용을 정리하였으며, 현대영어의 모습에 대한 이해의 폭을 넓히고자 영어의 유래에 관한 핵심적이고 기본적인 내용을 중심으로 정리하였다.

이 책은 크게 세 부분으로 구성되어있다. 제1부에서는 일상생활에서 실제로 활용할 수 있는 영어음소와 영어구조를 한국어의 음소와 비교하여 실었다. 그리하여 궁극적으로는 학생들이 우리말과 영어의 서로 다른 음소를 정확하고 폭넓게 이해할 수 있도록 하였으며, 영어표현에 대한 기초적인 내용의 점검을 통해 구조적인 특성이 이해되도록 하였다. 제2부에서는 제1부에서 설명한 실용적인 내용들이 체계적으로 이해될 수 있도록 영어음성학의 기본원리를 소개하였다. 이렇게 함으로써 영어발음과 음성현상의 근거를 이론적 배경에서 살펴볼 수 있게 하였으며, 이를 통해 폭넓은 영어 음과 구조의 이해가 이루어질 수 있으리라 생각한다. 마지막으로 제3부에서는 영어의 유래에 대해 중요한 사건들을 중심으로 실었다. 영어의 기원에서부터 현대영어에 이르기까지의 중요한 정치적, 사회적, 문화적, 그리고 언어적 사건들을 살펴봄으로써 영어에 대한 보다 폭넓은 이해가 이루어질 수 있도록 하였다.

끝으로 이 책의 구성을 위해서 여러 저서들의 인용이 있었음을 밝혀둔다. 구희산 교수님의 『영어음성학』(1998)과 *Phonetics and Phonology in English*(1990)에서 일정부분을 발췌하였으며, 전상범(1998), Ladefoged(2006), Algeo(2010), 박희석(2010) 등의 저서에서도 이 책의 내용전개상 필요한 부분들이 인용되었다. 집필에 필요한 인용한 부분은 가능한 출처를 밝히고 실었으며, 이 자리를 빌려 해당되는 분들께 감사드리고 싶다. 아무쪼록 이 책이 영어의 음, 구조, 유래 등의 이해에 큰 도움이 될 수 있기를 바라마지 않는다.

2015년 여름에

저자

## 목차

머리말 / 5

Part 1 Understanding of English Pronunciation / 11

제1장 한국어음소와 영어음소의 비교 / 13

1. 한국어음소에 없는 영어음소 / 14
2. 외국인 어투를 보이기 쉬운 영어발음 / 16
3. 영어발음의 궁금증 / 28

제2장 영어의 음성현상 / 37

1. 동화현상 / 38
2. 음의 생략현상 / 40
3. 연음현상 / 48
4. 설탄음 / 54
5. /h/ sound의 연구 / 56
6. 인칭대명사의 축약 / 57
7. 비강세로 발음되는 기능어 / 61

제3장 생각하면 흥미로운 영어표현들 / 63

제4장 영어 구조의 이해를 위한 영문법 Check / 81

Part 2 Understanding of English Phonetics / 93

제1장 인간언어의 이해 / 95

1. 인간과 언어 / 95
2. 언어의 정의 / 97

제2장 음성학의 기본개념 / 102

제3장 언어연쇄 / 105

제4장 음운분석의 기본단위 / 110

제5장 음운변화과정 / 115

제6장 말소리 생성 / 123

1. 말소리 생성의 개요 / 124
2. 발성기관 / 126

제7장 음성표기 / 131

1. 표기법 / 132
2. 음성체계 / 133
3. 영어와 한국어 음운조직 비교 / 138

제8장 조음장소 및 방법 / 142

1. 자음의 조음 / 142
2. 모음의 조음 / 152
3. 동시조음과 이차조음 / 155

제9장 영어자음 / 158

1. 파열음 / 159
2. 마찰음 / 169
3. 파찰음 / 175
4. 전이음 / 176
5. 설측음 / 179

6. 비음 / 180
7. 자음의 변별적 자질 / 182

제10장 영어모음 / 188

1. 모음의 기술 / 188
2. 전설모음 / 192
3. 중설모음 / 197
4. 후설모음 / 199
5. 모음의 변별적 자질 / 203
6. 이중모음 / 204

제11장 음절과 강세 / 208

1. 음절의 특징 / 209
2. 음절의 유형 / 212
3. 분절법 / 214
4. 자음군의 발음 / 218

제12장 리듬 / 225

1. 구절 단위의 리듬 / 226
2. 문장강세 / 229
3. 단음절어의 발음 / 235
4. 영어 강세 / 237
5. 의사단락 / 245
6. 연접 / 250

Part 3 Understanding of the English History / 255

제1장 영어의 유래 / 257

1. 영어발달사를 공부하는 이유 / 258
2. 현대영어의 일반적 특징 / 259
3. 언어의 계통 / 261

4. 인도-이란어군 / 268
5. 게르만어군 / 269

제2장 고대영어 / 278

1. England, English의 유래와 기독교의 전파 / 279
2. 고대영어의 철자와 발음 / 284
3. 게르만인의 룬문자와 고대영어문자 / 286
4. 바이킹족의 침입 / 288

제3장 중세영어 / 292

1. 노르만 정복 / 293
2. 영어의 몰락과 프랑스어의 공용어화 / 295
3. 영어의 위상 복구와 런던표준어의 등장 / 295
4. 음운과 철자의 변화 / 298

제4장 현대영어 / 302

1. 대모음추이 / 303
2. 초기현대영어의 정자법 / 306
3. 영국영어와 미국영어의 차이 / 307

참고문헌 / 317
영어구조의 이해를 위한 영문법 Check - 해설 및 정답 / 319

# Part 1

## Understanding of English Pronunciation

영어음소와 한국어의 음소를 비교해보면 영어발음의 원리를 이해하는 데 도움이 된다. 비슷해 보이는 음소들도 서로 다른 경우가 나타나고, 두 언어 사이에 서로 배타적인 음소도 있다. 예를 들어 영어음소 /t/와 /d/의 발음을 한국어음소 'ㅌ'과 'ㄷ'의 발음과 동일한 것으로 잘못 이해하는 경우가 있다. 또한, 영어음소 /s/음을 'ㅅ'과 동일시하는 것은 두 음소의 차이를 잘못 이해한 경우라 할 것이다. 이러한 현상들은 영어음소와 한국어음소의 정확한 이해를 통해서 알 수 있으므로 Part 1에서는 이러한 내용을 중심으로 구성하였다.

제 1 장

# 한국어음소와 영어음소의 비교

영어음소와 한국어음소는 서로 일치하지 않은 경우가 많이 있다. 예를 들어, /f/와 같은 음소에 상응하는 한국어음소는 없으며, 우리가 비슷한 음소로 생각하기 쉬운 영어음소 /s/와 한국어음소 'ㅅ'은 조음점에서 차이를 보이는 음소들이다. 이처럼 영어음소와 한국어음소를 비교해보면 드러나는 차이들이 있기 때문에 영어발음의 정확성을 위해서 개별음소에 대한 정확한 이해가 선행되어야 할 것이다. 이러한 이해를 돕기 위해서 이번 장에서는 영어음소와 한국어음소에서 주의해야 할 사항들을 중심으로 다루고자 한다.

## 1. 한국어음소에 없는 영어음소

한국어음소에 없는 영어 음을 발음하기 위해서는 특별한 주의가 필요하다. 왜냐하면, 한국어음소에 없는 이들 음소를 발음할 때에 일반적으로 그와 비슷한 한국어 음으로 대체하여 발음하는 경향이 있기 때문이다. 다시 말해서 영어음소의 발음을 할 때 모국어인 한국어의 음소가 방해를 줄 수 있으므로 두 언어 간 정확한 음소의 구별이 필요한 것이다. 다음의 음들은 한국어음소에는 없는 영어 음소들이다.

### 1) Labiodental 순치음 脣齒音(/f, v/): fine, vine

/f/와 /v/는 윗니를 아랫입술에 가볍게 놓은 상태에서 공기를 밖으로 내보내면서 마찰이 일어나게 하는 순치마찰음(labiodental fricative)이다. 한국어음소에는 영어의 /f, v/처럼 윗니를 아랫입술에 가볍게 대고서 발음하는 순치음이 없다. 그 결과 한국인들은 영어자음 /f, v/의 발음을 우리말의 /ㅍ, ㅂ/으로 대체하는 경우가 있는데 이것은 잘못된 조음방법이다.

### 2) Dental 치음 齒音(/θ, ð/): thanks, this

/θ/와 /ð/는 혀끝을 윗니 가까이대고 내는 치아마찰음(dental fricative)이다. 그런데 한국어음소에는 영어의 /θ, ð/처럼 윗니와 아랫니 사이에 혀끝을 대고서 발음하는 음이 없다. 그 결과 한국인들은 영어자음 /θ, ð/의 발음을 우리말의 /ㅅ, ㄷ/으로 대체하는 경우가 나타나기 쉬운데 이것은 잘못된 것이다.

### 3) Palatoalveolar 경구개치경음 硬口蓋齒硬音 (/ʒ/): vision

한국어음소에는 치경(잇몸)과 경구개에 이르는 부분에서 영어음소 /ʒ/처럼 발음되는 음이 없다. 그 결과 한국인들은 영어자음 /ʒ/의 발음을 우리말의 /쥐/로 대체하는 경우가 많은데 실제로 이 두 음은 차이가 많다.

### 4) Flap sound 설탄음 舌彈音 (/ɾ/): little

한국어음소에는 영어의 /ɾ/처럼 혀끝이 잇몸을 빨리 치고 나가면서 발음되는 음이 없다. 그 결과 한국인들은 영어자음 /ɾ/의 발음을 우리말의 /ㄷ/으로 대체하는 경우가 많은데 이것은 잘못된 발음이다. 예를 들어 latter, ladder의 경우처럼 모음과 모음 사이에 /t/나 /d/가 위치하고 후행모음에 강세가 없으면 /t/나 /d/가 설탄음 /ɾ/처럼 발음되는 현상을 설탄음화라고 부른다. 이때 ladder의 [æ]가 latter의 [æ]보다 더 길게 발음되는데 이는 동일한 발음환경에서 유성자음 앞의 모음길이가 무성자음 앞의 모음길이보다 길게 발음되기 때문에 나타나는 현상이다.

### 5) Dark /l/ '어두운 /l/' (/ɫ/): milk

영어에는 /l/의 발음이 한국어음소 'ㄹ'과는 다르게 환경에 따라서 두 가지로 발음된다. 특히 단어의 끝 부분에서 발음되는 이른바 '어두운 /ɫ/'은 한국어에서는 찾아볼 수 없는 음이다. 예를 들어 영어의 milk, silk 등의 미국인의 발음을 자세히 들어보면, 우리말의 '미얼(ㅋ)'나 '씨얼(ㅋ)' 등처럼 들린다. 이러한 어두운 /l/의 발음은 혀의 가운데 부분이 움푹 내려앉은 자세에서 조음이 이루어지기 때문에 다소 어두운 느낌을 준다. 이 음소는 한국어음소에서는 찾아볼 수 없으므로 발음을 위해 연습이 필요하다. 음성부호 /ɫ/에서 가운데를 가로지르는 물결무늬는 조음 시 혀의 모습을 형상화한 것이므로 발음연습 시 참고하면 도움이 될 것이다.

## 2. 외국인 어투를 보이기 쉬운 영어발음

### 1) 영어자음

자음이란 허파에서 올라온 공기가 성도(vocal tract)를 통과한 후에 어떤 식으로든 조음기관으로부터 방해를 받아 만들어진 음을 말한다. Ladefoged(2000, p. 5)는 이러한 자음의 특성을 다음과 같이 설명하고 있다.

> In order to form consonants, the airstream through the vocal tract must be obstructed in some way. Consonants can be classified according to the place and manner of this obstruction.

영어자음과 한국어 자음들은 음운구조상 조음장소와 방법이 서로 다른 경우가 있으므로 주의를 기울여야 한다. 다시 말해 허파에서 올라온 공기가 방해받는 위치와 방법이 영어와 한국어자음별로 다른 음소가 많이 있다. 다음의 영어자음들은 우리말과 조음장소와 방법이 다르기 때문에 주의해야 한다.

### (1) /s/의 발음

영어자음 /s/는 치경마찰음(alveolar fricative)이다. 다시 말해 조음 장소가 치경(alveolar)이며, 그곳에 혀끝을 대고 마찰을 통해 음을 만들어 낸다는 뜻이다. 한국어음소 중에서도 치경 부분에서 마찰을 통해 이루어지는 음소 'ㅅ'이 있지만 음소 'ㅅ'은 영어의 /s/보다는 더 입천장 안쪽(경구개에 오히려 가깝다)에서 이루어지기 때문에 두 음의 조음위치는 다르다고 봐야할 것이다. 구체적으로 원어민의 /s/ 발음 위치는 한국인들보다 더 치경(잇몸) 앞쪽이다. 그러나 우리는 영어자음 /s/를 발음할 때에 한국어의 'ㅅ'으로 대체하여 발음하기 쉽기 때문에 조음위치에 주의를 기울여야 한다. 한국인이 영어자음 /s/의 발음을 정확히 하는 연습을 하려면 의식적으로 혀끝을 한국어음소 'ㅅ'을 발음할 때보다도 더 잇몸 쪽으로 내밀면서 발음을 해야 하는 것이다. /s/의 발음에서 분출된 공기는 윗니에 부딪치지만 'ㅅ'의 발음 시 분출된 공기는 거기에 미치지 못하는 차이점이 있음을 알 수 있을 것이다. /s/와 'ㅅ'을 발음하다가 거꾸로 숨을 들이마시면 /s/보다는 'ㅅ'의 경우 입안의 더 많은 부분이 시원해진다는 것을 알 수 있다. 그 시원한 부분이 바로 마찰을 일으키게 하는 부분인 것이다.

이러한 사실을 정확히 알지 않으면 우리는 /s/로 발음되는 영어 단어들을 잘못 발음하는 경우가 발생할 수 있다. 예를 들어 호주의 Sydney를 한국인이 발음하면 마치 꽃이 시든다는 의미의 '시드니'에 가깝게 발음하는 경우가 있다. 이러한 발음은 원어민의 입장에서 보면 외국인 어투로 들릴 뿐이다. Seattle, CBS, MBC 등을 통해 /s/의 발음을 연습해보자.

## (2) /l/의 발음

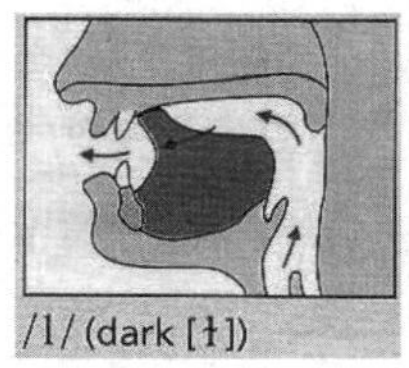

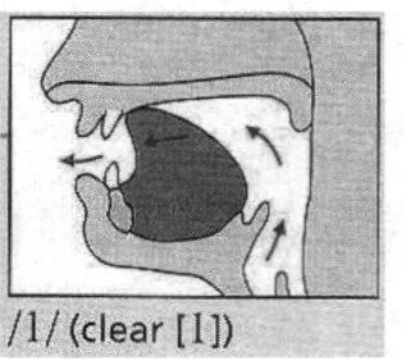


**그림 1-1** clear /l/과 dark /ɫ/의 발음모습(Crystal, 1995, 245)

**원어민의 발음에서 milk가 '미얼크'처럼 들리는 이유가 있다.**

/l/의 발음은 크게 두 가지로 나눌 수 있는데 그 각각을 clear /l/(또는 light /l/)과 dark /ɫ/이라고 부른다. 그림에서 볼 수 있는 것처럼 '밝은 /l/'은, light 등의 발음을 할 때처럼, 혀끝을 윗잇몸(치경, alveolar)에 대며 전설(前舌) 부분은 경구개(硬口蓋) 가까이에 위치하고 있어서 전체적으로 우리말의 'ㄹ'에 비해서 밝은 느낌을 준다. '밝은 /l/'은 /l/이 음절초(音節初)에 나오는 경우(leaf), 음절초에 자음이 오고 그 뒤에 /l/이 오는 경우(glance), 그리고 value의 둘째 음절에서처럼 /l/ 뒤에 /y/가 오고 그 뒤에 모음이 오는 경우의 환경에서 이루어진다.

반면에 dark /l/([ɫ])은, /l/ 소리가 많이 약화되어서 잘 들리지 않는 경우를 말한다. 구체적으로 어두운 /l/이란 혀끝은 윗잇몸에 대지만 설단(舌端)과 전설 부분이 갑자기 밑으로 내려왔다가 후설(後舌) 부분에서 다시 연구개(軟口蓋) 쪽을 향하게 되어 혀의 중간 부분이 입천장 부분에서 움푹 내려앉은 모습으로 발음되는 음을 말한다. 그래서 이 어두운 /l/을 연구개음화된 음이라고들 말하는 것이다. 구체적으로 milk, silk, film, feel, oatmeal, wheel 등의 단어를 들 수 있다. 이러한 낱말들은 /l/이 공통적으로 음절말(音節末)에 오거나 k나 m과 같은 정지자음(stop consonant) 앞에 위치하고 있음을 알 수 있다. 주의할 점은 이때 /l/는 철자가 아닌 발음의 표시라는 점이다. 따라서 table의 경우 마지막 철자 e는 발음되지 않기 때문에 음절말에 오는 것은 /l/이며, 결국 어두운 /l/이 되는 것이다. 이러한 환경에서 단어를 발음할 때에는 원래의 /l/보다 더 어둡고 잘 안 들린다고 하여 음성학자들은 이를 'dark /l/([ɫ])'이라고 부른다.

A. clear[l]

- light
- leadership
- literature
- Los Angeles
- lamp

B. dark[ɫ]

- milk
- feel
- silk
- film
- oatmeal
- wheel

### (3) /θ/, /s/, /t/의 발음구별

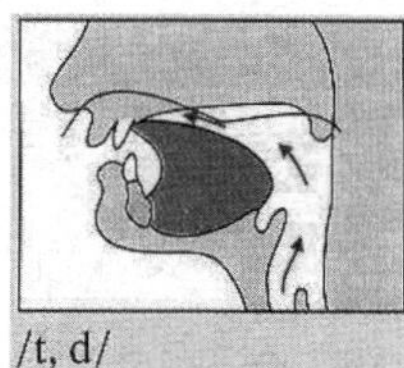

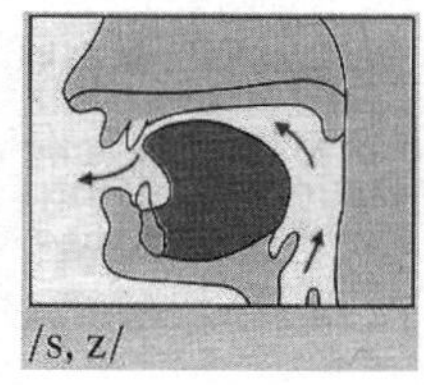

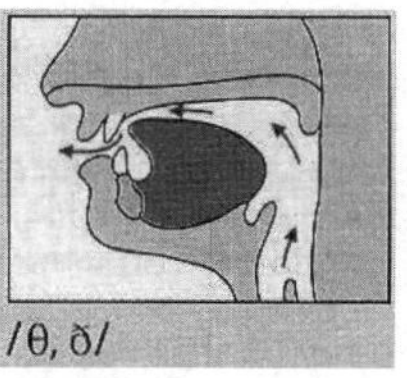


**그림 1-2** /θ/, /s/, /t/의 발음모습(Crystal, 1995, 244)

three[θri:]와 thank you[θæŋkju:] 등의 발음을 정확히 하면 그 차이

를 찾을 수 있다. /θ/음은 윗니와 아랫니 사이에 혀끝을 대고서 발음하는 치간음(interdental sound)이다. 또한 혀끝을 윗니의 뒤쪽 부분에 대고 발음하는 경우도 있으므로 후치음(postdental sound)이라고도 한다. 앞에서 설명한 것처럼 영어자음 /θ/음은 우리말에는 없기 때문에 비슷한 다른 한국어로 대체하려는 경향이 있다. 그 결과 많은 한국인들은 /θ/의 발음 대신에 한국어의 비슷한 자음인 'ㅅ' 또는 'ㅌ'으로 대체하여 발음하는 경우가 있는데 이는 잘못된 것이다. /θ/, /s/, /t/의 음은 얼핏 보기에 비슷한 음으로 잘못 생각할 수 있지만 성질이 다른 음들이다. 우선 /θ/는 혀끝과 혀의 좌우를 윗니 가까이에 대고 그 사이에 만들어진 좁은 통로를 통해 공기를 내보내면서 만들어내는 마찰음이다. /s/는 앞에서 공부한 바와 같이 치경에 혀끝을 대고 마찰을 통해 음을 만들어내는 치경마찰음(alveolar fricative)이다. 마지막으로 /t/는 혀끝을 치경에 댄 상태에서 공기를 막았다가 일시적으로 파열시키면서 소리를 만드는 파열음(또는 정지음이라고도 한다)이다. 따라서 /θ/와 /s/는 마찰음이란 점에서 조음방법은 동일하지만 조음장소는 각기 다르고, /s/와 /t/는 조음장소가 치경으로 같지만 조음방법이 각각 마찰음과 파열음이므로 서로 다르다. 마지막으로, /θ/와 /t/는 조음의 장소뿐만 아니라 조음의 방법도 전혀 다른 음이다. 다음의 단어들의 발음비교를 통해 /θ/, /s/, /t/의 차이를 구별하도록 하자.

A. /θ/와 /s/의 발음비교

- think / sink
- thick / sick
- thumb / sum
- mouth / mouse

• path / pass

B. /θ/와 /t/의 발음비교

• thanks / tanks
• three / tree
• thigh / tie
• bath / bat
• tenth / tent

### (4) /k/, /g/, /ŋ/의 발음

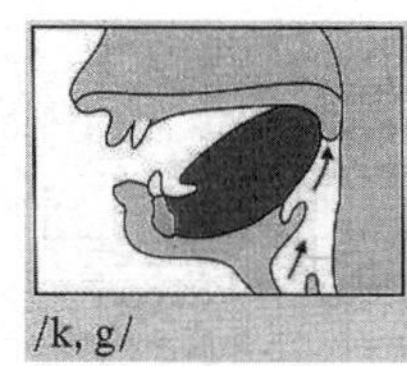


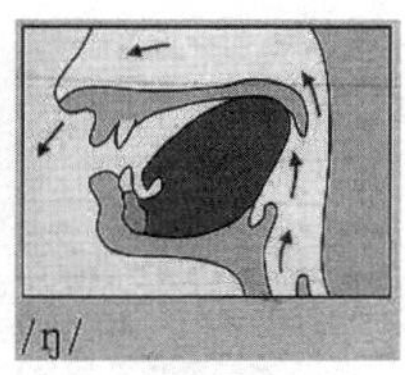


**그림 1-3** /k/, /g/, /ŋ/의 발음모습(Crystal, 1995, 244-245)

사람의 입 모양을 들여다보면 성대에 가까운 입 속 깊은 천장에 부드러운 부분이 있는데 이를 한자어로 연구개(軟口蓋, soft palate)라고 하며 이 부분에서 이루어지는 발음을 연구개음이라고 한다. 영어의 자음 중에서 이 부분에서 발음이 이루어지는 음은 /k/, /g/, /ŋ/ 등이 있다. /k/, /g/의 발음은 후설 부분을 연구개에 밀착시켜 허파로부터의 공기를 차단한 후에 공기의 압력이 높아지면 그 공기를 파열하여 소리를 내기 때문에 연구개 파열음(velar stop)이라고 부른다. 이 두 음의 발음은 한국어 발음의 /ㅋ/, /ㄱ/에 비해서 훨씬 입 안쪽에서 발음된다. 따라서 영어의 자음 /g/를 발음할 때에는 한국어의 자음 /ㄱ/보다 더 안쪽에서 발음하는 습관을 가져야 한다. /ŋ/의 발음은 /k/, /g/의 발음처럼 후설을 연구개에 대면서 허파에서 올라온 공기를 차단한다. 그러나 /ŋ/의 발음은 공기가 입을 통해 파열되는 것이 아니라 코를 통해 나가기 때문에 연구개 비음(velar nasal)이라고 부른다. 다음 단어들을 통해 /k/, /g/, /ŋ/을 연습해보자.

- girl
- signal
- ghost
- graphic
- gasoline
- good
- guilty
- king

### (5) /p/와 /f/의 발음

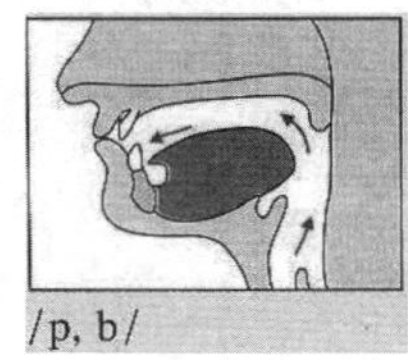

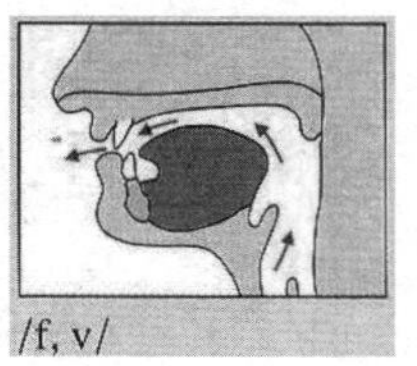


**그림 1-4** /p/와 /f/의 발음모습(Crystal, 1995, 244)

그림에서 볼 수 있는 것처럼 /p/는 양 입술을 붙여서 내는 소리임에 반해서 /f/는 윗니를 아랫입술의 윗부분에 가볍게 대고서 발음하는 것을 알 수 있다. 이처럼 /p/와 /f/는 발음하는 방법이 매우 다르다. /p/는 양 입술을 붙여서 허파에서 올라온 공기의 흐름을 정지시킨 후에 압력이 높아지면 입술을 열어 공기를 파열하여 소리를 내는 양순파열음(정지음, bilabial stop)임에 반하여, /f/는 윗니를 아랫입술에 가볍게 댄 상태에서 공기를 밖으로 내보냄으로써 마찰을 일으켜 내는 순치마찰음(脣齒摩擦音, labiodental fricative)이다. 결국 /f/는 윗니와 아랫입술의 마찰에 의해 소리를 내는 마찰음이므로 두 입술을 붙인 상태로 발음해서는 안 된다. 그러나 이 발음을 잘못 발음하는 경우를 가끔 볼 수 있다. 조금만 주의를 기울이면 정확히 할 수 있는 음이므로 주의하도록 하자. 이 음들을 잘못 발음하게 되면, '좋은'이라는 의미의 형용사 fine이 '소나무'라는 의미의 명사 pine이 될 수 있기 때문이다. 다음에 주어진 단어들의 연습을 통해 각각의 조음위치를 확인해보자.

- peel / feel
- pan / fan
- port / fort
- pine / fine
- pail / fail
- pat / fat

### 2) 영어모음

모음이란 허파에서 올라온 공기가 조음기관에 의해 방해를 받지 않고 밖으로 나오는 음을 말한다. 자음에 비해 영어모음의 발음은 훨씬 더 추상적이고 조음위치를 눈으로 확인할 수 없기 때문에 한국인의 입장에선 원어민(native speaker)의 발음을 따라서 하기가 상대적으로 더욱 어렵다. 이처럼 어려운 상황에서 정확한 영어모음의 발음을 하려면 한국인화자 자신의 영어모음 조음위치에 대한 의식적인 노력이 있어야 한다. 특별히 영어 저모음(low vowels)의 발음 시 원어민은 한국인에 비해서 입을 더 크게 벌리고 발음하는 경향이 있으므로 한국인화자들도 더욱 크게 입을 벌리고 조음을 해야 한다. 결국 영어 저모음의 발음에서 한국인화자의 외국인 어투를 줄이기 위해서는 의식적으로 입을 크게 벌린 상태로 발음하려는 노력이 필요하다. 또한 영어이중모음의 발음도 외국인 어투를 보일 수 있기 때문에 주의하여 발음하도록 하자.

### (1) 영어 전설저모음(low front vowel /æ/)의 발음

영어저모음 /æ/는 우리 발음의 '애'보다 혀가 더 많이 내려간 위치에서 발음해야 원어민과 비슷한 음을 발음하게 된다. 한국인은 /æ/보다는 /e/를 발음하기에 더 쉬운 음운구조를 가지고 있으므로 특별한 주의를 요한다. 따라서 passion, dash 등의 /æ/ 발음을 할 때는 다음의 그림에서 볼 수 있듯이 의식적으로 입을, 옆으로 힘을 주면서, 더 크게 벌려야 한다.

/æ/ 발음모습

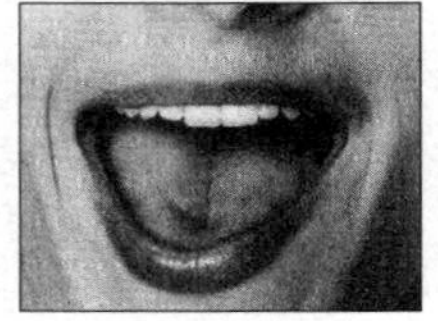

입을 크게 벌리는 연습을 한다.

/e/ 발음모습

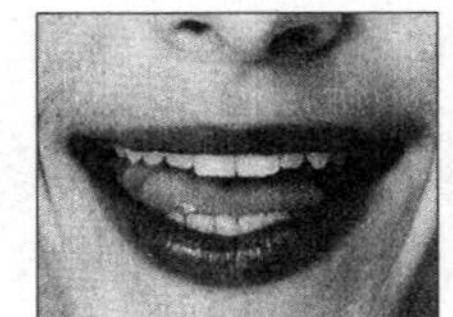

/i/를 발음할 때보다 약간 더 크게 입을 벌린다.

**그림 1-5** /æ/와 /e/의 발음모습(박희석, 2010, 91)

정확한 영어저모음 /æ/를 익히기 위해서 다음 단어의 발음을 연습해보자.

- passion
- dash
- apple
- angry
- alcohol
- category
- acid
- animal

### (2) 영어 후설저모음(low back vowel /ɔ/)의 발음

영어모음 중 /ɔ/의 발음은 미국영어에서는 '아'로 발음되는 경우가 많다. 구체적으로 설명하면, 입 모양을 약간 오므리고 턱을 밑으로 당기면서 발음하면 된다. 특히 그 음절에 강세가 오면 일반적으로 '아'로 발음된다. /ɔ/의 발음은 **bought**나 **caught** 등의 단어의 모음을 생각하면 된다. 다음의 그림은 /ɔ/의 발음의 입 모양을 잘 표현해주고 있다.

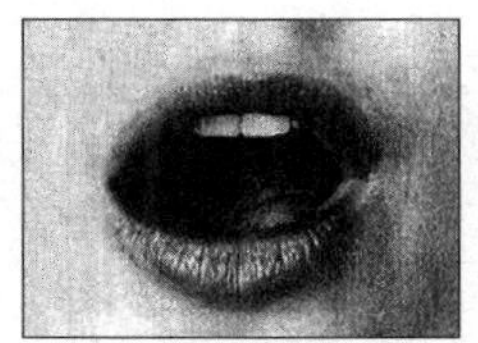

우리말의 '오'를 발음할 때 보다 입을 더 크게 벌리고 입술을 약간 둥글게 오므린다.

**그림 1-6** /ɔ/의 발음모습(박희석, 2010, 87)

/ɔ/의 발음을 구체적으로 설명하여 보자. 우선 이 모음을 발음하기 위해서는 입을 좌우로 약 2.5cm나 약간 더 좁은 넓이로 벌리고, 위아래의 높이는 약 1.25cm 정도로 벌린다. 또한 입술은 약간 내밀어서 돌출 되게 하며 일반적으로 치아는 거의 보이지 않는다. 이 발음을 하기 위해서는 턱을 약간 들어올리게 된다. saw, cause, cross 등의 발음 시에 사용되며, /a/, /ow/, 그리고 /ə/ 등의 발음과 혼동하기 쉬우므로 주의가 필요하다.

다음의 단어를 이용하여 영어발음을 연습하여 보자.

- bought
- coffee
- orange
- thought
- nominate
- caught
- law
- chocolate
- John
- rocket
- pocket

(3) 영어 후설중모음(mid back vowel /o/)의 발음

일반적으로 영어 후설중모음 /o/는 미국영어에서 이중모음화되는 경우가 많다.

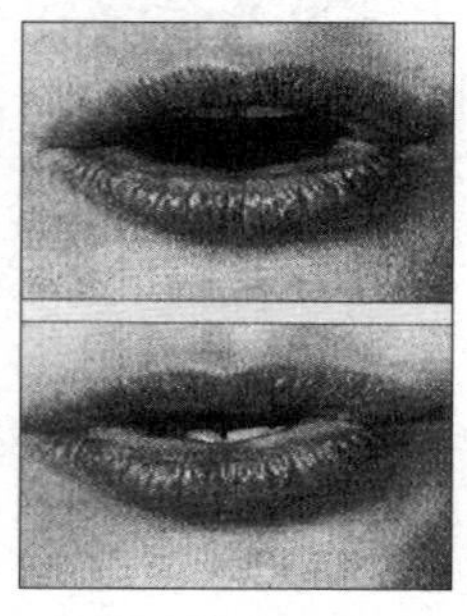

입술은 중간 정도 크기의 원 모양으로 만든다.

**그림 1-7** /o/의 발음모습(박희석, 2010, 103)

우리나라에서 출간된 영한사전은 boat의 발음에서 모음 부분을 /ou/로 표기하고 있으나, 정확한 이해를 위해서는 /ow/로 표기해야 할 것이다. 이 모음은 두 개의 단모음이 아니라 이중모음이기 때문에 이렇게 표기하는 것이 더 정확한 발음이다.

/ow/의 발음을 위해서는 우선 입술모양이 영어모음 /o/의 모습을 하여야 한다. 입술모양이 영어모음 /o/를 닮기 위해서는 우선 입술을

앞으로 내밀어야 할 뿐만 아니라 /ɔ/의 발음보다도 더 둥글게 입 모양을 만들어야 한다. 이렇게 발음을 하게 되면 그림에서 보는 것처럼 입술 모양이 지름이 약 1.25cm 정도인 둥근 원 모양이 되고 혀끝은 입의 밑바닥에 닿지 않게 된다. 이러한 /ow/의 발음은 go/gow/, cold/kowld/, coast/kowst/, soul/sowl/, 그리고 snow/snow/ 등이다.

그러면 /ow/와 같은 이중모음은 어떤 성질의 모음인지에 대해 알아보자. 이중모음이란 두 개의 모음이 연이어서 발음되는 현상인데, 주의할 점은 두 개의 서로 다른 단일 모음으로 발음하지 않고 하나의 주음에 다른 하나의 부음이 연결되어 있는 것처럼 발음해야 한다는 점이 특이하다. 예를 들어 open을 발음할 때에 '오우픈[owpən]'이 되는데 이때에 '오우[ow]'의 발음을 별개의 모음으로 하는 것이 아니라 '오'를 주음으로 강하게 발음하고 '우'는 부음으로 입 모양만 그 발음을 하는 모습으로 만들어주는 식으로 발음해야 한다. 따라서 이때에는 '**오**(우)픈[**o**wpən]'으로 표시할 수 있을 것이다. 그러나 한국인화자들은 이러한 이중모음의 발음을 할 때에 주음과 부음의 원리를 제대로 구현하기 어려워서 외국인 어투를 보일 수 있으므로 특별히 이중모음 발음에 주의해야 한다.

다음 낱말의 발음연습을 통해 이중모음을 이해하도록 하자.

- boat
- open
- joke
- ghost
- cold
- note
- hole
- phone
- don't

## 3. 영어발음의 궁금증

### 1) Cap과 Cab의 발음구별

영어 음에 있어서 기본적으로 알아두어야 할 것들 중의 하나는 발음되지 않는 마지막 자음들이다. 이렇게 어미에서 발음되지 않는 영어의 자음들에는 /p, b, t, d, k, g/ 등이 있다. 이러한 음들은 낱말의 끝 위치에서 발음할 때 조음기관을 움직여서 발음의 모습을 갖추지만 입을 열어서 공기를 밖으로 내보내지는 않는 경우가 대부분이다. 즉, 이러한 정지음(파열음 또는 폐쇄음이라고도 한다)들이 낱말의 마지막 자음으로 오는 경우엔 일반적으로 이 자음들이 파열되지 않고 발음이 완료되는 경우가 많다.

따라서 영어의 발음에서 cap과 cab을 구별해서 듣기도 어려울 뿐만 아니라 발음하기란 매우 어렵다. 낱말의 마지막에서 폐쇄음인 /b/와 /p/가 파열되지 않고 공기의 흐름이 막힌 상태에서 발음이 끝나기 때문에 단어의 발음을 알아듣기 어려울 것이다. 청각으로는 구별하기 어렵기 때문에 이 두 단어들의 차이를 청해나 발음의 측면에서 설명하려드는 것은 무리라고 할 것이다. 그러나 스펙트로그램을 비교하여보면 무성자음(/p/) 앞의 모음보다는 유성자음(/b/) 앞의 모음길이가 더 길다는 것을 확인할 수 있다. 다시 말해서 일반적으로 무성자음 앞에 나오는 모음의 길이는 유성자음 앞에 나오는 동일모음의 길이에 비해 더 짧다는 것이다. 유성폐쇄음 앞과 무성폐쇄음 앞의 모음의 길이와 폐쇄음의 길이, 그리고 단어의 길이에 대해서 Peter Ladefoged(2006, p. 59)는 다음과 같이 설명하고 있다.

> The vowel is much shorter in cap than in cab. But the consonant /p/ makes up for this by being slightly longer than the consonant /b/. It is general rule of English (and of most other languages) that syllable final voiceless consonants are longer than the corresponding voiced consonants after this same vowel. As a result, the whole word cap is slightly shorter than the whole word cab.

즉, 영어뿐만 아니라 대부분의 언어들에 있어서 무성자음(/p/) 앞의 모음보다는 유성자음(/b/) 앞의 모음길이가 더 길지만 자음의 길이에 있어서는 무성자음의 길이가 유성자음의 길이보다 약간 더 길다고 설명하고 있다. 이 두 가지를 합하여 얻어진 cap과 cab의 전체낱말 길이를 비교해보면 cap의 낱말길이가 cab의 낱말길이보다 약간 더 짧은 정도임을 알 수 있다. 그러나 이러한 모든 것들이 컴퓨터 프로그램에 의해 측정되었을 때 구별이 가능할 뿐이며 우리의 청각으로는 구별이 거의 되지 않는다는 사실을 알아두자.

Ladefoged(2006, p. 59)는 이와 비슷한 음운구조를 가진 mat과 mad의 파형(waveform) 그림을 보여줌으로써, 무성자음(/t/) 앞의 모음 길이가 유성자음(/d/) 앞의 모음 길이에 비해 더 짧다는 것을 시각적으로 확인시켜주고 있다.

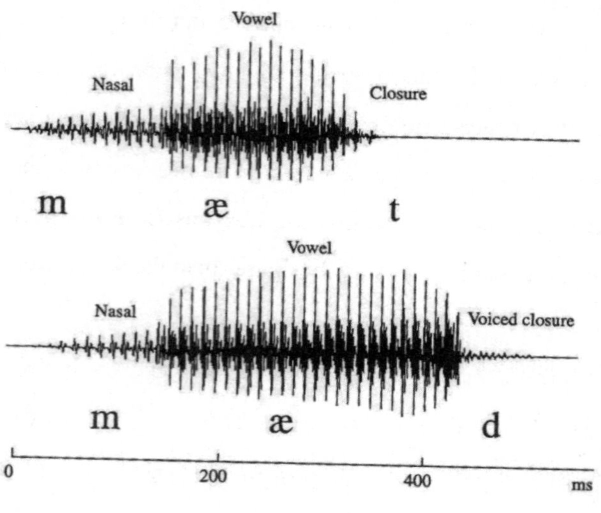


그림 1-8 mat과 mad의 파형 그림(Ladefoged, 2006, p. 59)

### 2) table과 terrible의 발음구별

영어단어의 발음에서 강세 받지 않는 모음은 축약되거나 심한 경우에는 생략되는 경우가 있다. 특별히 /i/모음은 강세를 받지 않는 경우에는 일반적으로 /ə/처럼 들리다가 빨리 발음하면 탈락되고 만다.

한국어로 설명하자면 ['이' → '으' → 탈락]의 과정으로 이해하면 쉽게 알 수 있을 것이다. 따라서 영어의 terrible의 경우에는 i에 강세가 오지 않으므로 /ə/처럼 들리지만 빨리 발음하게 되면 terr'ble로 발음된다. 따라서 이 과정을 잘못 이해하는 경우에는 terrible을 table로 오해하는 일도 생길 수 있을 것이다. 다음은 그러한 경우들을 정리해 둔 것이다. 여러분의 발음이나 듣기 연습에 이용할 수 있도록 하자.

| | 강한발음 | 약한발음 | 생략된발음 |
|---|---|---|---|
| **be**cause | [ **비**코오즈 | → **브**코오즈 | → 코오즈 ] |
| **re**member | [ **리**멤버 | → **르**멤버 | → 멤버 ] |
| **e**xactly | [ **익**잭틀리 | → **윽**잭틀리 | → 잭틀리 ] |
| fam**i**ly | [ 패**밀**리 | → 패**믈**리 | → 팸리 ] |
| **e**specially | [ **이**스페셜리 | → **으**스페셜리 | → 스페셜리 ] |

다음의 단어들을 가지고 강세위치에 유의하여 발음연습을 해보자.

- remember
- about
- banana
- chocolate
- business
- because
- medical
- believe
- going
- feeling
- chemical
- practical
- terrible
- probably
- escape
- behave

### 3) our, are, or의 발음구별

모국어화자들이 이 단어들을 우리말의 '아'처럼 발음하는 경우가 많기 때문에 구별하기 어려운 경우가 있다. 모국어 화자들조차도 이러한 단어들의 구별문제는 청각보다는 문맥의 의미에 의해서 판단을 하는 경우가 흔히 있다. 당연히 한국인들에게는 더욱더 구별이 어려울 것이라는 것을 짐작할 수 있다. 다음 예문을 이용하여 연습해 보자.

(1) It's **our** turn.

(2) **Our** teacher is very kind.

(3) Her kids **are** going.

(4) Two **are** better than one.

(5) An hour **or** two is enough.

### 4) twenty가 twenny처럼 발음되는 이유

영어낱말이 /nt + 비강세음절/의 구조로 구성될 때, 원어민 화자들은 /nt/의 /t/를 생략하고 /n/의 설탄음화(舌彈音化, flap)된 발음형태로 대체하는 경우가 많다. 이렇게 발음이 이루어지는 근본적인 이유는 두 발음이 모두 잇몸, 즉 치경 부분(alveolar ridge)에서 이루어지기 때문이다. 일반적으로 서로 다른 두 개의 음을 동일한 발음장소(조음장소)에서 동시에 발음하는 것은 현실적으로 불가능하기 때문에, 두 개의 발음 중 하나의 발음은 없어지기 쉽다. 따라서 /nt + 비강세음절/의 경우에서는 /t/가 탈락되어 발음될 때가 많다. 이러한 경우는 여러 단어들에서 발견되는데 대표적인 경우가 다음의 발음들이다.

(1) twenty / **실제 발음**: tweny

She was in her early twenties.

(2) winter / **실제 발음**: winer

If winter comes, can spring be far behind?

(3) gentle / **실제 발음**: genle

Dr. Park is gentle with the kids.

(4) center / **실제 발음**: cener

Would you tell me where the Williams Cultural Center is?

(5) quantity / **실제 발음**: quanity

They import large quantities of oil.

(6) entertainment / **실제 발음**: enertainment

It was a very entertaining show.

(7) international / **실제 발음**: inernational

It was an international effort.

### 5) going to와 want to를 gonna와 wanna로 발음하는 이유

우선 ing형의 발음을 살펴볼 필요가 있다. 영어에서는 ing가 '응'([ŋ])으로 발음되지만, 강세가 없이 단어의 끝에 오는 경우에 ing는 /n/으로 발음되는 경우가 많다. 따라서 going의 ing는 /n/으로 발음되게 되며 다음에 나오는 to의 단어 때문에 /nt/의 연결형태가 된다. 앞에서 살펴본 것처럼 /nt+비강세음절/의 발음에서 /t/는 탈락되어 발음되는 경우가 많으므로 going to는 '가너'로 발음되어지며 또한 gonna로 철자하기도 한다. want to의 경우는 /nt/의 /t/가 탈락되어 발음이 /n/로 변하게 되며, 그 결과 생긴 /n/ 발음이 뒤따르는 to에 의해서 다시 /nt+비강세음절/구조를 이루게 되어 다시 한번 /t/가 탈락하게 되는 것이다. 따라서 want to의 발음은 '워너'가 되고 철자도 wanna로 쓰는 경우가 있다. 또한 have to를 '해프트'라고 축약해서 발음하는 것도 구어체에서는 아주 일반적이다. 그것은 have to에서 무성음 to의 영향으로 have의 마지막 자음발음인 /v/가 무성음인 /f/로 동화되기 때문이다.

다음의 예문을 통해 위의 발음을 연습해보자.

(1) I'm going to stop by Denny's on the way home.

(2) Are you going to study tonight?

(3) Where are you going to go for your vacation?

(4) It's going to rain.

(5) Are you going to come to the party?

(6) I want to know more.

(7) They want to leave early.

(8) I want to go with you.

(9) What do you want to do this weekend?

(10) Do you want to come?

(11) I have to make a phone call.

(12) I have to get my car fixed.

(13) We have to leave.

(14) Why do you have to say that?

(15) I have to get a new bicycle.

**Listening Point.** 다음의 축약형태는 구어체에서는 아주 일반화된 발음형태이므로 잘 알아두자.

going to → '가너'로 발음하며, gonna로 철자하기도 한다.

want to → '워너'로 발음하며, wanna로 철자하기도 한다.

have to → '해프트'로 발음한다.

### 6) tr~로 시작하는 단어의 /t/가 '츄'로 들리는 이유

발음에 있어서는 시간과 거리가 비례한다. /tr~/의 발음이 이루어지기 위해서는 먼저 잇몸(치경)에서 /t/ 발음을 하고 다시 /r/ 발음을 하기 위하여 혀끝을 뒤로 말아서 입천장의 뒤로 넘겨야 한다. 따라서 이 발음을 정확히 하기 위해서는 혀의 이동이 어려울 뿐만 아니라 시간이 많이 소요된다. 이러한 조음상의 어려움 때문에 조음기관인 혀끝은 /t/ 발음이 미처 이루어지기도 전에 입천장 위치(구개)에서 /r/ 발음을 하게 된다. 그 결과 /t/의 발음이 '트'보다는 '츄'에 가깝게 들리는 것이다. 이러한 발음을 막연하게 따라하는 것보다는 그 이치를 알고 따라하게 되면 더욱 흥미롭고 체계적인 지식이 된다. 이제는 매년 크리스마스 때가 되면 사람들이 왜 크리스마스 '트리'를 크리스마스 '츄리'라고 발음하는 지 그 이유를 알 수 있을 것이다. 그것은 이렇게 tree처럼 tr이 붙어서 시작되는 단어의 발음을 빠르고 간편하게 하기 위한 인간의 생리작용으로 볼 수 있다. 이처럼 '츄'로 발음되는 대표적인 영어 단어들은 다음과 같다.

- train(츄레인)
- traffic(츄래픽)
- travel(츄래블)
- trouble(츄뤄블)
- try(츄라이)
- contract(컨츄랙)
- central(센츄럴)

### 7) 구강음과 비강음의 비교

영어 음의 발음 시 허파에서 올라온 공기가 입을 통해서 나가는 경우가 있고, 코를 통해서 나가는 경우가 있는데 전자의 경우를 구강음(口腔音, Oral Sound)이라 부르고 후자의 경우를 비강음(鼻腔音, Nasal Sound)

이라고 부른다. 이때 공기의 흐름을 구강과 비강으로 나누는 역할을 하는 곳이 바로 연구개이다. Ladefoged(2006, p. 13)의 설명과 buy와 my의 조음기관 그림을 통해 구강음과 비강음의 조음 시 연구개의 역할을 살펴보기로 하자.

> In most speech, the soft palate is raised so that there is a velic closure. When it is lowered and there is an obstruction in the mouth, we say that there is a nasal consonant. Raising or lowering the velum controls the oronasal process, the distinguishing factor between oral and nasal sounds.

Ladefoged의 설명에서 볼 수 있듯이 연구개를 올려서 폐쇄시키면 코로 나가는 공기가 막히게 되기 때문에 구강음이 만들어진다. 반면에 연구개가 내려가서 비강으로 가는 통로를 열어주게 되면 공기가 코를 통해 나가면서 비강음이 생기게 되는 것이다. 다음은 Ladefoged(2006, p. 14)의 구강음과 비강음 생성 시 연구개변화를 표시한 그림이다.

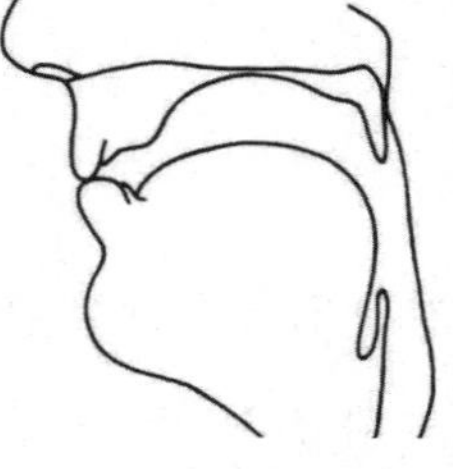

The positions of the vocal organs
in the bilabial stop in *buy*


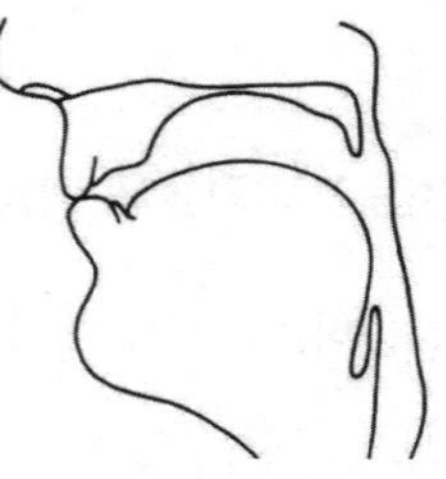

The positions of the vocal organs
in the bilabial nasal (stop) in *my*


**그림 1-9** 구강음과 비강음 생성 시 연구개변화(Ladefoged, 2006, p.14)

# 제 2 장

# 영어의 음성현상

영어의 음성현상들을 잘 알아두면 영어의 듣기능력에 큰 도움이 된다. 우리는 영어의 소리단위를 단어단위로 생각하고 발음하지만 결국 전체의 문장이 발음되기 위해서는 단어 내부에서뿐만 아니라 단어와 단어 사이에서도 음성현상이 나타나게 된다. 이러한 영어 음성현상을 정확히 이해하게 되면 영어의 단어나 구절이 왜 그렇게 발음되는지를 이해하는 데 도움이 된다. 이 장에서는 영어의 듣기능력 향상에 직접 도움을 줄 수 있는 여러 현상을 정리해 보았다. 개별적인 음의 발음을 넘어서서 음(sound) 상호 간의 변화현상을 이해하도록 하자.

## 1. 동화현상

동화현상(同化現象, Assimilation)이란 이웃하는 두 개의 음이 있을 때 그중 어떤 하나의 음의 특성을 닮아가는 현상을 말한다. 동화된다는 의미가 같아진다는 뜻임을 생각하면 쉽게 알 수 있다. 우리말과 마찬가지로 영어에서도 이렇게 이웃하는 두 음들은 서로 비슷하게 닮아가려는 성질이 있기 때문에 동화현상을 이해하는 것은 영어의 듣기 능력을 위해서 매우 중요하다. 이러한 동화현상은 일반적으로 발음할 때 작용하는 발음기관의 위치가 서로 비슷한 경우에 일어나는 경우가 많다. 동화현상에는 여러 가지가 있는데 그중에서도 구개음(/y/) 앞에 치경음(/t, d, s, z/)이 왔을 때 일어나는 이른바 구개음화(口蓋音化) 현상이 가장 대표적이라고 볼 수 있다. 다음은 동화현상 중에서 구개음화 현상을 정리해 본 것이다.

### 1) 구개음화 현상

(1) /t/ + /y/ = /ʧ/(취)

(2) /d/ + /y/ = /ʤ/(쥐)

(3) /s/ + /y/ = /ʃ/(쉬)

(4) /z/ + /y/ = /ʒ/(쥬)

### 2) Example

A. Sentences

(1) **When's your** birthday? / **실제 발음:** */wen-ja/*

(2) **How's your** brother? / **실제 발음:** */how-zhur/*

(3) **Don't you** care? / **실제 발음:** */don-cha/*

(4) **Would you** care for a drink? / **실제 발음:** */wu-ju/* 또는 */wu-ja/*

(5) **Could you** give me a ride? / **실제 발음:** */ku-ju/* 또는 */ku-ja/*

(6) We **miss your** cooking. / **실제 발음:** */mi-shur/*

(7) I'll see if I can **fit you** in. / **실제 발음:** */fi-cha/*

(8) **Use your** turn signal. / **실제 발음:** */yu-jur/*

(9) I'll **meet you** after work. / **실제 발음:** */mi-chu/*

(10) Why **didn't you** go to the party? / **실제 발음:** */didn-cha/*

(11) When **did you** return from Sydney? / **실제 발음:** */di-ja/*

(12) I'll be in my office **should you** need me. / **실제 발음:** */shu-ja/*

(13) **When's your** new job start? / **실제 발음:** */wen-ja/*

(14) You have extra, **don't you**? / **실제 발음:** */don-cha/*

(15) I wasn't sure **what you'd** think. / **실제 발음:** */wa-chud/*

B. Dialogues

(1) A: **Could you** tell me where the library is?

/ **실제 발음:** */ku-ju/* 또는 */ku-ja/*

B: Sure. It's down this street on your left.

(2) A: I don't think it will work.

B: **Why'd you** tell me that?

(3) A: **When's your** flight? / **실제 발음:** */wen-ja/*

B: In half an hour.

(4) A: Can I go with you?

B: Yeah, **but you'd** better hurry!

(5) A: Okay, **Where'd you** hide the milk?

B: It's already on the table.

(6) A: Where **would you** like to go for dinner?

**/ 실제 발음:** */wu-ju/* 또는*/wu-ja/*

B: How about Burger King?

(7) A: **Who's your** boss?

B: Mr. Lawson.

(8) A: You're busy, **aren't you**? **/ 실제 발음:** /an*chu*/

B: No, not at all. Come on in.

(9) A: Who **did you** hire? **/ 실제 발음:** */di-ja/*

B: I hired Jerry Howard.

(10) A: What's your favorite sport?

B: Baseball. **And you**?

(11) A: What **did you** think about the movie? **/ 실제 발음:** */di-ja/*

B: I thought that your prediction was correct.

(12) A: It's late. **Hadn't you** better go home?

B: Yeah, you're right.

## 2. 음의 생략현상

영어발음에서 어떤 음이나 단어자체가 생략되어 발음되는 경우가 있다. 이런 경우를 음의 생략(省略, Deletion)이라고 하는데 이를 영어로는 ellipsis 또는 deletion이라고 한다. 이렇게 음이 생략되는 경우는 크게 두 가지의 경우가 대표적인데, 그 첫 번째는 강세를 받지 못하는 비강세음절이 생략되는 경우이고 다른 하나는 3개 이상의 자음이 겹치게 되는 이른바 CCC(C는 consonant의 표시) 환경의 자음군(consonant cluster)

에서 가운데의 자음이 생략되는 경우이다.

## 1) 비강세음절의 생략

비강세음절(unstressed syllables)이란 강세를 받지 못하는 음절을 말하는데, 이러한 비강세음절이 생략되는 경우는 단어의 중간에서 생략되는 어중음 생략과 단어의 첫 부분에서 생략되는 어두음 생략이 있다. 영어에서는 일반적으로 어중음 생략이 더 많다.

### (1) 어중음 생략

단어의 중간 부분에서 비강세음절이 생략되는 경우를 어중음 생략(syncope)이라 한다. 이렇게 음절이 생략되게 되는 이유는 발음속도와 음의 특성에서 생겨난다고 볼 수 있다. 즉, 발화를 빨리하게 되면 강세를 받지 못하는 음절이 축약되게 되는데 그것이 어중음 생략의 가장 큰 이유이다. 다음의 단어와 문장들을 실제로 발음하여 연습해 보자.

A. Words

(1) ordinary / **실제 발음**: ord'nary

(2) interesting / **실제 발음**: int'resting

(3) chocolate / **실제 발음**: choc'late

(4) favorite / **실제 발음**: fav'rite

(5) bachelor / **실제 발음**: bach'lor

(6) family / **실제 발음**: fam'ly

(7) factory / **실제 발음**: fact'ry

(8) finally / **실제 발음:** fin'lly

(9) business / **실제 발음:** bus'ness

(10) different / **실제 발음:** diff'rent

(11) average / **실제 발음:** av'rage

B. Sentences

(1) He's just an **ordinary** guy.

(2) My dad worked in a **factory** for 25 years.

(3) It was a **terrible** accident.

(4) My wife loves **chocolate**.

(5) I **probably** won't go.

(6) We **finally** made it.

(7) I **suppose** you're right.

(8) This **business** can get pretty rough.

(9) They would like a large **family**.

(10) He's a little **different**.

### (2) 어두음 생략

단어의 첫 부분에서 음이 생략되는 경우를 어두음 생략(apheresis)이라 한다. 어두음 생략도 어중음 생략과 마찬가지로 발음의 속도와 음의 특성에 따라 다양하게 이루어진다. 다음의 단어와 문장들을 실제로 발음하여 보자.

A. Words

(1) especially / **실제 발음:** 'specially

(2) about / **실제 발음:** 'bout

(3) exactly / **실제 발음:** 'xactly

(4) imagine / **실제 발음:** 'magine

(5) because / **실제 발음:** 'cause

(6) remember / **실제 발음:** 'member

(7) suppose / **실제 발음:** s'ppose

B. Sentences

(1) We can't do it **because** of the money.

(2) I **imagine** we'll be fine.

(3) He's **about** 45 years old.

(4) I **remember** seeing her a couple of weeks ago.

(5) A: She paid a million dollars for that horse?

B: **Exactly**.

### 2) 비강세 단어의 생략(문장초 위치에서)

문장의 시작 부분에서 단어가 생략되어 발음되는 경우가 있다. **주어가 대명사인 경우**에 대명사가 생략되는 경우가 많으며, 의문문에서도 **'조동사+대명사주어'**가 함께 생략되어 발음되는 경우가 많다. 다음 예문에서 볼 수 있듯이 조동사나 대명사는 특별한 경우가 아니면 강세가 주어지지 않는 기능어(function word)이기 때문에 빠른 발화의 표현에서 생략되기 쉽다.

(1) (Do you) think it will make any difference?

(2) (Would you) care for some coffee?

(3) (I) beg your pardon?

(4) (Have you) got an extra sweater?

(5) (Would you) mind if I smoked?

(6) (Do you) care if I come along?

(7) (Would you) care for dessert?

(8) (Did you) drink too much?

(9) (It) sounds like a good idea.

(10) (Do you) remember where it is?

### 3) 자음군에서의 음의 생략

영어의 발음에 있어서 조음 구조상 '자음+모음'(C+V)의 구조가 가장 자연스럽고 편한 음운구조이다. 그러나 자음의 발음이 3개가 계속 이어지는 '자음+자음+자음'(C+C+C)의 구조에서는 가운데 자음발음은 발음되지 않고 생략된다. 이러한 현상은 영어의 발음에서 일반적으로 일어나고 있다.

#### (1) 영어의 자음이 /sts/로 이어지는 경우(sts cluster)

영어의 자음 3개(CCC)가 연이어 나오는 경우 중에서 /sts/의 형태가 자주 나타나는데 일반적으로 가운데 자음인 /t/음이 탈락된다. 다음의 예문들의 발음을 들어보고 연습해보자.

(1) The *guests* will be arriving soon. **/ 실제 발음:** /gɛ:s/

(2) Who *hosts* the show? **/ 실제 발음:** /hos:s/

(3) He *rests* until noon. / **실제 발음:** /rɛs:s/

(4) I think it *costs* too much. / **실제 발음:** /kos:s/

(5) The fragrance *lasts* for a long time. / **실제 발음:** /læs:s/

(6) How many *tests* do you have tomorrow? / **실제 발음:** /tɛs:s/

(7) The country is trying to attract *tourists*. / **실제 발음:** /tuərɪs:s/

### (2) 영어의 자음이 /sks/로 이어지는 경우(sks cluster)

영어의 자음 3개(CCC)가 연이어 나오는 것 중에서 /sks/의 형태가 자주 나타나는데 이 경우도 일반적으로 가운데 자음인 /k/음이 탈락된다. 다음 예문의 발음을 들어보고 연습해보자.

(1) She *asks* a lot of questions. / **실제 발음:** /as:s/

(2) Conversation classes should focus on *tasks*. / **실제 발음:** /tas:s/

(3) How many *desks* did you order? / **실제 발음:** /dɛs:s/

(4) Aren't those *masks* fascinating? / **실제 발음:** /mas:s/

## 4) /nt/ 발음의 축약

### (1) /nt/가 이어지는 단어에서의 발음현상

영어낱말이 /nt + 비강세음절/의 구조로 구성되어질 때에, 원어민 화자들은 /nt/의 /t/를 생략하고 /n/의 설탄음화된 발음형태로 대체하는 경우가 많다는 것에 관해서 앞에서 이미 공부한 바 있다.

/t/음은 혀끝을 치경(잇몸)에, 그리고 혀의 가장자리를 위의 어금니에 대고 입안에서 폐쇄한다. 그리고 허파에서 올라온 공기의 흐름이 입

밖으로 나가지 않도록 하여 잠시 입안의 공기압을 높인 후에 일시적으로 폐쇄를 풀고 강한 파열음을 만든다. 그래서 /t/음을 영어에서는 폐쇄음, 또는 파열음이라 한다.

/n/음도 혀의 위치나 발음을 만들어내는 과정은 /t/와 동일하다. 그러나 /n/음은 허파에서 올라온 공기를 입안에서는 폐쇄시키고 있지만 코를 통하는 통로로 밖으로 내보내면서 성대를 진동시켜 음을 만들어 낸다. 그래서 영어에서는 /n/음을 치경비음이라고 한다.

이렇게 /t/와 /n/는 소리를 만드는 장소가 동일하므로 일상적인 영어의 발음에서는 하나가 생략되든지, 아니면 비슷한 음으로 변하든지 하기 마련이다. 따라서 영어에서 gentleman은 '제늘맨'으로, 그리고 counter는 '카우너'로 발음되는 경우가 있는 것이다. 다음의 단어들을 가지고 발음연습을 해 보자.

| | | |
|---|---|---|
| (1) counter | (2) winter | (3) oriental |
| (4) quantity | (5) plenty | (6) intermission |
| (7) interesting | (8) identification | (9) gentle |

### (2) can과 can't의 발음비교

부정의 단축형태인 n't에서 흔히 t는 축약되어 발음되기 때문에 잘 들리지 않는 경우가 많다. 이 경우에 다른 조동사는 청취에 큰 어려움이 없으나, can't의 발음은 혼동을 일으키는 경우가 많다. 그것은 can't에서 t가 축약되는 경우에는 can과 발음상 구별되지 않기 때문이다. 이 장에서는 집중적으로 can과 can't의 발음비교를 해 보았다. 구태여 t가 축약되어 발음될 때 can과 can't를 구별하는 방법을 찾는다면, 알파벳 a의 발음(/ə/ or /æ/)에서 찾을 수 있다. 즉, can에서의 알파벳 a의 발음은 약화되어 /ə/음으로 발음되는 경우가 보통이지만, can't에서는 a의 발음은 다소 강하게 /æ/로 발음되는 경향이 있다. 다음의 예문들을 연습해 보자.

(1) I **can** go. / **실제 발음:** kən

(2) I **can't** go. / **실제 발음:** kæn

(3) She **can** dance. / **실제 발음:** kən

(4) She **can't** dance. / **실제 발음:** kæn

(5) He **can** drive. / **실제 발음:** kən

(6) He **can't** drive. / **실제 발음:** kæn

(7) What **can** I do for you? / **실제 발음:** kən

(8) You **can't** do better than that. / **실제 발음:** kæn

(9) **Can** he fix it? / **실제 발음:** kən

(10) **Can't** he fix it? / **실제 발음:** kæn

(11) I **can** believe it. / **실제 발음:** kən

(12) I **can't** say enough about it. / **실제 발음:** kæn

[참고] I can't say enough about it. = It is very good.

(13) I **can** have it ready by noon. / **실제 발음:** kən

(14) We **can** afford it. / **실제 발음:** kən

(15) You **can't** ask for a nicer roommate. / **실제 발음:** kæn

## 3. 연음현상

영어의 발화는 단어와 단어 사이를 구별하여 끊어 읽는 것이 아니라 문장단위로 모든 단어들이 발음되기 때문에 단어와 단어 사이의 음들이 서로 연결되어 발음된다. 특히 앞 단어의 끝과 뒤따르는 발음의 첫 부분이 '자음+자음', '자음+모음', 그리고 '모음+모음'의 환경이 되는 상황에서 일으키는 변화들에 대한 이해는 영어듣기 실력을 향상시키는 데 큰 도움이 될 것이다. 물론 인간에게 있어서 가장 일반적인 음운형태는 '자음+모음'으로 연결되는 CV pattern이기 때문에 단어와 단어 사이의 연결도 이러한 구조를 자연스럽게 만들어 가기 위한 인간의 자연스런 생리현상이다. 이 장에서는 자음과 모음의 연음현상(Linking), 자음과 자음의 연음현상, 그리고 전치사 of와 관련된 연음현상 등을 살펴보기로 한다.

### 1) 자음과 모음의 연음현상

다음의 예문을 통해서 앞 단어의 끝 자음과 뒷 단어의 첫 모음이 연결되는 환경을 살펴보자.

(1) We've got lot**s** **o**f time.
(2) Okay kids, one a**t** **a** time.
(3) How'**s** **i**t going?
(4) The pitche**r** **i**s ful**l** **o**f water.
(5) Who a**m** **I**?
(6) We depen**d** **o**n them.

(7) It's **an** *ea*sy one.

(8) I'll go wi**th** **a**ll of them.

(9) You're jus**t** **i**n time.

(10) They are successfu**l** **i**n business.

(11) It'*s* *ea*sie**r** **a**nd safer.

(12) **Am I** in trouble? / **실제 발음:** /maɪ/ in trouble?

(13) **If you**'re ready, let's go. / **실제 발음:** /fyour/ ready, let's go.

(14) **Is it** time to go? / **실제 발음:** /zit/ time to go?

(15) Doe**s** **i**t look nice? / **실제 발음:** /zit/ look nice?

## 2) 자음과 자음 사이의 연음현상

앞 단어의 말음이 자음이고 바로 뒤 단어의 처음 시작하는 음도 역시 자음인 경우에는 두 자음 모두 다 발음하기가 어려울 것이다. 특히 빠른 문장이나 일상적인 대화체에서는 더욱 어려울 것이므로 어떤 변화를 거쳐서 하나의 자음으로 발음하게 된다. 예를 들면 앞 단어의 끝과 뒤따르는 단어의 처음이 똑같은 자음으로 발음된다면 같은 자음을 두 번 발음하지 않고 한 번으로 합쳐 발음할 것이다. 즉, 동일자음이 연결되는 경우에는 그중 하나는 생략되어 발음되는데 이 현상이 가장 일반적인 생략이다. 또한 두 자음들이 동일하지는 않더라도 유사한 성질의 자음들인 경우에는 하나의 자음으로 변화할 것이다. 다음의 예문들을 발음해보자(음성현상에서는 항상 철자가 아니라 발음이 기준이 된다는 점을 기억하자).

(1) He fel**t** **t**ired all afternoon.

(2) Would you mind if I take thi**s s**eat?

(3) There have bee**n n**o offers on the house.

(4) I have a hole in my tenni**s sh**oe.

(5) We don't need mo**re r**ain.

(6) Nico**le l**ikes pizza.

(7) Let'**s s**tay for a while.

(8) I have a goo**d d**eal of experience.

(9) **Come M**onday, I'll be broke.

(10) It'**s s**omewhere around here.

(11) He like**s s**teak.

(12) I wi**sh sh**e knew.

(13) As**k q**uestions later.

(14) He had a fla**t t**ire.

(15) She always sleep**s s**oundly.

(16) She's a bi**g g**irl.

(17) Wai**t t**ill Denny gets back.

(18) I lost my bi**ke k**ey.

(19) He wore a whi**te t**ie.

(20) Hi**s z**ipper is broken.

### 3) 과거형 -ed의 연음현상

동사의 과거형(-ed)의 발음은 크게 3가지(/t, d, id/)로 발음된다. /t/를 제외한 무성음 다음에서 과거형(-ed)은 /t/로 발음되고, /d/를 제외한 유성음 다음에서 과거형(-ed)이 /d/로 발음된다. 한편 과거형(-ed)의 발음이 /t/나 /d/음 다음에서는 /id/로 발음된다. 그런데 이러한 동사의 과거형태 발음인 /t, d, id/가 잘 들리지 않거나 전혀 들리지 않을 때가 있다. 그 이유는 이러한 동사의 과거형태의 발음과 다음에 이어지는 단어의 발음 사이에 이른바 '자음+자음'의 연음현상이 일어나기 때문이다. 그러한 상황을 구체적으로 알아보자.

(1) They preferre**d to** do it that way. (연음위치: /d/+/t/)

(2) I refus**ed to** speak. (연음위치: /d/+/t/)

(3) I call**ed t**wice a week. (연음위치: /d/+/t/)

(4) I typ**ed the** reports. (연음위치: /t/+ð/)

(5) I lack**ed the** patience. (연음위치: /t/+/ð/)

(6) You always pick**ed the** most expensive one. (연음위치: /t/+/ð/)

(7) They rais**ed the** price every year. (연음위치: /d/+/ð/)

(8) I really lov**ed to** play basketball. (연음위치: /d/+/t/)

(9) He arriv**ed T**uesday. (연음위치: /d/+/t/)

(10) She mark**ed them**. (연음위치: /t/+/ð/)

(11) They play**ed t**ennis. (연음위치: /d/+/t/)

(12) They play tennis.

(13) I need**ed p**aper. (연음위치: /id/+/p/)

(14) I need paper.

(15) They walk**ed the**re. (연음위치: /t/+/ð/)

(16) They walk there.

(17) I stud**ied to**o much last night. (연음위치: /id/+/t/)

(18) I study too much.

(19) She talk**ed l**oudly. (연음위치: /t/+/l/)

(20) She talks loudly.

| **Listening Point.** | (17)과 (18)의 문장은 문맥에 의해서 비교하지 않으면 그 차이를 이해할 수 없는 예라고 할 수 있다. 즉, last night이라는 과거 부사구가 없다면 두 문장의 의미를 구별하기는 무척 어려울 것이기 때문이다.<br>또한 (19)와 (20)에 있어서는 (20)의 talks의 s가 두 문장을 구별 짓는 역할을 해 주고 있다. 만일 그 s가 없다면 두 문장의 발음상 구별은 어려울 것이다. |
|---|---|

### 4) Of의 연음현상

전치사 of는 기능어이므로 약화되어서 발음된다. 따라서 문장 속에서 발음될 때에는 알아듣기가 어려울 것이다. 그러나 다음의 음운현상을 알아두면 쉽게 이해할 수 있을 것이다.

A. 'Of + 자음'이 이어질 때에는 **of를 /ɑ/로** 발음하는 경향이 있다.

of 다음의 단어의 발음이 자음으로 이어지는 경우에는 of를 /ɑ/로 발음하는 경향이 있다. 다음의 문장들을 통해서 연습해 보자.

(1) He was kicked out **of the** ball game.
**/ 실제 발음:** outɑ/ out of나 a lot of 등에서는 모음과 모음 사이에 t가 위치하므로 flap(설탄음화) 현상이 일어날 수 있다.

(2) I'm sick **of this** weather. **/ 실제 발음:** sickɑ

(3) Give me ten dollars worth **of gas**. **/ 실제 발음:** worthɑ

(4) What's the purpose **of bringing** us here?
**/ 실제 발음:** purposeɑ

(5) For the sake **of time**, I'll be brief. **/ 실제 발음:** sakeɑ

(6) Why don't some **of you** move over there? **/ 실제 발음:** somea

(7) That's a waste **of time**. **/ 실제 발음:** wastea

(8) I'm out **of here**.(I'm leaving.) **/ 실제 발음:** outa

(9) I'm tired **of talking**. **/ 실제 발음:** tireda

(10) He's sort **of tall** and skinny. **/ 실제 발음:** sorta

(11) I'm sorry, we're out **of time**. **/ 실제 발음:** outa

(12) He's late all **of the** time. **/ 실제 발음:** alla

(13) We need to go up a flight **of stairs**. **/ 실제 발음:** flighta

(14) Could I have a little **of that** cake? **/ 실제 발음:** littlea

(15) The car went out **of control**. **/ 실제 발음:** outa

(16) We ran out **of gas**. **/ 실제 발음:** outa

(17) It's sort **of heavy**. **/ 실제 발음:** sorta

(실제로 sorta로 철자를 쓰기도 한다)

(18) That looks out **of place**. **/ 실제 발음:** outa

(19) Could I have some **of that**? **/ 실제 발음:** somea

(20) They have a lot **of money**. **/ 실제 발음:** lota

B. 'Of + 모음'이 이어질 때에는 **of를 /uv/로** 발음하는 경향이 있다.

of 다음의 단어의 발음이 모음으로 시작될 때에는 of를 /uv/로 발음하는 경향이 있다. 다음의 예문을 통해서 연습해 보도록 하자.

(1) What kind **of a** plan do you have?

(2) I'm tired **of arguing**.

(3) Did the Greeks have a goddess **of eternal** beauty?

(4) I can't think **of anything**.

(5) He has a case **of athlete's** foot.

(6) I'd like a pound **of almonds**.

(7) He wants to buy a bottle **of alcohol**.

(8) It's nice to hear a little bit **of honesty**.

(9) The seminar room was full **of intellectual** energy.

(10) The truck was full **of illegal** immigrants.

(11) He is incapable **of incredible** feats of strength.

(12) My life is full **of uncertainty**.

(13) Here's a box **of undeliverable** mail.

(14) May I have a bowl **of ice** cream?

(15) I wouldn't think **of it** like that.

(16) In case **of an** accident call this number.

(17) I hadn't thought **of him**. **/ 실제 발음:** thoughtuvim/

[참고] 인칭대명사는 기능어이므로 약화되어 발음된다. 그런데 /**h**/음이 약화되어 발음되는 경우에는 묵음이 되는 경우가 대부분이다.

(18) It was expected **of us**.

(19) That's the hardest **of all**.

(20) They are proud **of it**.

## 4. 설탄음

모음 사이에 /t/와 /d/가 위치해있고 뒤의 모음이 비강세음절인 환경(Vowel + /t/ or /d/+Unstressed Vowel)에서는 일반적으로 /t/와 /d/의 발음을 할 때 혀의 끝이 잇몸(치경)을 빠른 속도로 치고 나가듯이 하는 경우가 많다. 이때 발화되는 음은 /d/와 비슷하지만 속도 면에서 훨씬 빠르다. 이러한 현상을 설탄음화 현상이라고 부른다. 많은 미국인 화자들은 writer와 rider, latter와 ladder에서 [t]나 [d]음 대신에 설탄음을 사용하는 경우가 많다. 또한 미국영어에서는 /t/, /d/, /n/가 /r/ 뒤에 왔을 때에도 설탄음이 되는 경향이 있는데 예를 들어 dirty, birdie, Ernie 등의 발음에서 설탄음화 현상이 흔히 나타난다.

(1) Could you pass me the **butter**?

**/ 실제 발음:** '버더[러]'로 발음되기 쉽다.

(2) What's the **title** of that book?

**/ 실제 발음:** '타이들[를]'로 발음되기 쉽다.

(3) I'm a **little** short on cash.

**/ 실제 발음:** '리들[를]'로 발음되기 쉽다.

(4) She's getting married on **Saturday**.

**/ 실제 발음:** '새더[러]데[레]이'로 발음되기 쉽다.

(5) Do you have a **bottle** of soda?

**/ 실제 발음:** '바들[를]'로 발음되기 쉽다.

(6) What's in the **catalog**?

**/ 실제 발음:** '캐덜[럴]로그'로 발음되기 쉽다.

(7) My wife is from **Seattle**.

**/ 실제 발음:** '씨애들[를]'로 발음되기 쉽다.

(8) **That'll** be $12.95, please.

**/ 실제 발음:** '대들'로 발음되기 쉽다.

(9) Which **item** would you prefer?

**/ 실제 발음:** '아이듬'으로 발음되기 쉽다.

(10) I'm **pretty** tired.

/ **실제 발음**: '프리디'로 발음되기 쉽다.

(11) She knows many English **idioms**.

/ **실제 발음**: '이디[리]엄'으로 발음되기 쉽다.

(12) He'll do **whatever** you want.

/ **실제 발음**: '워레버'로 발음되기 쉽다.

(13) I'd **better** get ready.

/ **실제 발음**: '베더[베러]'로 발음되기 쉽다.

(14) Could you catch what he was **muttering**?

/ **실제 발음**: '머더링'으로 발음되기 쉽다.

(15) **It'll** be late when we get home.

/ **실제 발음**: '이들'로 발음되기 쉽다.

[참고] 위의 예문에서 우리말로 표기해둔 것은 이해를 돕기위한 것이다. 예를 들어 better의 실제 발음을 '베더[러]'로 표기한 것은 better를 발음할 때에 우리말의 '베더'나 '베러'에 가깝게 발음한다는 뜻이다.

## 5. /h/ sound의 연구

/h/음은 정상적으로 발음을 해도 발화하기 어려운 음이다. 그러나 강세가 오지 않는 기능어가 /h/음으로 시작되는 경우에는 일반적으로 /h/음은 약화되거나 축약되는 경우가 많다. 예를 들어 미국인이 I didn't see her.의 문장을 발화하는 경우에는 마치 her가 /ɚ/처럼 발음된다. 이와 같이 /h/음은 축약되어 발음되는 경우가 많기 때문에 미리 이러한 사실을 알고 있어야 영어 듣기능력 배양에 도움을 얻을 수 있다. 다

음의 예문을 통해서 약화되거나 축약되기 쉬운 /h/음의 발음연습을 해보자. 영어에서 /h/로 시작되는 대명사형태인 he, his, him, her 등은 모두 기능어이다.

(1) You'll find the keys **behind her**.

(2) Why don't you **let him** go?

(3) Did you **give her** the medicine?

(4) Where **has he** been?

(5) Call me **when he** arrives.

(6) **Did he** tell you his name?

(7) **Ask her** to marry you.

(8) She will **call him** tomorrow.

(9) **What's his** name?

(10) I **met her** in my literature class.

(11) Give it **to him**.

(12) How long **will he** be gone?

(13) When **did he** go there?

(14) What building **is her** office in?

(15) How long **has he** been a teacher?

## 6. 인칭대명사의 축약

인칭대명사는 일반적으로 강세가 주어지지 않는 기능어에 속하기 때문에 축약되어 발음되는 경우가 많다. 특히 /h/음으로 시작되는 경우에는 발음이 자주 축약되기 때문에 들리지 않는 경우가 많다. 기능어인 대명사와 조동사 dose, 그리고 조동사역할을 할 수 있는 has, is 등을 중심으로 하여 실제로 어떻게 발음될 수 있는지를 연습해보기로 하자.

### 1) 주격 인칭대명사의 발음

(1) **Does he** know it?

/ **실제 발음:** dze(우리말의 '지'와 비슷한 발음이 된다)

(2) **Has he** complained?

/ **실제 발음:** (ɑ)ze(우리말의 '(애)지'와 비슷한 발음이 된다)

(3) Why **is he** outside?

/ **실제 발음:** (ɪ)ze(우리말의 '(이)지'와 비슷한 발음이 된다)

(4) When **did he** say no?

/ **실제 발음:** de, dide(우리말의 '디' 또는 '디디')와 비슷한 발음이 된다.

(5) **Did he** need help?

/ **실제 발음:** de, dide(우리말의 '디' 또는 '디디')와 비슷한 발음이 된다.

(6) **Has he** done enough?

/ **실제 발음:** (ɑ)ze(우리말의 '(애)지'와 비슷한 발음이 된다)

(7) Why **is he** cleaning the refrigerator?

/ **실제 발음:** (ɪ)ze(우리말의 '(이)지'와 비슷한 발음이 된다)

(8) **Does he** have any time?

/ **실제 발음:** dze(우리말의 '지'와 비슷한 발음이 된다)

(9) **Does it** look like rain?

/ **실제 발음:** zit(우리말의 '짓'과 비슷한 발음이 된다)

(10) **Has it** become a problem recently?

/ **실제 발음**: (ɑ)zit(우리말의 '짓'과 비슷한 발음이 된다)

(11) **Is it** really what you want?

/ **실제 발음**: zit(우리말의 '짓'과 비슷한 발음이 된다)

(12) Why **does it** take so long?

/ **실제 발음**: zit(우리말의 '짓'과 비슷한 발음이 된다)

(13) **Has it** happened yet?

/ **실제 발음**: (ɑ)zit(우리말의 '짓'과 비슷한 발음이 된다)

(14) What **is it** on top of?

/ **실제 발음**: zit(우리말의 '짓'과 비슷한 발음이 된다)

**Listening Point.**

영어회화체 발음에서 does he, has he, is he 등의 발음은 모두 다 거의 비슷하게 ze(우리말의 '지'와 비슷한 발음)가 된다. 이것은 연음법칙의 일종이라고 생각할 수 있다. 즉, 다음에 나오는 he의 단어에서 /h/음이 축약되어지면 자연스러운 '자음+모음'의 연음이 되기 때문이다.

아주 비슷한 예로 does it, has it, is it을 생각해 볼 수 있다. 이들의 발음도 연음법칙에 의해서 모두 다 거의 비슷하게 zit(우리발음의 '짓'과 비슷한 발음)으로 발음된다.

## 2) 목적격 인칭대명사의 발음

목적격 인칭대명사 중에서 /h/음으로 시작하는 경우는 him, her 등을 들 수 있다. 일상 회화체나 구어체에서 이들은 공통적으로 /h/음이 축약되어 발음되는 경향이 있기 때문에 'im, 'er로 들릴 수 있을 것이다. 또 하나의 목적격인 them의 경우도 앞부분이 축약되어 발음되는 결과로 똑같이 'em으로 들려서 양자를 구별해 내기가 아주 어려울 때가 많다. 그때는 문맥을 활용할 줄 알아야 한다. 다음의 예문을 중심으로 살펴보자.

(1) Thanks for helping **her** clean up.

**/ 실제 발음:** /ər/(우리말의 /어/와 비슷하다)

(2) I will try contacting **him** anyway.

**/ 실제 발음:** /əm/(우리말의 /음/과 비슷하다)

(3) I just saw **her** go by.

**/ 실제 발음:** /ər/(우리말의 /어/와 비슷하다)

(4) That's the least I could do for **her**.

**/ 실제 발음:** /ər/(우리말의 /어/와 비슷하다)

(5) Give **him** a call.

**/ 실제 발음:** /əm/(우리말의 /음/과 비슷하다)

(6) I haven't asked **them** yet.

**/ 실제 발음:** /um/(우리말의 /음/과 비슷하다)

(7) That's not why you haven't visited **him**.

**/ 실제 발음:** /əm/(우리말의 /음/과 비슷하다)

(8) I couldn't tell **them** not to come.

**/ 실제 발음:** /um/(우리말의 /음/과 비슷하다)

(9) I am **seeing him** again soon.

**/ 실제 발음:** /əm/(우리말의 /씬음/과 비슷하다)

(10) Do you have any advice **for him**?

**/ 실제 발음:** /əm/(우리말의 /포름/과 비슷하다)

### 3) 소유격 인칭대명사의 발음

소유격의 표현으로 주의할 발음으로는 his를 들 수 있다. his는 he's와 전혀 다른 낱말이지만 빠른 구어체에서는 구별이 안 되는 경우가 많다. 물론 이 경우에도 문맥을 활용해야 한다. 다음 예문을 통해서 구별해 보자.

(1) I haven't heard **his** answer. / **실제 발음:** iz

(2) I thought I heard **his** car warming up. / **실제 발음:** iz

(3) **He's** determined to change jobs. / **실제 발음:** iz

(4) **He's** going to do the work. / **실제 발음:** iz

(5) What's **his** idea on this? / **실제 발음:** iz

(6) If **he's** ready, let's go. / **실제 발음:** iz

(7) It's **his** only complaint. / **실제 발음:** iz

(8) It's not that **he's** unfriendly. / **실제 발음:** iz

(9) It's **his** choice. / **실제 발음:** iz

(10) **He's** available later. / **실제 발음:** iz

## 7. 비강세로 발음되는 기능어

영어에는 강하게 발음되는 단어와 약하게 발음되는 단어가 있어서 강약의 리듬을 이룬다. 일반적으로 내용어(Content Words: 명사, 동사, 형용사, 부사, 지시대명사 등)에는 강세가 주어지는 반면에 기능어(관사, 전치사, 조동사, 접속사, 인칭대명사 등)에는 강세가 주어지지 않는다. 이렇듯 기능어는 약하게 발음되기 때문에 빠른 회화체에서는 특히 축약되어 발음되는 경우가 많으므로 잘 들리지 않는다. 기능어에 주의하여 다음의 예문을 읽어보자.

(1) **Do they** think so?

(2) **If it** helps, do **it**.

(3) **The** order's ready.

(4) What **should we** do?

(5) **Did you** hear **that** John **was in an** accident?

(6) **It was a** hot day.

(7) **I** hope **that you can** come **with us** this weekend.

(8) How **would you like to** join **me for** lunch?

(9) **Have you** made any plans **for the** weekend?

(10) Look **on the** top shelf.

**Listening Point.**

대명사는 크게 두 부분으로 나뉜다. 기능어에 속하는 대명사가 있는 반면에 내용어에 속하는 대명사가 있기 때문이다. 우선 전자는 인칭대명사가 대표적이며, 후자는 지시대명사가 대표적이다. 아래의 예문에서 대명사는 지시대명사이므로 강세가 온다.

- You said **these** are better.
- **That**'s not the one I meant.

제 3 장

# 생각하면 흥미로운 영어표현들

기본적으로 영어와 한국어의 구조는 다르기 때문에 한국어의 표현에 길들여진 한국인들이 영어의 새로운 구조에 적응하기란 쉬운 일이 아니다. 특히 무작정 암기하는 것을 영어구조의 이해로 생각해 왔던 많은 사람들에겐 더욱 어려운 일이라 생각된다. 이러한 현실을 조금이나마 극복해보고자 하는 생각에서 생각하면 흥미로운 영문법의 이론들을 topic화하고자 이 장을 마련해 보았다.

| TOPIC 1 | 왜 500dollars는 복수형태를 취하는데 500won은 단수형태로 쓸까요? |
|---|---|

그것은 영문법의 원리에 의해서 이해할 수 있을 것입니다. 즉, 개체가 모여서 전체를 이룰 때에 각 개체는 가산명사로 취급하지만 그 개체가 모여서 이루어진 전체는 불가산명사로 취급하여 항상 단수취급하는 것입니다. 한국의 화폐단위에는 won 이외에 다른 종류가 없어서 그 자체가 전체화폐를 나타낸다고 볼 수 있어서 불가산명사로 사용됩니다. 그러나 미국의 화폐종류는 dollar, penny, dime, nickle 등처럼 다양해서 dollar는 여러 화폐들 중 하나이기 때문에 가산명사로 사용되며, 복수수사가 앞에 오면 복수형태를 취하는 것입니다.

1) I have **some pennies, nickles, and dimes** in my pocket.
(나는 내 주머니에 약간의 페니와 니켈, 그리고 다임을 가지고 있다.)

cf.) I have **some money** in my pocket.
(나는 주머니에 돈이 조금 있다.)

☞ 페니, 니켈, 다임 등과 같이 **화폐의 종류**를 말할 때에는 **가산명사**이다. 그러나 money처럼 **전체적인 의미의 돈은 불가산명사**이다.

2) She is wearing **a ring, three bracelets, and a necklace**.
(그녀는 한 개의 반지와, 세 개의 팔찌, 그리고 한 개의 목걸이를 착용하고 있다.)

cf.) She likes to wear **jewelry**.
(그녀는 보석을 착용하는 것을 좋아한다.)

☞ 위의 예문에서 보는 것처럼, 반지, 팔찌, 목걸이 등처럼 **보석**

**류개체**를 지칭할 때에는 **가산명사**로 취급하지만 **보석류 전체 (jewelry)**를 지칭할 때는 **불가산명사**이다.

**TOPIC 2** 왜 homework는 불가산명사이고 assignment는 가산명사일까요?

그것은 영어단어 **work와 assign의 본래 의미를 생각하면 쉽게 이해가 될 것입니다.** 명사인 work는 개체화되어 셀 수 있는 경우가 아니므로 불가산명사입니다. 따라서 homework도 당연히 불가산명사이지요. 그런데 동사인 assign은 어떤 특정한 일을 배당하거나 할당하는 것을 뜻합니다. 이렇게 구체성을 띤 assign이란 단어에 명사형접미사 ment가 붙어서 만들어진 assignment는 더 구체적인 일(숙제)을 의미하므로 가산명사로 쓰인다고 이해하면 도움이 되겠죠? 이러한 단어들을 통해서 우리는 영어의 어휘에 대해서 좀 더 깊은 생각을 하게 됩니다. 막연히 외우는 것이 아니라 이러한 어휘에 대한 생각을 하면서 공부하면 영문법지식의 깊이가 있게 되고 여러분은 흥미를 얻게 될 것입니다.

**TOPIC 3** 왜 각설탕은 가산명사로 취급되는데 분필은 불가산명사일까요?

설탕은 아주 작은 입자로 있으면서도 설탕으로서의 기능을 발휘합니다. 그래서 아주 작은 입자상태에서의 설탕은 불가산명사로 취급되는 거랍니다. 그러나 그 작은 입자들이 결합되어 보다 더 큰 덩어리인 각설탕으로 변하면 설탕으로서의 기능을 간직하면서도 입자가 상대적으로 큰 형태로 변화하였기 때문에 가산명사로 취급됩니다. 그러나 분필은 아주 작은 입자의 상태로 있으면 분필로서의 기능을 발휘할 수 없기 때문에 반드시 우리가 알고 있는 일정한 크기로 결합되어야만 비로소 분필이 됩니다. 결국 분필은 아주 작은 입자들이 합하여 분필의 모습을 갖추었을 때에야 비로소 그 기능을 할 수 있으므로 불가산 명사로 취급됩니다.

## TOPIC 4 왜 another 다음에는 복수명사가 오지 못할까요?

another는 'an+other'의 형태로 이해하면 쉽습니다. 영어에서는 부정관사(a, an) 다음에 복수형태의 명사가 나오지 못하고 있음을 잘 알고 있겠죠? another 다음에는 복수명사형태가 나오지 못한답니다. 그러나 예외가 있어요. 예를 들면, 시간, 거리, 가격, 무게 등의 표현과 함께 쓰일 때에는 another가 '하나 더'의 의미를 갖게 되며 이 경우에 한하여 another 다음에 복수명사가 나올 수 있답니다.

- Will you have another cup of coffee?
  (커피한잔 더 드시겠습니까?)
- That is another question.

(그것은 또 다른 문제이다.)

c.f ) I earned another hundred dollars.

(나는 또 다시 백 달러를 벌었다.)

→이 예문처럼 '수사+복수명사'의 형태를 한 덩어리로 생각하여 취급할 때에는 그 앞에 another가 올 수 있다.

## TOPIC 5 왜 부정관사는 철자가 아닌 발음을 기준으로 할까요?

영어는 소리글자입니다. 그래서 영문법의 법칙들 중에서도 이렇게 소리에 입각한 법칙을 찾아볼 수 있는데 대표적인 경우가 바로 이 부정관사입니다. 음성학적으로 보면, **자음 다음에 모음이 뒤따르는 형태가 발음하기에 가장 편하고 이상적입니다.** 그러한 발음규칙에 의해서 자음과 모음이 짜여져 있는 대표적인 언어가 바로 일본어입니다. 일본 사람들은 김치란 말을 발음할 때에도 기무치라고 발음하고, 넥타이의 발음도 네꾸타이로 발음하는 것은 자음 다음에 바로 모음이 뒤따르는 자신들의 모국어발음방식에 입각해서 외국어를 발음하기 때문이죠. 이러한 '자음+모음'의 발음형태를 갖고자 하는 욕망은 영어도 예외가 아니랍니다. 그래서 자음으로 시작되는 단어 앞에는 모음으로 끝나는 부정관사 a를 쓰고, 모음으로 시작되는 단어 앞에서는 자음으로 끝나는 부정관사 an을 쓴답니다. 즉, **모음 앞에 a를 쓴다면 '모음+모음'의 발음이 될 것이고 자음 앞에서 an을 쓴다면 '자음+자음'이 계속해서 이어지기 때문에 이러한 연속적인 자음이나 모음을 피하기 위한 법칙**

**인 셈이지요.**

ex) **an ho**nest boy.
**an L**P[el pi].
**a u**niform.
**a Eu**ropean.
**a o**ne-eyed man.
**a** girl.
**a** car.

## TOPIC 6 일본의 기후는 한국보다 온화하다?

우리말은 영어와 다른 점이 많이 있죠? 한국어는 주어와 목적어가 생략되어도 크게 문제되지 않는 경우가 많이 있지만 영어에서는 안 됩니다. 예를 들어 비교의 표현에 있어서 영어에서는 "**The climate** of Japan is milder than **that of Korea.**"(○)(일본의 기후는 한국의 기후보다 온화하다.)처럼 비교의 대상이 서로 정확해야 합니다. 만일 이 문장을 "**The climate** of Japan is milder than **Korea.**"(×)(일본의 기후는 한국보다 온화하다.)로 사용한다면 일본의 기후와 한국이 비교되기 때문에 논리적으로 맞지 않는 표현이 됩니다. 따라서 한국어의 구조 속에서 영어를 이해하고자 한다면 이러한 '콩글리쉬'가 생기게 된다는 점을 꼭 기억해 주세요.

## TOPIC 7 가격이 비싸다?

우리말이 여러 가지 면에서 과학적인 언어지만, 표현하는 방법은 영어와 다소 차이가 있습니다. 예를 들어 우리는 '가격이 비싸다'라는 표현을 쓰지만 영어에서는 이러한 표현은 틀린 것으로 간주합니다. 왜냐하면, **가격은 높거나 낮은 것이지 비쌀 수는 없다**는 것이 그들의 생각인 것 같습니다. 다시 말해서 **물건은 비쌀 수 있지만 가격은 비쌀 수 없다**는 것이지요. 그래서 영어 표현에 price, salary 등이 주어로 나오면 cheap, expensive 등을 보어로 쓰지 못한답니다. 다음의 예문을 통해서 확인하도록 합시다.

- The price of this book is too expensive.(×)
- The price of the book was rather high.(○)

## TOPIC 8 이중비교에 관해 생각해 보셨나요?

이중비교란 비교급의 표현 앞에 또 다른 비교의 표현을 사용하는 것을 말합니다. 예를 들어 bigger 앞에 more를 붙여서 more bigger라는 식으로 영어를 쓰는 것을 이중비교라고 합니다. 그러나 **영어에서는 이중비교처럼 같은 내용이 중복되는 것을 틀린 표현**으로 간주하기 때문에 토익이나 토플시험을 준비하는 수험생들은 주의해야 합니다. 특히 토플은 더 보수적이기 때문에 이중비교를 사용하지 않도록 더욱 주의해야 합니다. 한편 비교는 형식보다도 내용이 중요하기 때문에 그 어휘가 비교의 내용을 담고 있을 때에는 그것을 비교급으로 만들어서는 안됩니다. 예를 들어 superior 자체가 비교의 의미인데 이것을 more superior로 만든다면 이중비교가 되어 틀린 표현이 됩니다. 이러한 이중비교의 표현은 놀랍게도 초기현대영어 시기까지도 강조의 수단으로 사용되었답니다. 그러나 현대영어에서는 절대로 사용할 수 없는 표현임을 꼭 기억해 주세요. 한편 여러분들이 알아채기 어려운 잘못된 이중비교의 표현으로는 다음과 같은 표현을 들 수 있습니다.

- Poverty is **more preferable** to ill health.(×)
- Poverty is **preferable** to ill health.(○)
  (가난이 병보다 낫다.)

## TOPIC 9 비교동사에 관해 생각해 보셨나요?

영어의 비교에는 일반적으로 형용사, 부사의 비교급형태를 생각하게 되죠? 그런데 동사가 비교를 나타내는 경우가 있는데 이 경우에는 비교 접속사를 쓰지 않는다는 점에 주의해야 합니다. 영어는 중복표현을 틀린 것으로 간주하기 때문이랍니다. 비교동사들은 survive(~보다 오래 살다), **surpass**(~보다 뛰어나다), **outnumber**(~보다 수가 더 많다), **outweigh**(~보다 더 무겁다) 등이 있는데 이들 동사 다음에는 비교접속사를 쓰지 않도록 주의해야 합니다. 다음의 예문을 참조하도록 하세요.

- He **survived** his wife.

  = He **lived longer than** his wife.

  (그는 아내보다 오래 살았다.)

c.f ) He **survived than** his wife.(×)

Boys **outnumber** girls in elementary school.

= Boys **are greater in number than** girls in elementary school.

(초등학교에는 남자아이들이 여자아이들보다 더 많다.)

| TOPIC 10 | 영어에는 같은 성분의 단어가 2개 이상 나올 때 어떤 모습일까요? |
|---|---|

같은 성분의 낱말이나 구를 나열할 때 영어는 일정한 형식으로 나열합니다. 예를 들어 두 개의 동일한 성분이 나열되면 A and B의 형태이고, 세 개의 동일한 성분이 나열되면 A, B, and C이며, 네 개의 동일한 성분이 나열되면 A, B, C, and D 등으로 표현합니다. 따라서 이러한 형식으로 단어나 구가 나열되면 이들은 동일한 성분으로 이해해도 좋습니다. 이것은 평행구조와 관계가 깊으니 잘 이해해 두세요.

- In my spare time, I enjoy *reading novels* **or** *watching television.* (**A or B**)

  (나는 시간이 있으면 소설책을 읽거나 텔레비전 보는 것을 즐긴

다.)

• *Judy*, *Smith*, **and** *Nicole* are coming to dinner.

(**A, B, and C**의 형태)

(쥬디, 스미스, 그리고 니콜이 저녁식사에 올 것이다.)

• The colors in that fabric are red, gold, black, **and** green.

(**A, B, C, and D**)

(저 바닥에 있는 색상은 빨강, 금색, 검정, 그리고 녹색이다.)

## TOPIC 11 접속부사란 무엇을 말하는 것일까요?

우리말의 의미는 서로 비슷하지만 기능이 전혀 다른 경우가 영어에는 흔히 있습니다. 그 중의 하나가 접속사와 접속부사입니다. 구체적으로 접속사는 절을 연결할 수 있는 접속어인데 비하여 접속부사는 부사이기 때문에 문장의 의미만 연결할 뿐 두 개의 절을 연결시키지는 못합니다. 흔히 잘못 사용하는 경우가 많으므로 주의해서 구별하여야 합니다. 다음은 그 차이를 나타낸 예문들입니다.

• It was cold. **However**, I still went swimming.(접속부사)

• It was cold; **however**, I still went swimming.(접속부사)

• It was cold. **Nevertheless**, I still went swimming.(접속부사)

(날씨가 추웠다. 그러나 나는 수영하러 갔다.)

※ **접속부사는** 두 문장을 연결시키는 기능이 없는 부사에 불과하다. 따라서 **두 개의 절을 연결하고자 할 때에는 반드시 세미콜론(;)**

**을 사용하여야 한다.**

- It was cold, **but** I **still** went swimming.(접속사)
  (=It was cold, **but** I went swimming **anyway**.)
- It was cold, **yet** I **still** went swimming.(접속사)
  (날씨가 추웠으나 나는 수영하러 갔다.)

## TOPIC 12 우리말의 수식어표현과 영어의 관계사절의 표현에서 위치의 차이가 느껴지나요?

우리말은 형용사절이 명사의 앞에서 수식하지만 영어의 관계사절은 명사의 뒤에서 수식한다는 것이 다른 점입니다. 수식의 방향이 반대인 셈이지요. 그래서 한국인들이 관계사에 관해서 쉽게 접근하지 못하는 경우가 많습니다. 다음의 예문을 통해서 그 차이를 확인하도록 하세요.

- I thanked *the woman* **who helped me**.
  (나는 **나를 도와주었던** *여자*에게 감사했다.)
- *The movie* **which we saw last night** was very good.
  (**우리가 어제 밤에 보았던** *영화*는 매우 좋았다.)
- *The music* **(which) we listened to last night** was good.
  (어제 밤에 우리가 들었던 음악은 좋았다.)

## TOPIC 13 과거시제와 과거진행형시제의 문장에서 순서의 차이를 생각해 보셨나요?

과거시제로 이루어진 문장들 사이에도 다음과 같은 순서가 있답니다. 먼저 두 절이 모두 단순 과거시제로 되어 있으면서 when에 의해 연결된 경우는 접속사(when)가 이끄는 절의 동작이 먼저 일어난 동작입니다. 다음의 문장을 이용해서 그 순서를 다음과 같이 정리할 수 있을 것입니다.

• I **stood** under a tree **when** it **began** to rain.
(비가오기 시작했을 때 나는 나무 아래에 서 있었다.)
☞선행: The rain began.  후행: I stood under a tree.

한편 과거진행형과 단순과거시제가 접속사로 연결된 경우에는 과거진행형의 동작이 먼저 일어난 동작입니다. 다음의 문장을 통해서 순서를 생각해 봅시다.

• I **was walking** down the street when it **began** to rain.
(내가 길을 걸어 내려가고 있을 때에 비가오기 시작했다.)
선행: I was walking down the street.  후행: It began to rain.

다소 어려우셨나요? 그래도 알아두면 도움이 된답니다.

## TOPIC 14 나무와 사람이 서 있을 때, 영어로는 어떻게 표현할까요?

다소 우스운 질문처럼 느껴지겠지만 잘 생각해 보면 진행형과 연관시켜서 생각해 볼 수 있는 문제입니다. 예를 들어 동사 stand와 연결시켜 생각해 보면 사람이 어떤 장소에 서있는 경우에는 진행형이 되지만 나무가 어떤 장소에 서 있는 경우에는 진행형을 쓸 수 없답니다. 사람은 곧 그 자리를 떠날 수 있지만 나무는 영원히 그 자리에 있어야 하기 때문이죠. 따라서 같은 동사라 할지라도 문맥에 따라서 진행형으로 쓰일 수도 있고 쓰이지 못할 수도 있답니다. 나무와 사람의 차이, 참 다르죠? 다음의 예문을 통해서 확인해 두세요.

- A tall **tree is standing** on the river side.(×)
  (강변에 높은 나무가 서 있다.)
- **They were standing** as the president passed.(○)
  (대통령이 통과하는 동안 그들은 서 있었다.)

## TOPIC 15 시대의 변화를 영문법을 통해 읽을 수 있나요?

영문법을 공부하다 보면 시대에 따라 영문법의 내용이 다소 변화되어감을 느낄 수 있답니다. 예를 들어 동사 live, work, teach 등은 예전에는 진행형으로 쓸 수 없는 동사들이었답니다. 그러나 현재는 진행형으로도 사용하는 것이 가능하게 되었지요. 왜 그렇게 되었는지를 생각해 보셨나요? 그것은 사회의 변화 때문이었다고 생각합니다. 우선 진행형은 순간적이거나 짧은 시간 동안에 이루어진 동작의 진행을 나타낼 때에 사용 가능합니다. 따라서 혈연공동체를 이루며 살았던 시대에는 이사가는 것이 실제적으로 어려운 일이었기 때문에 live라는 동사는 진행행을 사용할 수 없었답니다. 그러나 오늘날 교통, 통신 등이 급속히 발달된 상황에서는 이사하는 일이 아주 보편적인 일이 되었기 때문에 진행형시제도 곧잘 사용된답니다. 또한 work, teach 등도 그 내면을 들여다보면 옛날에는 직장이나 가르치는 교직이 평생직장의 개념이었는데 지금은 구조조정이나 교직의 이직으로 인하여 평생직장의 개념이 없어졌음을 반영한 결과입니다.

## TOPIC 16

insist와 suggest의 목적어 역할을 하는 that절에서 현재형시제를 쓸 때가 있습니다.

본래 주장이나 제안을 나타내는 경우에는 insist나 suggest 다음에 동사원형을 쓴다는 것을 잘 아시겠죠? 그러나 이때의 주장이란 앞으로의 일에 대한 주장을 의미하고, 제안이란 그 의미상 당연히 미래의 성격을 갖는답니다. 따라서 **insist가 미래에 대한 주장이 아닐 경우와 suggest가 제안의 의미가 아니라 "암시하다"의 뜻으로 사용될 경우에는 가정법동사(동사원형)를 쓰지 않는답니다.** 다음의 예문을 통해서 살펴볼까요?

• He **insists** that I **am** wrong.

(그는 내가 잘못됐다고 주장한다.)

• Her expression **suggests** that she **is** angry.

(그녀의 표정은 그녀가 화가 났음을 암시한다.)

c.f ) He **insisted** that the new baby (should) **be named** after his grandfather.

(새로 태어나는 아이는 그의 할아버지의 이름을 본따서 지어야 한다고 주장했다.)

I **suggested** that she (should) **see** a doctor.

(나는 그녀가 의사의 진찰을 받도록 제안했다.)

## TOPIC 17 가정법 미래란 불확실성의 개념과 연관지어 이해해야 합니다.

미래의 본래 의미는 아직 오지 않았다는 뜻이랍니다. 따라서 미래가 가지고 있는 중요한 특성은, 아직 오지 않은 일이기 때문에, 알 수 없다는 점이죠. 그래서 아주 불확실한 것을 나타내고자 할 때에 가정법 미래를 사용하는 것이랍니다. 단순한 시간의 측면에서가 아니라 불확실의 속성으로서의 미래를 이해한다면, 가정법미래는 정확히 이해될 수 있겠죠?

• If Denny **should call**, tell him I'**ll be back** around five.

(만일 데니가 전화하면, 내가 5시쯤 돌아오겠노라고 말해 주십시오.)

## TOPIC 18 경기는 흥분될 수 없다는 걸 생각해 보셨나요?

스포츠 중계를 하는 아나운서가 '흥분된 경기'란 표현을 자주 쓰는 걸 아시죠? 그러나 알고 보면 흥분된 경기는 있을 수 없는 표현이랍니다. 경기는 무생물인데 어떻게 흥분될 수 있겠습니까? 경기는 흥분시키는 역할을 하고 정작 흥분되는 대상은 관중들이라는 걸 이해하시겠죠? 영어에서는 이 관계를 명확히 구별하고 있답니다. 그래서 exciting game이란 표현을 쓰지요. 현재분사는 원인을 나타내기 때문에 경기가 흥분시키는 원인임을 표현하기 위해서는 exciting game으로 해야 된답니다. 그러나 과거분사는 경험을 나타내므로 excited game이라고 표현한다면 경기가 흥분되었다는 의미이므로 잘못된 표현이랍니다. 현재분사와 과거분사의 이러한 차이 때문에 excited spectators란 표현은 맞는 표현이지만 exciting spectators란 표현은 틀린 표현이랍니다. 이제 exciting game과 excited spectators를 이해하시겠죠?

## TOPIC 19 부대상황의 표현법을 이해하고 있나요?

부대상황에 대해서 학생들을 가르치다보면 부대상황의 개념을 모르는 경우가 자주 있더군요. **부대상황이란 어떤 주된 일에 곁들여서 덧붙여진 상황이랍니다.** 그런데 이러한 부대상황을 표현하기 위해서는 전치사 with를 이용한 영어의 특별한 표현방법을 알아야 합니다. "with+목적어+목적보어"가 부대상황을 나타내는 표현인데 여기에서 목적어란 with다음에 나온 (대)명사를 with의 목적어라 합니다. 또한 목적보어로는 형용사, 분사, 부사, 전명구 등이 올 수 있는데 그 기능은 목적어를 설명해주는 것이라고 이해하시면 됩니다. 따라서 목적보어로 분사가 사용될 때에는 목적어와의 관계를 고려하여 목적어가 능동적이거나 원인이 되는 상황이면 현재분사를 쓰고, 수동적이거나 경험을 나타내는 상황이면 과거분사를 써야 된답니다. 다음의 예문을 통해서 부대상황의 개념과 표현방법을 정확히 이해해 보도록 하세요.

- He went out **with his dog following.**
  (그는 밖으로 나갔고 그의 개도 따라 나갔다.)
- **With an eye bandaged**, he could not write well.
  (한 쪽 눈을 붕대로 감았기 때문에 그는 잘 쓸 수가 없었다.)
- He stared at me **with his eyes wide open**.
  (그는 눈을 크게 뜨고 나를 응시했다.)

## TOPIC 20 지각동사 다음에 to 부정사가 나오는 경우를 알고 있나요?

영어의 지각동사 다음에는 원형부정사가 나오는 것이 원칙입니다. 그러나 지각동사 다음에 to부정사가 나오는 경우가 있는데 **이때는 see, feel 등의 동사가 지각의 의미가 아니고 인식의 의미입니다.** 다음의 예문을 통해서 살펴보세요.

- I **saw** it **to be** a mistake.

  = I saw that it was a mistake.

  (나는 그것이 실수임을 알았다.)

- I **felt** him **to be** a queer man.(○)

  (나는 그가 이상한 사람이라고 생각했다.)

c.f ) I **felt** him **to do** the work.(×)

(나는 그가 그 일을 하는 것을 느꼈다.)

제 4 장

# 영어 구조의 이해를 위한 영문법 Check

영어구조에 대한 이해를 통해 영작, 독해 등의 분야에 활용할 수 있을 뿐만 아니라 토익이나 각종 영어시험의 준비에도 대비할 수 있게 된다. 결국 제2외국어로서의 영어학습을 위해서는 영문법 원리를 이해하는 것은 필수적이라 할 것이다. 이 장에서는 반드시 알아야 할 기본적인 개념들에 관한 문제를 싣는다.

## 1. 대명사의 형태 파악하기

(　)의 단어 중에서 적합한 대명사 형태를 고르세요.

① (They, Their) are the greatest astronauts.

② Sam and (I, me) are some big fans of space exploration.

③ This cat is (my, mine).

④ Has (your, you're) pet ever saved a life?

⑤ The dog's intelligence and (its, it's) keen sense of smell enable it to find lost travelers.

## 2. 인칭과 수의 일치 확인하기

문법적인 문장이 되도록 밑줄 친 부분을 고치세요.

① Gary should always do her assignments.

② I read some books. It was good.

③ His family is large. They are composed of nine members.

④ Visitors realize you can learn from other cultures.

⑤ Everyone has their own ideas.

## 3. 수의 일치 확인하기

문법적인 문장이 되도록 (　)에서 맞는 표현을 고르세요.

① Some of the time capsules list (its, their) contents outside.

② Everyone likes to think that (he or she, they) will leave a mark on the world.

③ We all want to create something, and we hope (it, they) will outlive us.

④ I'm almost finished. I just need (another, others) five minutes.

⑤ Some people prefer classical music, but (the others, others) prefer rock music.

## 4. 문맥에 맞는 형용사 사용하기

다음 (　　) 안의 형용사 중에서 문장에 적합한 것을 고르세요.

① We didn't spend (many, much) money.

② He's not popular. He has (few, little) friends.

③ Many people are multilingual, but (few, little) people speak more than five languages.

④ Hurry up! We don't have (many, much) time.

⑤ Don't bother me. I have (many, much) work to do.

## 5. 형용사와 부사 구별하기

다음 문장에서 밑줄 친 '~ly'로 끝나는 낱말의 품사와 의미를 구별하세요.

① Jennifer drove carefully along the narrow road.

② The building was totally destroyed in the fire.

③ This is a monthly magazine.

④ Everyone was very friendly towards me.

⑤ They were deeply disturbed by the accident.

## 6. by와 until 구별하기

다음 빈 곳에 전치사 by나 until 중에서 선택하여 넣으세요.

① Ross went away. He will be away _______ Monday.

② Tell me _______ Wednesday whether or not you can come.

③ Jennifer will be working _______ 12 o'clock.

④ I think I'll wait _______ Thursday before making a decision.

⑤ _______ the time Mrs. An got to the party, most of the guests had left.

## 7. 평행구조 이해하기

다음 (　　) 속 단어 중에서 적절한 것을 고르세요.

① Jennifer is friendly and (kind, kindness).

② Honesty and (generous, generosity) are admirable qualities in a person.

③ Not only Gary (but also, and either) Jennifer is here.

④ Gary will take either physics (or, and) chemistry next year.

⑤ Jennifer is working on both a degree in finance (or, and) a degree in statistics.

## 8. 현재시제는 언제 사용하는가?

다음 문장에서 현재시제가 나타내는 바를 쓰세요.

① Jennifer always eats cereal for breakfast.

② School starts at 9:00 and finishes at 5:00

③ Water consists of hydrogen and oxygen.

④ If you see Mike tomorrow, ask him to phone me please.

⑤ Gary is a freshman in college this year.

## 9. 진행형시제는 언제 사용하는가?

다음 중 진행형 시제가 가능한 경우와 불가능한 경우를 구별하세요.

① A tree is standing over there.

② She is standing over there.

③ I am really liking this cappuccino.

④ Jennifer is having a nice car.

⑤ Gary is having a good time.

## 10. 수동태의 사용 시기 알아두기

다음 ( )의 낱말 중에서 적합한 것을 고르세요.

① The music at the party was very loud and could be (hear, heard) from far away.

② The new hotel will be (opening, opened) next year.

③ This room (is, was) cleaned yesterday.

④ Jennifer is (cleaned, cleaning) the room right now.

⑤ The scientists were satisfied (by, with) the results of the experiments.

## 11. 수동태문장에서의 변화들

다음 문장의 밑줄 친 곳에 적절한 단어를 넣으세요.

① I only did it because I was made _______ do it.

② Gary was spoken _______ by the man.

③ The cat _______ run over by the car.

④ The floor was felt _______ move beneath my feet.

⑤ Ross was heard _______ say so by me.

## 12. 부정사의 역할 알아두기 I

다음 문장에서 부정사를 찾고 그 역할을 구별해보세요.

① I plan to go to the theater this evening.

② We decided not to go out because of the weather.

③ To learn a second language is difficult.

④ It was late, so we decided to take a taxi home.

⑤ I need to borrow some money.

## 13. 부정사의 역할 알아두기 II

다음 문장에서 부정사를 찾고 그 역할을 구별해보세요.

① He came here to study English.

② We were sorry to hear the bad news.

③ I was surprised to see Gary at the meeting.

④ I went to the library to study last night.

⑤ Jennifer went to Chicago to attend the conference.

## 14. 동명사의 역할 알아두기

다음 문장에서 동명사를 찾아내고 그 역할을 쓰세요.

① Jennifer is in charge of organizing the meeting.

② Gary enjoys watching movies on weekends.

③ Completing *Frankenstein* at 19 was an incredible accomplishment.

④ The man apologized for being late.

⑤ Frankenstein's error was creating the monster.

## 15. 동명사와 부정사의 구별

다음 문장이 성립하도록 (　　)의 표현 중에서 고르세요.

① Don't forget (to mail, mailing) the letter I gave you.

② Would you mind (to close, closing) the door?

③ Jason now regrets not (to study, studying) harder when he was in college.

④ They decided not (to go, going) out because of weather.

⑤ Jennifer really enjoys (to go, going) for long walks in the country.

## 16. 분사형태 알아두기

다음 문장이 성립하도록 (　　)의 낱말을 변형시켜서 <u>밑줄 친</u> 빈 칸을 채우세요.

① The (injure) _______ woman was put into an ambulance.

② The (exhaust) ________ man sat down to rest under the shade of a tree.

③ The (terrify) _______ villagers ran for their lives.

④ It was a (frighten) _______ sound.

⑤ Did you meet anyone (interest) _______ at the party?

## 17. 관계사와 형용사절의 이해

다음 문장에서 관계사와 관계사가 이끄는 형용사절을 각각 표시하세요.

① The boy who sits near the door is a good student.

② I felt sorry for the farmer whose cattle had strayed.

③ The man who lives next door gave Bob an old bicycle.

④ The employer for whom Dick worked raised his pay.

⑤ A sailor whom the boys had met invited them on board his ship.

## 18. 관계사와 명사절의 이해

다음 문장에서 관계사와 관계사가 이끄는 명사절을 각각 표시하세요.

① What James said was a surprise to all of us.

② Ross always wants to hear about what movie stars are wearing.

③ What he was talking about was interesting.

④ What we are doing in class is easy.

⑤ I don't know what happened.

## 19. 관계사의 생략

다음 문장에서 관계사를 생략할 수 있는 경우와 없는 경우를 구별하세요.

① She told me her address, which I wrote down on a piece of paper.

② Anyone who wants to take the exam must sign up before next Friday.

③ She is the woman whom I told you about.

④ We visited the National Museum, which I had never been to before.

⑤ Jennifer passed her driving test, which surprised everybody.

## 20. 주어와 동사의 일치 I

다음 문장의 주어의 수에 일치하는 동사를 (　　)에서 고르세요.

① Gary (work, works) cooperatively with his classmates.

② They (have, has) been seeking advice from their peers.

③ The professor and the student (agree, agrees) on the point.

④ Tom, as well as his two older brothers, (is, are) in college.

⑤ One of the countries I would like to visit (is, are) America.

## 21. 주어와 동사의 일치 II

다음 문장의 주어의 수에 일치하는 동사를 (　　)에서 고르세요.

① Economics (is, are) Gary's favorite subject.

② Twenty minutes (is, are) more than enough time to complete this exercise.

③ Each of the boys in the class (has, have) his own computer.

④ The news about Nicole (is, are) surprising.

⑤ Six thousand miles (is, are) too far to travel.

## 22. 현재시제의 확장

다음 **밑줄 친** 동사에서 현재시제를 쓰는 이유를 설명하세요.

① The earth **goes** around the sun.

② I **get up** at 7:00 every morning.

③ Water **boils** at 100 degrees celsius.

④ He always **eats** a sandwich for lunch.

⑤ Pennsylvania **is** in the United States.

## 23. 가정법의 형태 알아두기

다음 (　)에 들어갈 적절한 낱말을 고르세요.

① If I (were, was) you, I wouldn't buy the car.

② If we took the 7:30 train, we (would, will) arrive too early.

③ If I (ate, had eaten) breakfast this morning, I would not be hungry now.

④ If Judy (studied, had studied) hard, she would have passed the exam.

⑤ If I could travel to the past, I (will, would) visit my ancestors.

## 24. 문장에서 If의 생략 알아보기

다음은 if가 생략되어 있는 문장입니다. if가 있는 문장으로 바꿔보세요.

① Were I you, I wouldn't do that.

② Had I known, I would have told you.

③ Should anyone call, please take a message.

④ Should there be a global nuclear war, life on earth would end forever.

⑤ Did I know something about plumbing, I would fix the leak in the sink.

☞ 해설 및 정답 확인 318쪽

# Part 2

## Understanding of English Phonetics

제1부에서는 실용적인 면에서 영어를 이해할 수 있도록 실용영어의 측면에 초점을 맞추어서 정리해 보았다. 제2부에서는 이러한 실용영어들을 체계적으로 분석하기 위한 단계로서 영어음성학을 중심으로 기초적인 영어학의 내용을 정리하여 싣는다.

# 제 1 장 인간언어의 이해

Understanding of Human Language

## 1. 인간과 언어

인간은 언어를 떠나서는 사회생활을 할 수가 없으며, 우리의 사고를 표현할 수가 없다. 인간과 인간을 연결시켜주는 가장 중요한 도구가 언어이며 인간을 다른 생명체와 구별시켜주는 기준이 되는 것 또한 언어이다. 따라서 언어가 없으면 우리는 인간일 수 없으며, 언어와 분리된다면 우리 정신도 죽은 것이나 다름없다. 이렇듯 인간을 다른 동물과 구별시켜주고 인간의 특성을 가장 잘 나타낼 수 있는 것이 다름 아닌 언어인 것이다.

따라서 인간을 이해하기 위해서는 우리를 인간으로 만든 언어를 이해해야 한다. 구체적으로 언어는 우리가 사는 곳이면 어느 곳에서든지 있게 되며, 또한 언어는 우리의 생각을 전달해주고 상대방과의 관계를 형성시키며 꿈속에서조차도 언어는 같이한다. 또한 인간의 지식과 문화는 이러한 언어에 의해서 보관되고 전달되며 또한 전승되는 것이다. 이렇듯 인간에게 언어의 중요성은 절대적이다. 그러나 언어는 항상 우리와 함께하기 때문에 공기처럼 그 존재를 당연시하고 있어서 정작 언어에 대한 이해는 부족하다. 그럼 여기서 인간과 언어의 관계에 대해서 현대의 과학적인 견해와 성서적인 견해를 소개함으로써 그 필수적인 상관관계를 알아보자.

먼저 생물학자인 루이스 토마스(Lewis Thomas)는 *The Lives of a Cell* (1974, p. 89)에서 "언어가 없으면 인간이 되지 못한다. 만일 우리에게 언어가 없다면 우리의 마음은, 벌집을 잃은 꿀벌처럼, 없어질 것이다."(We can't be human without it; if we were to be separated from it our minds would die, as surely as bees lost from the hive.)라고 말하고 있다. 이는 언어를 우리 인간성에 필수적인 것으로 보는 현대의 과학적인 언어관을 상징적으로 보여준 것이라고 할 수 있다.

한편 성서적인 견해는 창세기의 표현에서 찾아볼 수 있는데 그 안에는 인간이 첫 번째로 한 행동이 말이라는 사실이 표현되어 있다. 창세기 2장에는 하나님이 지상의 모든 생물들을 불러 아담이 어떻게 이름을 짓는지 보시려 했고, 아담이 각 생물을 일컫는 바가 곧 이름이라고 쓰여져 있다.(God brought all the creatures of the earth before Adam to see what he would call them, and whatever Adam called the creatures, so were they named.)

지금까지 현대의 과학적인 언어관과 성서적인 견해를 살펴보았다. 그런데 이 두 견해의 공통점은 '인간이 된다는 것은 언어를 가지고 있고 또 그것을 사용한다'(To be human is to have and use language)는 점이라는 사실을 알았다.

그렇다면 언어란 말은 어떻게 유래되었을까? 언어(language)는 혀를 의미하는 라틴어(lingua=tongue)에서 유래되었다. 따라서 언어에서 가장 중요한 기본적인 요소가 말(speech)이며, 그 말을 하는 데에 가장 중요한 기능을 담당하는 것이 혀(tongue)가 된다는 뜻으로 해석할 수 있겠다. 그러나 말과 언어는 차원이 다소 다른 용어임을 알아야 한다. 말은 개인의 독립적인 활동을 뜻하며, 언어는 한 집단의 사람들이 사용하는 의사전달의 조직화된 체계를 뜻한다. 이러한 말과 언어의 구별은 스위스 언어학자인 소쉬르의 빠롤(parole)과 랑그(langue)의 구별에 해당되는 것이다. 따라서 말의 연구는 언어의 연구에 중요한 역할을 한다. 말의 연구는 개별발화에 대한 기술이므로 보다 더 정확성을 얻을 수 있지만 언어에 대한 설명은 항상 어느 정도의 모호함이 있게 된다.

## 2. 언어의 정의

Thomas Pyles and John Algeo(1993)에 의하면, 언어는 인간이 의사소통을 하는 수단으로서의 규약적인 음성기호의 체계이다.(A language will be defined as a **system** of **conventional vocal signs** by means of which **human beings communicate**.) 이 정의에 의하면 첫째가 **언어의 체계**이다. 만약 언어가 체계적이지 않으면 우리는 언어를 배울 수 없을 뿐만 아니라

일관성 있게 사용할 수가 없다. 우리의 말은 패턴으로 이루어져 있어서 **우리가 말을 할 때에는 항상 유형에 맞추어서 말을 하는 것이지, 사전에 있는 것처럼 어휘만 나열하는 것이 아니다.** 따라서 언어에서 체계(system)는 매우 중요한 개념이다.

언어의 체계는 두 개의 층으로 이루어지는데 이를 이원적인 구조, 즉 패턴의 양면성이라고 한다.(Every language has two levels to its system - a characteristic that is called duality of patterning.) 이 두 개의 층 중에서 하나는 의미 있는 단위로 구성되어 있으며, 또 하나의 층은 그 자체만으로는 의미가 없는 단위로 구성되어 있다. 예를 들어 "Adam liked apples"라는 문장에서 의미단위는 Adam, like, -d, apple, -s 등이며, 이들은 어휘(lexis)와 문법체계(grammatical system)의 요소들이다. 또 다른 층은 의미단위의 성분요소로는 역할을 하지만 그 자체에는 뜻이 없는 a, d, m, l, i, k, e 등의 무의미단위이며 이러한 무의미 단위들은 음조직(sound system)이나 음운론(phonology)의 성분이 된다.

즉, 언어의 의미 없는 성분(무의미단위)은 음체계를 구성하고 의미있는 단위는 문법체계의 일부를 구성하게 된다. 예를 들어 현대영어의 음체계에 의해서 mb가 어두나 어말에 나타나지 않는다. 영어에는 약 35개의 기본음들이 있는데 그 기본음들을 이용하여 수십만 개의 어휘를 만들어 낼 수 있는 것은 바로 이 패턴의 이원성(양면성) 때문에 가능하다.

두 번째의 특징은 **언어 기호**(Language Signs)이다. 언어에서 체계가 조직화한 것이 기호이다. 기호(sign)란 단순히 다른 어떤 것을 나타내는 것을 뜻한다. 예를 들어 '사과'라는 단어는 우리가 잘 알고 있는 과일을 상징하는 것이다. 그러나 언어적 기호는 단어만 있는 것이 아니라 단어보다 작은 단위나 더 큰 단위가 있을 수 있다. 더 작은 단위로는 형태소(morpheme)를 들 수 있으며, 형태소에는 자유형태소(free morpheme)와 구속형태소(bound morpheme)가 있다. 자유형태소란 그 자체로 사용될 수 있는 것이며, 구속형태소란 다른 형태소와 합쳐야만 단어로서 기능을 할 수 있는 것을 말한다. 예를 들어 reactivation에는 5개의 형태소(즉, 하나의 자유형태소(act)와 4개의 구속형태소)가 있다.(*re*-activation, activate-*ion*, active-*ate*, **act**-*ive*)

언어기호에서 단어보다 큰 단위로는 관용어를 들 수 있다. 예를 들어 turn on(불을 켜다), call up(전화를 걸다), ask for(요청하다) 등은 단어보다 더 큰 단위이다.

셋째, 언어는 **말로서의 언어(Language as Speech)**이다. 즉, 언어기호는 입으로 표출되고 귀로 듣는 음인 oral-aural이 기본이다. 오늘날에도 말은 있으나 글이 없는 언어가 존재하고 있다. 문자체계가 아무리 발달되어 있어도 모든 언어에 공통적으로 나타나는 것은 소리이다. 우리는 생각하는 인간인 것과 마찬가지로 말을 하는 인간(Homo loquens)이다. 문자도 결국은 구어(spoken language)를 근거로 하고 있는 것이다. 따라서 어떤 언어를 연구하든 말이 중심적 위치를 차지한다는 사실을 인정해야 하며, 음성학과 음운론에 깊은 관심을 가져야 할 것이다.

넷째, **규약으로서의 언어(Language as Convention)**이다. 언어적 형태와 그 의미 사이에는 자연적 관계가 없다. 즉, 기호와 의미의 관계는 논리에 의해서 추측해 낼 수 없는 것이다. 예를 들어 dog란 단어를 논리적 방법에 의해 개로 나타낼 수는 없는 것이다. 물론 의성어(예: cuckoo, bow-wow, etc.)의 단어들처럼 대상물의 음이나 활동을 나타내는 경우가 있기는 하지만 아주 소수이다. 결국 우리의 언어는 합의만 이루어진다면 철자법의 규약뿐만 아니라 여러 분야의 규약도 바꿀 수 있다.

다섯째, **인간으로서의 언어**(Language as Human)이다. 언어는 인간의 활동이므로 인간이 사용한다. 인간의 의사전달체계는 다른 생명체의 통신전달체계와 전혀 다르다. 예를 들어 동물의 통신전달체계는 양면적 특성, 즉 소리와 의미의 동시 발생적 체계를 이용하는데 이러한 동물의 통신발달체계의 특성을 인간언어에서는 찾아볼 수 없다. 또한 인간언어의 다양성과 포괄성(과거의 회상이나 미래에 대한 사색 등의 대화가 가능할 뿐만 아니라 거짓말이나 이론체계에 대한 고차적인 기능 등을 할 수 있다)이 없으며, 특히 내재적인 인간의 의사능력(innate language ability)은 인간고유의 특성이다.

여섯째, **의사소통으로서의 언어**(Language as Communication)이다. 언어의 목적은 의사소통에 있다. 언어는 사람들이 함께 생활하고 활동할 수 있게 해 줄 뿐만 아니라 사용하는 사람으로 하여금 그의 지식 영역 내에서 무엇이나 이야기할 수 있게 해 준다. 따라서 여기에는 두 가지의 극단론이 대두되는데 '언어는 사고에 대한 단순한 옷에 불과하다'는 견해와 '사고는 단순히 억제된 언어이며 우리가 생각할 때 우리는 바로 작은 소리로 이야기하는 것이다'라고 믿는 견해가 있다. 후자의 입장에서는 견해중 대표적인 것이 바로 사피어-워어프가설(Sapir-Whorf Hypothesis)이다. 사피어-워어프가설이란, 어느 개인의 사고방식이나 세계관은 그가 사용하는 언어의 구조적 특성에 의해서 결정된다는 가설을 말한다. 여기서는 한 개인이 오직 한 언어만을 평생 배워서 사용한 경우만을 말하고 있어서 두 개 이상의 언어를 배우는 경우에는 이론상으로 성립이 안 된다.

제 2 장

# 음성학의 기본개념

## Basic Concepts in Phonetics

Speech is defined as the expression of thoughts by a process of articulating sounds. A speech sound is one of the simplest elements of speech. It is a significant sound made by the definite positioning or movement of the speech organs – those parts of the human body (i.e., tongue, teeth, lips, and so forth) that play a significant role in speech production.

**Phonetics** is the study of the way humans make, transmit, and receive speech sounds. It is divided into three main branches, corresponding to these three distinctions:

- articulatory phonetics is the study of the way the vocal organs are used to produce speech sounds
- acoustic phonetics is the study of the physical properties of speech sounds
- auditory phonetics is the study of the way people perceive speech sounds

A **phonetician** is one who specializes in phonetics and uses his knowledge of phonetics to understand the systematic classification of speech sounds of the various languages of the world.

Speech sounds are comprised of consonants and vowels. **Consonants** are speech sounds that are characterized in enunciation by constriction or closure at one or more points in the breath channel. **Vowels** are speech sounds characterized by lack of any closure or constriction in the breath channel. Acceptable variations in the production of the same speech sounds are collectively referred to as a **phoneme**. All phonemes of a given language maintain distinction from each other and yet can have acceptable variations. Thus, the /l/ sounds in "leave", "fee*l*", and "tru*l*y", although slightly different in terms of their production, collectively represent the same phoneme /l/. Traditionally, a phoneme is denoted by placing a speech sound between two oblique lines, e.g., /l/.

We will study the system of speech sounds of General American English. American English refers to the native language spoken by the majority of persons living in the United States. The system of speech sounds can be studied in two parts: 1) the description of speech sounds as absolute and independent entities, and 2) the relationship of these members with one another.

A detailed study of speech sounds can be accomplished by: 1) studying the organs of speech and their function in producing speech sounds (physiological aspect of phonetics), 2) assessing the physical properties of the speech sounds once produced (acoustic aspect of phonetics), and 3) understanding the process by which man is able to identify the individual speech sounds he hears (perceptual aspect of phonetics).

[From Singh, S. and K. Singh, *Phonetics: Principles and Practices*.]

# 언어연쇄

## The Speech Chain

Wherever human beings live together, they develop a system of talking to each other; even people in the most primitives societies use speech. **Speech**, in fact, is one of those few basic abilities - tool making is another - that set us apart from animals and are closely connected with our ability to think abstractly.

Why is speech so important? One reason is that the development of human civilization is made possible - to a great extent - by man's ability to share experiences, to exchange ideas and to transmit knowledge from one generation to another; in other words, his ability to communicate with other men. We can communicate with each other in many ways. The smoke signals of the Apache Indian, the starter's pistol in a 100-yard dash, the finger signing language used by deaf people, the Morse Code and various systems of writing are just a few examples of the many different systems of communication developed by man. Unquestionably, however, speech is the system that man found to be far more efficient and convenient than any other.

When most people stop to consider speech, they think only in terms of moving lips and tongue. A few others who have found out about sound waves, perhaps in the course of building hi-fi sets, will also associate certain kinds of sound waves with speech. In reality, speech is a far more complex process, involving many more levels of human activity, than such a simple approach would suggest.

A convenient way of examining what happens during speech is to take the simple situation of two people talking to each other; one of them, the speaker, transmits information to the other, the listener. The first thing the speaker has to do is arrange his thoughts, decide what he wants to say and put what he wants to say into **linguistic form**. The message is put into linguistic form by selecting the right words and phrases to express its meaning, and by placing these words in the correct order required by the grammatical rules of the language. This process is associated with activity in the speaker's brain, and it is in the brain that appropriate instructions, in the form of impulses along the motor nerves, are sent to the muscles of the vocal organs, the tongue, the lips and the vocal cords. The nerve impulses set the vocal muscles into movement which, in turn, produces minute pressure changes in the surrounding air. We call these pressure changes a sound wave.

The movements of the vocal organs generate a speech sound wave that travels through the air between speaker and listener. Pressure changes at the ear activate the listener's hearing mechanism and produce nerve impulses that travel along the acoustic nerve to the listener's brain. In the listener's brain, a considerable amount of nerve activity is already taking place, and this activity is modified by the nerve impulses arriving from the ear. This modification of brain activity, in ways we do not fully understand, brings about recognition of the speaker's message. We see, therefore, that speech communication consists of a chain of events linking the speaker's brain with the listener's brain. We shall call this chain of events **the speech chain**.

It might be worthwhile to mention at this point that the speech chain has an important side link. In the simple speaker-listener situation just described, there are really two listeners, not one, because the speaker not only speaks, he also listens to his own voice. In listening, he continuously compares the quality of the sounds he produces with the sound qualities he intended to produce and makes the adjustments necessary to match the results with his intentions.

Let us go back now to the main speech chain, the links that connect speaker with listener. We have seen that the transmission of a message begins with the selection of suitable words and sentences. This can be called **the linguistic level** of the speech chain.

The speech event continues on **the physiological level**, with neural and muscular activity, and ends, on the speaker's side, with the generation and transmission of a sound wave, **the physical level** of the speech chain.

At the listener's end of the chain, the process is reversed. Events start on the physical level, when the incoming sound wave activates the hearing mechanism. They continue on the physiological level with neural activity in the hearing and perceptual mechanisms. The speech chain is completed on the linguistic level when the listener recognizes the words and sentences transmitted by the speaker. The speech chain, therefore, involves activity on at least three different levels, the linguistic, physiological, and physical, first on the speaker's side and then at the listener's end.

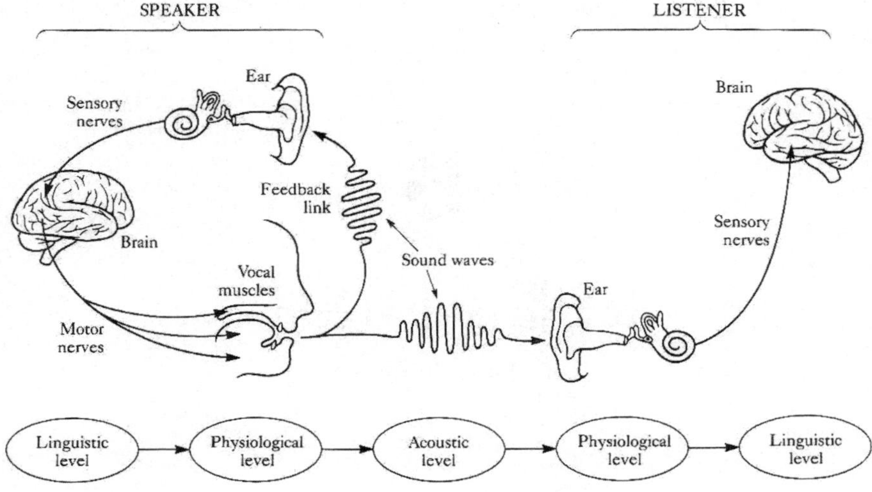


그림 2-1 The Speech Chain(From Denes, P.B. and E.N. Pinson, *The Speech Chain*)

# 음운분석의 기본단위

Basic Units in Phonology

For the most part, **phonetics** is concerned with speech sounds independent of their function in particular language systems. **Phonology**, on the other hand, is concerned with how these sounds are put to use in a specific language system. The important question in phonology is how various sounds are organized so that they have the capability of distinguishing spoken messages from each other.

## PHONEME

A child in acquiring his language must learn to recognize which sounds of his language are distinctive and which sounds are redundant. Distinctive sound units, that is, those which are capable of distinguishing words of different meanings, are termed phonemes.

As the child learns the phonemes and contextual variants of his language, he establishes that certain phonetic features are distinctive, whereas others are redundant. Both /p/ and /b/ are phonemes in English, because they are capable of making a meaning difference, as in the words *pin* and *bin* or *cap* and *cab*. The exact interpretation of the fact that the word *pin* means something different from the word *bin* depends crucially on one's conception of what a phoneme is. **The phoneme** is a speech sound that signals a difference in meaning. Consider, for example, the words *dime* and *dine*. They sound exactly alike except for the /m/ and the /n/, yet their meanings are different. Therefore it must be the /m/ and /n/ which made the difference in meaning, and these two nasals are thereby established as English phonemes.

## ALLOPHONE

The variants of the phonemes that occur in detailed phonetic transcriptions are known as **allophones**. They are generated a result of applying the phonological rules to the segments in the underlying forms of words. In English the phoneme /p/ is produced in at least three different ways phonetically. One of these is the aspirated [$p^h$] which typically occurs at the beginning of a stressed syllable as in pistol [pʰɪstɫ] and repeat [rìpʰít]. Another is the unaspirated [p], which occurs following another consonant, especially [s] (spot [spat]) and between vowels when the following vowel is unstressed (rapid [rǽpɪd]). The third variant is the unreleased [pº], which may occur at the end of an utterance (keep [kʰipº]). All three of these phonetic variants are allophones of one phonemic class, which is represented simply as /p/.

We might have the following account to cover the description of the phoneme /p/ and its allophones in English:

| Phoneme | Allophones | Distribution |
|---|---|---|
| /p/ | [pʰ] | occurs initially and when followed by a stresssed vowel |
| | | [rìpʰít] 'repeat' [pʰǽnzi] 'Pansy' |
| | | occurs word initially |
| | | [pʰətʰéɾo] 'potato' [pʰrɪpʰǽr] 'prepare' |
| | [p] | occurs when preceded by a sibilant |
| | | [spat] 'spot' [rìspɛ́kt] 'respect' |
| | | occurs non-initially and followed by an unstressed vowel |
| | | [rípɪŋ] 'ripping' [rǽpɪŋ] 'rapping' |
| | | occurs word-finally |
| | | [kʰip] 'keep' [lɪp] 'lip' |
| | [pº] | occurs in free variation with [p] at the end of an utterance |
| | | [kʰipº] or [kʰip] 'keep' |
| | | [lɪpº] or [lɪp] 'lip' |

## MINIMAL PAIRS

The major task, then, for a phonologist holding this view of the phoneme is to determine which sounds belong in the same class. In order to do this, it is necessary to examine the *distribution* of the sounds in question. If two sounds which are phonetically similar occur in the same phonetic environment, and if the substitution of one sound for the other results in a difference in meaning, then these sounds are assigned to *different* phonemes. Thus, to continue the same example, if [$p^h$] is substituted for the [b] in *bin*, a different word results (namely *pin*). On the other hand, if [$p^h$] is substituted for the [p] in sp*in*, we do not obtain a different word but rather just a slightly distorted mispronunciation, which is likely to be interpreted as [spin] in any case. We conclude that [$p^h$] and [b] belong to different phonemes, while [$p^h$] and [p] belong to the same phoneme.

Two words, which differ only by one sound, are said to constitute a **minimal pair**. In other words, pairs of words which demonstrate a phonemic contrast are called minimal pairs. Thus *pin* and *bin* are a minimal pair, since they differ only in their initial consonant, just as *cap* and *cab* are a minimal pair, since they differ only in their final consonant. On the other hand, *pin* and *bit* do not constitute a minimal pair, since they differ in both their initial and final consonants. Finally, *pin* and *nip* are not a minimal pair, since, although they involve the same three sounds, there are actually two differences between these two words: initially, *pin* has [$p^h$] while *nip* has [n], and finally, *pin* has [n] while *nip* has [$p^h$] (pronounced alternatively as an unreleased [p]).

[From Hyman, Larry M., *Phonology: Theory and Analysis*.]

# 제5장

# 음운변화과정

## Phonological Processes

When **morphemes** are combined to form words, the segments of neighboring morphemes become juxtaposed and sometimes undergo change. Consider the **morphologically** related forms *electric*, *electrical*, *electricity*, and *fanatic*, *fanatical*, *fanaticism*. Here the final /k/ of electric and fanatic becomes /s/ before a morpheme beginning with /i/. Changes also occur in environments other than those in which two morphemes come together - for example, word initial and word final positions, or the relation of a segment vis-a-vis a stressed vowel. All such changes will be called **phonological processes**.

## ASSIMILATION

In **assimilatory processes** a segment takes on features from a neighboring segment. A consonant may pick up features from a vowel, a vowel may take on features of a consonant, on consonant may influence another, or one vowel may have an effect on another.

A sound may change to take on the position of a preceding or following sound. One of the most widely cited cases of assimilation to the place of articulation in English is the negative prefix:

| | |
|---|---|
| 'indirect' | [ɪndərέkt] |
| 'indignity' | [ɪndígnɪtì] |
| 'impotent' | [ímpətɪnt] |
| 'immature' | [ìmmətʃúɚ] |
| 'inconclusive' | [ìŋkəŋklúsɪv] |
| 'ingratitude' | [ìŋgrǽtətjù:d] |

Assuming that the original form of the negative prefix is /ɪn-/, we note that the nasal changes its place of articulation according to the position of the following sound.

A sound may also take on the manner of articulation from an adjacent sound. When we looked at how certain plurals were formed in English, we observed the assimilation of the voicing specification from the preceding sound. Recall the /s/ and /z/ forms of the plural as found in the following examples:

| | |
|---|---|
| 'cats' | [kæts] |
| 'taps' | [tæps] |
| 'packs' | [pæks] |
| 'cabs' | [kæbz] |
| 'lids' | [lɪdz] |
| 'tags' | [tægz] |

The list illustrates that the voicing of the plural suffix is dependent on the voicing of the preceding segment. This aspect of plural formation is but one part of a more general rule for suffix formation in English. In this rule, the initial consonant in a suffix matches the voicing specification of the final consonant of the base.

Traditionally, two kinds of assimilation have been distinguished. In **progressive assimilation**, the assimilated sound follows the conditioning sound. The case of plural and past tense suffixes cited above is an example of progressive assimilation, since the final segment of the word base conditions the form of the following segment. In **regressive assimilation**, the assimilated segment precedes the conditioning item. The case of the assimilated nasal prefix cited previously is regressive assimilation, since the following segment conditions the shape of the preceding one. The difference between progressive and regressive assimilation may be illustrated as follows:

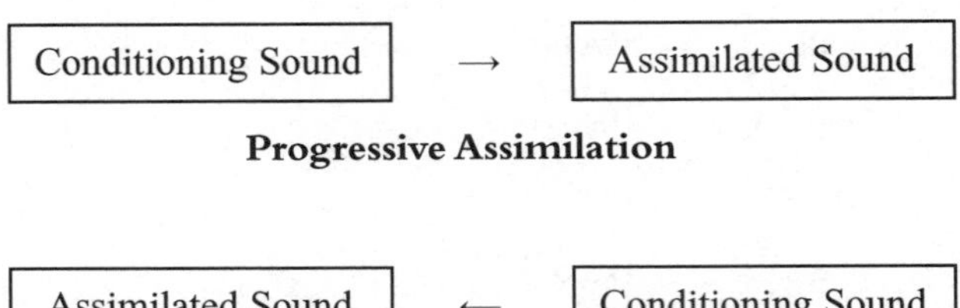


**Progressive Assimilation**

Assimilated Sound ← Conditioning Sound

**Regressive Assimilation**

Note each of the following assimilated forms. Those that are considered currently acceptable appear in the first part of each group of words. Those in the second part are either commonly associated with less-educated speech or those for which acceptability is not clearly established.

Examples of Regressive Assimilations

| Word or Phrase | Assimilated Forms Found in Colloquial-Educated Speech | Change |
|---|---|---|
| 'comfort' | [kʌɱfɚt] | [ m 〉ɱ |
| 'income tax' | [ɪŋkəm tæks] | n 〉ŋ |
| 'pumpkin' | [pʌŋkɪn] | m 〉n |
| 'congress' | [kaŋgrəs] | n 〉ŋ |
| 'handkerchief' | [hæŋkɚčɪf] | n 〉ŋ |
| 'pancake' | [pæŋkeɪk] | n 〉ŋ |
| 'comptroller' | [kəntrolɚ] | m 〉n |
| 'have to' | [hæf tu] | v 〉f |
| 'used to' | [justu] | z 〉s |
| 'grandpa' | [græmpa] | n 〉m |
| 'grandma' | [græm:a] | n 〉m |
| 'on the top' | [an̪ ðə tap] | n 〉n̪ |
| 'in the box' | [ɪn̪ ðə baks] | n 〉n̪ |
| 'at the beach' | [æt̪ ðə bič] | t 〉t̪ |

| | | |
|---|---|---|
| 'newspaper' | [n(y)uspeɪpə] | z 〉s |
| 'with time' | [wɪΘ taɪm] | ð 〉Θ |
| 'horseshoe' | [hɔəš:u] | s 〉š |
| 'don't believe it' | [dom(p) bəlivɪt] | n 〉m ] |

| | Assimilated Forms Associated with Less-Educated Speech | |
|---|---|---|
| 'strength' | [strɛn̂Θ] | [ ŋ 〉n |
| 'in contact with' | [ɪŋkɑntækt wɪð] | n 〉ŋ |
| 'I can go' | [aɪ kɪŋgo] | n 〉ŋ |
| 'inbred' | [ɪmbrɛd] | n 〉m |
| 'goodbye' | [gudbaɪ] | d 〉b |
| 'let me' | [lɛmi] | t 〉m ] |

| | **Progressive Assimilations** | |
|---|---|---|
| Word or Phrase | Assimilated Forms Found in Colloquial-Educated Speech | Change |
| 'open the door' | [opm̩ ðə dɔɚ] | [ n 〉m |
| 'it happens' | [ɪt hæpm̩z] | n 〉m |
| 'wagon train' | [wægŋ treɪn] | n 〉ŋ |
| 'bacon' | [beɪkŋ] | n 〉ŋ ] |

| | Assimilated Forms Associated with Less-Educated Speech | |
|---|---|---|
| 'ribbon' | [rɪbm̩] | [ n 〉m |
| 'captain' | [kæpm̩] | tn 〉m |
| 'candidates' | [kænɪdeɪts] | d 〉n |
| 'something' | [sʌmpmm̩] | ŋ 〉m |
| 'twenty' | [twɛni] | t 〉n ] |

## DELETION

In the phonological process of **deletion**, units which occur in some contexts are lost in others. In many c=ases, deletion processes change the syllable structure of a word, thereby creating preferred types of syllable patterns. For example, deletion processes may break up clusters of consonants or vowels in order to arrive at the more universally preferred CV pattern. Thus, if we look at the alternation of the indefinite article forms *a* and *an*, we note the article *a* occurs before items beginning with a consonant and *an* as before items beginning with a vowel (*a pear* versus *an apple*). This distribution prevents the occurrence of CC and VV sequences. If we posit an as the basic form, we can explain the distribution through the deletion of the n.

Another widely recognized case of deletion in English involves "contracted" forms such as *He's made it*. *He'd fallen*, and *He'd come*, from *He has made it*, *He had fallen*, and *He would come*. In certain relatively unstressed contexts, the initial /h/ and /w/ of auxiliaries (*have, had, will, would*) are deleted. Then, in a second deletion process, the vowel nucleus is also eliminated. This second deletion applies also to the vowels of is and are in contracted forms, resulting in forms like *He's ugly* and *You're ugly*.

There are many other deletion processes in English. Some of these are readily noticeable; others are simply forms that we automatically apply but may not be aware of until they are pointed out. Consider the following forms as they might be pronounced in casual conversation by many speakers of standard English.

| | |
|---|---|
| 'west side' | [wɛs saɪd] |
| 'west end' | [wɛst ɛnd] |
| 'blind man' | [blaɪn mæn] |
| 'blind eye' | [blaɪnd aɪ] |
| 'wild goose' | [waɪl gus] |
| 'wild end' | [waɪld ɛnd] |

In these examples of **cluster reduction**, the final segment of a word-final consonant cluster is deleted when the following word begins with a consonant. If the following word begins with a vowels, however, this process usually does not apply. The effect of the process is that the number of successive consonants is reduced from three to two. This change makes the consonant sequences more compatible with preferred types of syllable sequences in English. Deletion processes of this type are relatively common in casual styles.

## EPENTHESIS

Inserting a sound segment into a form is called **epenthesis**. Although it seems to occur less frequently than deletion, epenthesis is by no means uncommon as a phonological process. Both vowels and consonants may be inserted in epenthetic processes. One process often considered to be epenthetic involves plural forms in English. In our discussion above, we noted that two different realizations of the regular plural /s/ and /z/ were dependent on the voicing specification of the previous sound segment. We have also seen that a third form of the plural occurs after sibilants [bʌsɪz] 'buses', [dɪšɪz] 'dishes', [jʌjɪz] 'judges'. The vowel of /ɪz/ in these examples is inserted between sibilants. From the standpoint of perception, this insertion is understandable since the addition of /s/ or /z/ to an item already ending in a sibilant would result in a doubled or lengthened segment. This might be difficult to perceive as a plural form (e.g. [rozz] 'rose', or [bʌss] 'buses'). Adding the vowel makes the plural formation easier to perceive.

The insertion of the vowel in plurals is actually part of a more general process which applies when the first consonant of a suffix is similar to the one in which the base form ends. Thus, we find a similar kind of epenthesis with the regular past tense. The consonants involved are different, but the general principle is the same: [wetɪd] 'waited', [redɪd] 'raided', [plæntɪd] 'planted', [maɪndɪd] 'minded'. If the base form ends in /t/ or /d/, then the vowel will be inserted to keep two alveolar stops from occurring next to each other.

[From Wolfram, W. and R. Johnson, Phonological Analysis: Focus on American English; Bronstein, A.J., The Pronunciation of American English.]

# 제 6 장

# 말소리 생성

## Speech Production

화자와 청자 사이에는, 말소리가 만들어지는 것에서부터 그것이 받아들여지는 과정까지의 모습이 마치 일련의 고리처럼 얽혀져 있다는 사실을 알게 되었다. 그 과정 중에서 가장 먼저 알아야 할 사항은 뇌로부터 운동신경(motor nerves)을 통해 지시받은 발성기관이 어떠한 작용으로 말소리를 만들어내는지를 관찰하는 것이다. 이와 같이 말소리를 만드는 발성기관의 전반적인 작용을 연구하는 분야가 바로 조음음성학이다. 그러므로 본 장에서는 말소리를 만드는 데 관련된 발성기관에 대해 살펴보고, 발성기관이 어떻게 제 기능을 수행하고 음파가 어떻게 만들어지는지를 알아보기로 하자.

## 1. 말소리 생성의 개요

말소리 생성이란 환경의 소음이나 음악가들의 발성과 같은 의미가 아닌, 순수히 말을 할 때 필요한 개별적인 말소리를 만든다는 뜻으로 사용하기로 한다. 말소리 생성에 관련된 발성기관에 대한 그림은 〈그림 2-2〉에 나타나 있다. 발성기관은 폐, 기도(windpipe), 후두(larynx), 성대(vocal cords), 인두(pharynx), 코와 입이다. 이들 기관들은 다 함께 허파에서 입술까지 뻗어 있는 복잡한 "관"(tube) 모양이다. 후두 위쪽의 관은

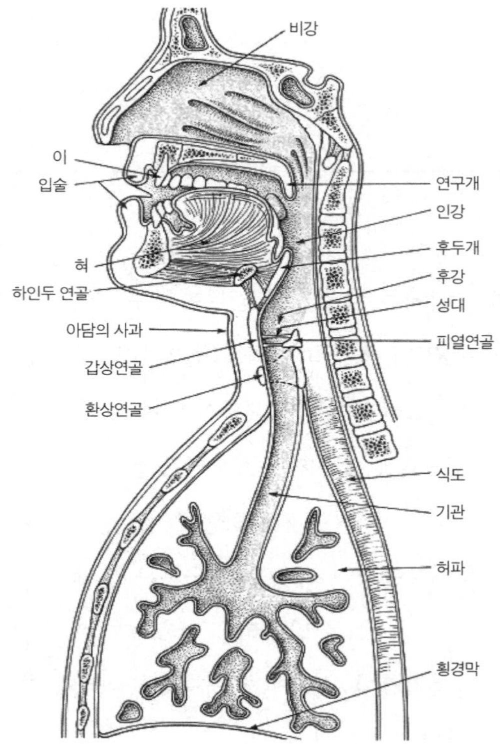


**그림 2-2** 발성기관의 일반적인 배열(Crystal, 1987, 124)

성도(vocal tract)라 불리우며, 성도는 다시 인두, 입, 코로 구성되어 있다. 성도의 모양은 혀, 입술 그리고 그 밖의 다른 부분들의 움직임에 의해 다양하게 변화될 수 있다.

다른 말소리를 내려고 성도의 모양을 조절하는 것을 조음이라 하며 혀, 입술, 그 밖의 성도의 다른 부분들이 제각기 움직이는 것을 조음작용이라 한다. 조음작용이란 이처럼 발성된 소리를 증폭하고 세분하기 위하여 구강 내에 여러 기관이 움직이는 것을 말한다. 그 다음에 우리는 폐에서 나오는 공기의 흐름이 언어의 음파를 형성하는 데 에너지를 제공해주며, 성대는 이 에너지를 들을 수 있는 울림소리로 전환시켜 주고, 혀, 입술, 구개 등은 성도의 모양을 바꿈으로써 울림소리를 구별할 수 있는 말소리로 바꾸어준다는 것을 알게 된다.

우리가 숨을 내쉴 때 허파로부터 나오는 일정한 공기의 흐름은 말소리를 내는 데 있어서 에너지의 원천이다. 우리가 정상적으로 숨을 쉴 때는 공기의 흐름을 들을 수 없지만 공기의 흐름이 빠른 진동상태로 될 때는 듣는 것이 가능하다. 이런 현상은 무의식적으로 일어날 수 있는데, 예를 들면 우리가 코를 골 때이다. 물론 말을 하는 동안에도 우리는 의도적으로 공기의 흐름을 진동상태로 놓기도 한다. 우리는 이런 진동을 여러 가지 방법으로 일으킬 수 있지만 가장 자주 쓰이는 방법은 성대의 움직임에 의한 것이다.

성대는 후두의 일부인데 그것은 폐에서 나오는 공기가 통과할 때 조절할 수 있는 기능을 한다. 즉, 우리가 말을 할 때 성대는 일정한 공기의 흐름을 일련의 내뿜기로 바꾸면서 열렸다가 급히 닫힌다.

한편 숨을 들이마시는 동안 만들어지는 소리를 사용하는 외래어도 있지만, 한국어나 영어의 말소리는 숨을 내쉴 때에만 정상적으로 만들어진다.

## 2. 발성기관

여기서는 발성기관의 작용에 대해 좀 더 자세히 생각해 보기로 하자. 발성기관의 기능은 기본적인 생리학적 작용, 즉 숨쉬고, 씹고, 삼키는 것처럼 생명에 관계되는 일을 하기 위해 사용되었으며, 그 후에 그것은 말소리를 내는 데 사용되었다.

허파는 갈빗대 안에 들어 있는데, 탄력성 있는 스폰지 덩어리와 같은 물질이다. 허파는 혈액에 산소를 공급하고 이산화탄소와 같은 노폐물을 없애준다. 공기를 들이마시고 내쉬는 행동은 갈빗대 안의 여러 가지 근육과 복부, 횡경막 및 가슴과 복부를 분리하는 경계막의 근육에 의해 통제된다. 정상적으로 허파는 대략 3쿼트(1.14l) 정도의 공기를 가지고 있으며, 우리는 정규적으로 약 1/2쿼트의 공기를 들이마시고 내쉰다.

보통 우리는 5초 마다 숨을 들이쉬고 내쉬고 하는데, 이 호흡은 주기적인 반복활동이다. 그러므로 우리는 말을 할 때 문장과 구의 길이에 따라 호흡을 조절하게 된다. 폐에서 나오는 공기는 연골의 고리로 구성되어 있는 기관을 지나서 후두를 통해 입과 코로 나간다. 후두는 문이나 밸브처럼 작용한다. 열고 닫음으로써 폐로부터 공기의 흐름을 조절한다. 그것이 굳게 닫힐 때 입으로부터 폐를 완전히 분리시킨다. 후두는 공기의 통로를 닫을 수 있기 때문에 말소리를 낼 때, 먹을 때 그리고 숨을 쉴 때 중요한 역할을 한다.

우리는 입을 통해서 음식을 먹거나 공기를 들이마신다. 음식이나 공기가 입의 뒷부분인 인두에 닿으면 그것들은 내려가는 두 개의 구멍에 이르게 되는데, 즉 호흡관에서 폐로 연결되는 후두와 그 뒤로 연결되는 식도이다. 우리의 몸이 올바른 기능을 하려면 음식과 공기가 잘못된 통로로 들어가서는 안 된다. 음식이나 다른 이물질이 기도로 잘못 들어가면, 다시 말해서 잘못된 장소로 내려가면 얼마나 불쾌한지를 우리는 알고 있다. 후두는 삼키는 동안 호흡관과 폐로 음식이 들어오는 것을 막기 위해 자동적으로 닫힘으로써 이것을 방지한다.

후두의 또 다른 기능은 공기가 폐로 들어가는 것을 막는 일이다. 무거운 물건을 들 때 숨 멈추기에 실패하면 팔 힘이 얼마나 약해지는 가를 알 수 있다. 보통 우리는 팔로 무거운 짐을 들 때 무의식적으로 숨을 멈춘다. 인간은 허파에서 나오는 공기의 흐름을 말소리로 전환하기 위하여 후두 밸브를 사용하는 습관이 있다. 즉 후두 밸브의 사용으로 공기의 흐름을 깨뜨리고, 내뿜기를 통해 울림소리로 전환하게 되는데, 이것이 우리가 말을 할 때 사용하는 음파이다.

### 1) 인두와 비강

인두는 성문에서 가장 가까운 성도의 일부이다. 그것은 후두를 입과 코로 연결시키는 관인데, 그것의 아래쪽 끝에서는 인두와 후두가 식도와 만나고 더 넓은 위쪽 끝에서는 입과 비강 뒤쪽과 만나게 된다. 그 동안 우리는 음식을 삼킬 때 혀를 뒤로 움직인다든지, 후두를 위로한다든지 아니면 인두벽을 수축함으로써 그것의 모양과 크기가 변화된다고 알고 있었다. 그거나 최근에 들어와서야 말을 할 때 그런 변화가 일어난다는 것을 발견하게 되었다. 그러나 하나의 말소리를 다른 것과 구별하도록 해주는 인두의 변화에 대해서는 아직까지는 알려지지 않고 있다. 비강은 연구개가 들어 올려짐으로써 인두와 입의 뒷부분으로부터 분리된다.

### 2) 구강과 혀

발성기관에서 마지막이자 가장 중요한 부분은 구강이다. 구강의 모양과 크기는 구개, 혀, 입술, 치아 등의 상대적인 위치를 조절함으로써 발성기관의 다른 어떤 부분보다도 더 광범위하게 변화될 수 있다. 혀는 움직임이 가장 다양하기 때문에 발성기관 중에서 가장 중요한 부분이다. 혀의 뒷부분과 중심은 혀가 쉬고 있을 때는 연구개 밑에 자리하며, 앞부분은 경구개 밑에 위치하고 혀 끝과 설단은 치경 밑에 있는데 혀끝은 가장 앞부분이고 설단은 혀끝과 앞부분 사이에 있다. 혀끝과 설단은 특히 유동적이며 그것들은 입술 전체와 치아, 치경, 경구개에 닿을 수 있다.

구강을 형성하는 마지막 기관은 구개이다. 우리는 그것을 세 부분으로 나눌 수 있다. 그들은 잇몸 또는 치경과 입안 구조를 형성하는 뼈로 된 경구개(hard palate), 그리고 뒤에 있는 근육질의 연구개(soft palate)이다. 만약 우리가 거울 앞에 서서 입을 크게 벌려 보면 연구개가 입의 뒤쪽에서 아래위로 움직이고 있는 것을 볼 수 있을 것이다. 연구개는 그 위치가 보통 밑으로 내려오지만 올려지기도 한다. 그러나 들어 올려질 때 그 위치에서 연구개는 인두와 코 사이의 입구를 닫으며 폐에서 나온 공기를 모두 입 쪽으로 향하게 한다. 성도의 길이와 모양에 영향을 주는 입술은 여러 가지 모양으로 둥글게 되거나 평평해질 수 있는데 그것은 또한 공기의 흐름을 완전히 멈추게 하기 위해 닫혀질 수도 있다.

입술과 뺨은 언어소통에 여러 가지 영향을 준다. 그것들은 성도의 모양을 변화시키기 때문에 결과적으로 그것들에 의해 말소리가 여러 종류로 분류되는 것이다. 그러나 그것들은 치아와 더불어 육안으로 볼 수 있는 성도의 유일한 부분이다. 청자는 화자가 말하는 것에 대하여 목소리를 듣는 것뿐만 아니라 그의 얼굴을 쳐다봄으로써 정보를 얻을 수 있다. 이것을 입술 읽기, 즉 독순술(lip reading)이라고 하며 그것은 언어소통에 있어서 대부분의 사람들이 그것을 믿는 것 이상의 중요한 효과를 가지고 있다. 여러분이 정말로 시끄러운 환경에서 대화를 해본 적이 있다면 화자의 얼굴을 보는 것이 얼마나 유용한지를 알 수 있을 것이다. 대부분의 청각 장애자들은 단지 여러분의 얼굴을 지켜봄으로써 여러분이 말하는 것을 어느 정도 이해할 수 있다.

입술과 뺨이 언어소통에 있어서 역할을 하고 있는 또 다른 이유가 하나 더 있다. 그 모양은 여러분의 감정을 나타내는 얼굴 표정을 만드는 데 크게 기여하며 이것은 화자로 하여금 잘못하면 이해할 수 없는 말을 이해하도록 하는 데 도움을 주는 경우도 있다.

치아도 또한 성도의 모양과 그것이 만들어내는 소리에 영향을 준다. 예를 들어 그것들은 /v/나 /θ/ 같은 소리를 조음할 때처럼 입술과 혀끝에 댐으로써 공기의 흐름을 제한하거나 멈추게 하는 데 사용한다.

지금까지 말소리를 만드는 데 필요한 신체의 생리적인 구조를 해부

학적으로 관찰하여 이해를 쉽게 하도록 하였다. 다음 장으로 넘어가기 전에 이러한 성도의 기능을 충분히 이해해야만 과학적으로 말소리를 연구할 수 있다. 특히 후두 안의 성대의 기능과 연구개 및 혀의 활동에 관심을 가져야 할 것이다.

# 음성표기

The Phonetic Alphabet

음성학에서 다루어져야 할 중요한 일 중에 하나가 연구된 말소리를 음성기호를 사용하여 표기하는 일이다. 그렇지만 한국어처럼 발음기호와 철자를 똑같게 사용하는 표음문자는 음성기호를 따로 사용할 필요가 없다. 영어에서는 음성표시법이 말을 기술하는 데 반드시 필요한 도구이나 음성을 표기하는 기호는 학자에 따라 다르다. 그러나 실제음성에 차이가 있는 것은 아니며 소리를 식별하는 목적과 방법에 차이가 있을 뿐이다.

## 1. 표기법

일반적으로 음성 표기법은 크게 두 가지로 나누는데 상세한 음가를 표기하는 목적으로 사용되는 정밀표기(narrow transcription)와 의미를 구별하기 위해 음소만을 표기하는 간략표기(broad transcription)가 있다. 보통 정밀표기는 [ ] 안에, 그리고 간략 표기는 / / 안에 각각 표기한다.

### 1) 정밀표기

정밀표기는 조음에 관련된 자세한 활동과 변이음적인 특성을 자세히 분석한 음성기호에 다양한 구별부호를 덧붙여 표기하기 때문에 일명 음성표기라고 불린다. 다시 말하면 사전 상에 기록되어 있는 발음기호보다는 훨씬 자세히 음가가 표기되는 점에서 차이가 있다. 음성학자나 언어에 따라 다른 구별부호를 사용하기도 하나 대개는 국제사회에서 널리 받아들여지고 있는 국제음성협회(I. P. A.)에서 정한 부호를 사용하고 있다. 영어에서 /p/음은 위치에 따라 세 가지로 표기할 수 있는데 어두에 오면 [pʰɪn]에서처럼 [pʰ]로 표기한 기음 표시 [ʰ]를 사용하고 spy[spaɪ]에서처럼 /s/ 뒤에 오면 [p]로 되고, stop에서처럼 어미에 /p/가 오면 [p˺]처럼 음이 파열되지 않는 표기인 [˺]를 사용한다. 이러한 표기방법은 가능하면 우리가 소리 나는대로 또한 가능한 이해할 수 있을 정도까지 세밀히 기록하는 데 그 목적이 있다.

간략표기는 쉽게 말해서 의미를 구분할 수 있는 소리만을 표기하는 것으로 정밀표기와 다르다. 이러한 표기법은 음소기호를 사용한다고 해서 음소표기(phonemic transcription)라 불리기도 한다. 일반적으로 영어

사전에 사용하는 것이 바로 음소표기인데 지금까지 우리한테 익숙한 발음기호를 말한다. 앞에서 예로 든 정밀표기와는 달리 pin/pɪn/, spy/spaɪ/, stop/stɑp/에서처럼 위치와 관계없이 /p/음은 모두 /p/로 표기된다. 이러한 표기는 서로 다른 소리를 비교하려는 목적에 도움이 되고 음운체계를 세우는 데 필요하다.

우리가 지금 위에서 두 가지 표기법을 살펴보았듯이 정밀표기, 즉 음성표기(phonetic transcription)는 조음음성학, 음향음성학, 청각음성학에서 관찰된 조음 자료를 토대로 비교적 분명하고 상세하게 말소리를 표기하는 방법으로 복잡하다는 것을 알 수 있다. 반면에 간략 표기인 음소표기는 발음을 비교하는 음운체계를 세우는 데 유용하나 정확한 소리를 나타낼 수는 없다.

## 2. 음성체계

영어 음성체계는 크게 자음과 모음으로 구분하여 표시하는데 각 음소를 학자에 따라 다른 기호를 사용하기도 한다. 문제가 되는 것을 중심으로 비교 설명하기로 한다.

### 1) 자음표기

음성학은 개별음가를 연구하고 음운론은 이것을 정리하여 음운체계를 만들고 음의 규칙을 만든다고 말할 수 있다. 영어 음이라는 똑같은 음성학적 재료를 가지고 분석해낸 영어 음의 종류는 그 수나 분포에 있어서 학자에 따라서 조금씩 다르다. 그리고 학자에 따라서 같은 음소를 다른 기호로 표시하는 데 문제가 있다.

비교적 자음에 있어서는 모음에 있어서와 같이 학자 간에 음운해석과 거기에 따르는 표기의 차이가 심하지 않다. Fries가 / ʃ, ʒ / 대신 / š, ž /을 쓴 것은 typewriter로 찍을 때 편리하게 하기 위한 것이지 음운분석상의 차이를 말하는 것은 아니다.

/ ʧ, ʤ /에 대해서는 음운분석상 이론이 많다. 어떤 학자들은 이것을 단일음소로 해석하고, 다른 학자들은 두 음소의 연속, 즉 /t/와 /ʃ/ 또는 /d/와 /ʒ/의 연합으로 해석한다. 결국 두 가지 해석이 가능한 것인데 단일음소로 보는 것이 일반적인 것 같다. Jones, Kenyon은 기호를 / ʧ, ʤ /로 쓰고, Trager, Fries는 단일음소로 보고 표기도 / č, ǰ /와 같이 단일기호로 하였다. 일단 / č, ǰ /를 채택하면 / ʃ, ʒ /도 / š, ž /로 하는 것이 좋고, /j/도 /ǰ/와 혼동될 염려가 있으니 /y/로 하는 것이 좋을 것이다. 이 말은 일관성 있게 사용하라는 의미지, 어느 한쪽이 더 우세하다는 것은 아니다. 표기방식도 일종의 약속과 같은 것이니 한 가지를 선택해서 사용하고 혼합해서 쓰지 않도록 하여야 한다. 그런데 대체로 음성학자들은 가능한 Jones / Kenyon처럼 전통식 표기를 사용하고 음운론자들은 Trager Smith / Fries의 방식을 사용하고 있다. 본 교재에서는 음성학이 위주이므로 Jones / Kenyon의 표기를 따르기로 하되 음운론도 완전히 배제되는 것이 아니므로 음운론에 관한 것, 즉 변별적 자질(distinctive feature)을 다룰 때는 Trager Smith / Fries의 표기도 사용하겠다. 특히 학습자는 두 가지 방식을 다 익혀야 될 것이다.

## 2) 모음표기

모음은 자음과 달리 그 조음이 매우 유동적이기 때문에 각 모음의 명확한 조음장소를 확정하기가 어렵다. 즉, 자음의 조음을 기술할 때는 ① 무성. 유성 ② 조음장소 ③ 조음방법 등 3가지 조음요소를 들어서 하지만 모음의 경우는 보통 막연하게 ① 혀의 높낮이 ② 혀의 전후 ③ 혀 근육의 긴장도 ④ 입술모양을 가지고 기술하게 된다.

영어모음의 표기방법에서 문제가 되는 것은 학자에 따라 상이한 표기법을 사용하는 데 있다. 현재 영국이나 미국에서 가장 널리 쓰이는 네 가지 표기법을 비교하기로 한다.

첫 번째 기호들은 저명한 영어 음성학자 Daniel Jones가 그의 저서 *English Pronouncing Dictionary*(London: Dent, 1956)에서 쓴 것들인데 이것은 더 말할 나위 없이 유력한 형식의 영국영어 발음에 대한 주요 저서이다. 한국에서는 오랫동안 교과서에 이 기호를 사용해왔기 때문에 가장 많이 눈에 익은 기호다. 이것은 종래에 우리나라에서 가장 널리 사용되어 온 모음분류이다. 오늘날 우리나라의 대부분의 사전에는 아직도 이 Jones의 발음기호를 사용하고 있다.

두 번째 기호는 근래에 영국의 영어 음성학자로 활약하고 있는 A. C. Gimson이 그의 저서 *An Introduction to the Pronunciation of English*(London: Edward Arnold, 1980)에서 사용하고 있는 것들인데 영국의 전통적인 기호와 미국의 Kenyon / Knot의 방법을 가미한 것으로 두 가지 단점을 보완하려는 의도가 보인다.

세 번째 기호들은 J. S. Kenyon과 T. A. Knott이 그들의 공저서 *A Pronouncing Dictionary of American English*(Springfield: g. & D.

Merriam, 1953)에서 쓰고 있는 기호들이다. 이 책은 초판이 1935년에 나온 것으로서 미국 방언을 분석하여 포괄적으로 표기하고 있다.

네 번째 기호들은 G. Trager와 H. L. Smith가 영향력 있는 그들의 공저서 *An Outline of English Structure*(Norman, Oklahoma: Battenberg Press, 1951)에서 쓴 것들이다. 이 표시법은 음소론이 대두되었던 50년대와 60년대에 매우 널리 쓰였던 것이고 아직도 음운론에서 많이 쓰이고 있다.

| Key Words | Jones | Gimson | Kenyon Knot | Trager-Smith |
|---|---|---|---|---|
| seat | iː | iː | i | iy |
| sit | i | ɪ | ɪ | i |
| late | ei | eɪ | e | ey |
| let | e | e | ɛ | e |
| bat | æ | æ | æ | æ |
| boot | uː | uː | u | uw |
| pull | u | ʊ | ʊ | u |
| boat | ou | əʊ | o | ow |
| bought | ɔː | ɔː | ɔ | ɔh |
| dog | ɔ | ɒ | ɒ | ɔ |
| palm | ɑ | ɑː | ɑ | ah |
| cup | ʌ | ʌ | ʌ | ə |
| an | ə | ə | ə | ə |
| bird | əː | ɜː | ɝ | ər |
| furtherə | ə | ə | ɚ | ər |
| bite | ai | aɪ | aɪ | ay |
| about | au | aʊ | aʊ | aw |
| boy | ɔi | ɔɪ | ɔɪ | oy |

영어에 있어서 이중모음은 두 개의 완전한 단모음이 겹친 것을 말하는 것이 아니다. 한 모음에서 시작하여 다음 모음의 위치로 향하는 '모음+전이음'(vowel+glide)인 것이다. 이때 전이음을 반모음이라 하여 음운론에서는 자음으로 취급한다. Jones의 표기로 /ai/라는 이중모음은 [a]에서 출발하여 [i]로 향할 뿐이지 완전히 [i]까지 이르지 않는다. 이와 같이 영어의 이중모음의 둘째 음은 보통 모음과는 다르므로 같은 모음기호로 표기함은 좋지 않다.

Jones의 이중모음 /ei, ou/가 Kenyon에 있어서는 단모음 /e, o/로 되어 있다. 이것은 Jones가 분석한 영국의 남부영어(Southern British)에 있어서는 이것이 음향적으로 완연히 이중모음의 성질을 갖지만 Kenyon이 분석한 미국의 일반 미어(general American)에서는 그것이 그렇게 완연하게 이중모음의 성격을 띠고 있지 않기 때문이다.

여기서 한 가지 지적해야 할 점은 Jones와 Kenyon의 이중모음은 단일음소로 생각한 것이지만 Trager-Smith의 이중모음은 '모음+반모음'으로서 2개의 음소의 연결로 보는 것이다. 이는 /y, w, h, r/로 표기하여 Jones와 대조를 이룬다. 즉 모음의 길이 표시 /:/나 이중모음의 전이음(glide)상에 설명한 바와 같이 Trager-Smit는 철두철미하게 음운론적이어서 어떤 때는 순수한 영어발음학습의 입장에서는 좀 이해하기 어려운 경우가 있다. 지금까지 네 가지의 표기법을 비교하였는데 제각기 특징이 있는 것 같다. Jones는 영국발음을 분석한 결과를 토대로, Kenyon은 미국영어 방언의 발음을 포괄적으로 표기하기 위한 것이고, Trager-Smith는 음운론적 분석에 편리하도록 한 것이고, Gimson은 중간 입장을 취해 Jones와 Kenyon의 것을 혼합한 것이다.

이상에서 영어의 자음과 모음의 표기법을 비교 분석한 것을 토대로 한 가지를 선택한다면 Kenyon을 따르는 것이 좋을 것이다. 가장 근본적인 이유는, 첫째 이 책이 일반 미어를 대상으로 한 것과, 둘째 세계 음성학계에서 널리 쓰이는 국제음성부호(IPA; International Phonetic Alphabet)를 대체로 따라 몇 가지 보완하였으며, 마지막으로 그의 분석은 음운론적보다는 음성학이기 때문이다. 특히 미국영어를 선호하는 학습자가 영어음성학을 공부할 때 Kenyon의 것이 더 편리할 것이다. 그렇지만 Kenyon의 것도 완벽하다고 볼 수 없으므로 더 세밀히 음을 표기하기 위해서는 상호보완할 수도 있다.

## 3. 영어와 한국어 음운조직 비교

앞에서는 영어 음소표기를 설명하였으나 여기서는 영어와 한국어 음운조직을 비교하기로 한다. 한국어를 기준으로 하여 영어 음을 기술하여야 이해가 잘 될 것이다. 자음과 모음으로 구분하여 비교하기로 한다.

### 1) 자음비교

일반적으로 자음을 기술할 때는 다음 세 가지 기준, 즉 조음장소, 조음방식, 성대의 울림 상태에 따라 분류한다. 이런 기준에 따라 영어와 한국어를 비교하면 〈표 2-1〉과 같다. 자음 비교를 보면 양 언어의 음운조직의 차이를 쉽게 알 수 있다. 먼저 영어는 유 · 무성 구분이 뚜렷

| 조음장소 | | 양순음 Bilabial | | 순치음 Labio-dental | | 설치음 Dental | | 치경음 Alveolar | | 경구개음 Palato-alveolar | | 연구개음 Velar | | 성문음 glottal | |
|---|---|---|---|---|---|---|---|---|---|---|---|---|---|---|---|
| 유·무성 / 조음방법 | | 무 | 유 | 무 | 유 | 무 | 유 | 무 | 유 | 무 | 유 | 무 | 유 | 무 | 유 |
| 폐쇄음 Stop | 영 | p | b | | | | | t | d | | | k | g | | |
| | 한 | ㅂ ㅍ ㅃ | (ㅂ) | | | | | ㄷ ㅌ ㄸ | (ㄷ) | | | ㄱ ㅋ ㄲ | (ㄱ) | | |
| 마찰음 Fricative | 영 | | | f | v | ө | ð | s | z | ʃ | ʒ | | | h | |
| | 한 | | | | | | | ㅅ ㅆ | (ㅈ) | (ㅅ) | (ㅈ) | | | ㅎ | |
| 폐찰음 Affricate | 영 | | | | | | | | | ʧ | ʤ | | | | |
| | 한 | | | | | | | | | ㅊ | (ㅈ) | | | | |
| 설측음 Lateral | 영 | | | | | | | | l | | | | | | |
| | 한 | | | | | | | | ㄹ | | | | | | |
| 전이음 glide | 영 | | w | | | | | | r | | j | | | | |
| | 한 | | | | | | | | (ㄹ) | | | | | | |
| 비음 Nasal | 영 | | m | | | | | | n | | | | ŋ | | |
| | 한 | | ㅁ | | | | | | ㄴ | | | | ㅇ | | |

표 2-1 영어와 한국어 자음조직비교

해서 각각 고루 퍼져 있으나 한국어는 비음 /ㅁ, ㄴ, ㅇ/과 설측음 /ㄹ/을 제외한 모든 음이 무성음이다. 다시 말해서 유 · 무성이 변별적 자질로서 기능을 하지 못한다는 것이다.

그리고 양 언어의 자음 조직상 가장 두드러진 차이는 /f, v, ө, ð/를 표기하기에 마땅한 한국어 자음이 없다는 점이다. /b, d, g/의 경우에도 그에 상응하는 한국어 자음이 없지만 낱말의 어느 위치에 오느냐에 따라 한국어에서 무성음으로 분류되는 유사음 /ㅂ, ㄷ, ㄱ/로 표기할 수 있으므로 (  ) 안에 넣었다. 유성음은 성대 공기를 통과할 때 울림이 있는 음을 말하고, 무성음은 울림이 없는 경우인데 Ladefoged(2006, p. 144)는 각각의 경우를 다음 그림으로 설명하고 있다.

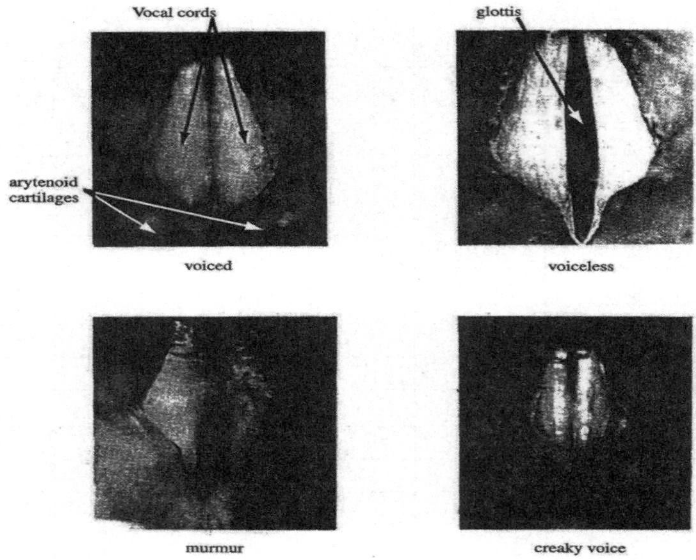


그림 2-3 유성음과 무성음 조음 시 성대의 모습

치찰음 /z, s, ʃ, ʒ, ʤ/ 역시 /z, ʤ/는 /ㅈ/으로, /s/는 뒷 모음에 따라 /쉬, 샤, 슈/ 등으로, 그리고 /ʒ/는 /ʃ/와 유사하지만 유성음인 /쥐/로 발음하기 쉬워서 각각 그 소리들로 ( ) 안에 표기하였다. 그리고 영어에서는 이동음으로 분리된 /w, j/가 각각 한국어의 이중모음 /와, 워/와 /여, 예/같은 음의 첫소리로 나므로 이 음들을 모음으로 보는 한국어와 다르게 분류되고 있다. 영어의 폐쇄음 /p/, /t/, /k/는 각각 /ㅂ, ㅍ, ㅃ/, /ㄷ, ㅌ, ㄸ/, /ㄱ, ㅋ, ㄲ/와 같이 세 가지씩으로 표기되어 있다. 그리고 마찰음 /s/는 /ㅅ/과 /ㅆ/ 두 가지로 표기되어 있어서 영어를 한국어로 표기할 때 문제가 되곤 한다. 대략 이상과 같은 차이가 상대 언어의 발음을 배울 때 문제가 되는 것들이다.

## 2) 모음비교

모음은 앞에서 기술한 자음과 달리 조음점과 조음방식이 명확하지 않다. 일반적으로 모음은 혀의 높낮이, 혀의 전후 이동, 입술모양 및 혀의 근육상태에 따라 기술해왔으나, Dene(1970, 50)은 모음이 혀의 위치나 이동은 물론 음성기관 전체적인 공기통로의 크기나 모양에 따라서도 그 성질이 달라진다고 말한다. 그렇지만 통로의 크기나 모양을 설명하기가 애매하므로 여기서는 전통적인 방법으로 영어와 한국어 모음을 비교하기로 한다.

영어와 한국어 모음은 세밀한 음색으로 비교했을 때 똑같은 것이 없다. 우선 가장 큰 차이로는 /으/에 해당하는 음이 영어에 없는 것을 들을 수 있다. /이/는 /i/보다는 낮고 /ɪ/보다는 약간 높은 위치에서 발음되며 /우/도 /u/와 /ʊ/사이에서 발음된다. 영어 /ɑ/는 /아/보다 입이 크게 벌어지고 후설 쪽에서 나므로 우리말과 다르다. /ʌ/는 역시 /어/와 /아/ 중간 정도의 음이고, /ɔ/도 /오/와 달리 혀 위치가 더 위쪽 아래에서 나는 발음이다.

제8장

# 조음장소 및 방법

Place and Manner of Articulation

본 장에서는 언어음이 발성될 때 일어나는 조음작용에 관해 알아보기로 한다. 발성기관을 편의상 셋으로 나누면, 첫째, 호흡과 관련된 호흡조직(respiratory system), 둘째, 말소리를 위해 기본 음파를 만드는 발성조직(phonation system), 그리고 실제 말소리를 만드는 조음조직(articulation system)으로 볼 수 있다.

## 1. 자음의 조음

자음은 목적에 따라 여러 가지 요소로 기술할 수 있으나 음성학적 측면에서 아래와 같은 기준을 정하여 기술할 수 있다.

(1) 유성음, 무성음(성대가 울리느냐, 그렇지 않느냐)
(2) 조음장소(소리가 어느 지점에서 나느냐)
(3) 조음방법(소리가 어떻게 만들어지느냐)
(4) 중앙조음, 측면조음(말소리가 혀를 중심으로 어떻게 통과하느냐)
(5) 비강음, 구강음(말소리가 입을 통해서 나느냐, 코를 통해서 나느냐)

이처럼 다섯 가지 기준으로 말소리를 기술할 수 있으나 대부분의 경우 위 요인을 모두 다 진술할 필요는 없다. 왜냐하면 자음은 보통 설측음 /l/을 제외하고 모든 자음이 구강의 중앙을 통해 나는 소리이며, 비음은 /m, n, ŋ/ 세 가지뿐이어서 따로 구분할 필요는 없다고 본다. 따라서 본 장에서부터는 위의 첫 세 가지 기준, 즉 (1) 유성음. 무성음 (2) 조음장소, 그리고 (3) 조음방법의 순서에 따라 자음을 기술하기로 한다.

### 1) 조음장소

모든 자음은 그들의 발성(phonation)에 관련된 성도 내의 각 부위 명칭으로 설명되는데, 자음을 내기 위해서는 성도를 지나는 공기의 흐름에 어떤 식으로든 장애를 가해야만 한다. 따라서 자음은 그런 장애가 생기는 조음장소(place of articulation)에 따라 분류할 수 있다.

그러면 먼저 소리가 만들어지는 장소에 따라 자음을 분류해 보기로 하자. 〈그림 2-4〉는 조음장소를 자세히 표시한 것으로 아래 조음장소의 기술은 이 그림의 번호순이므로 그림을 일일이 대조해 가면서 파악하기 바란다.

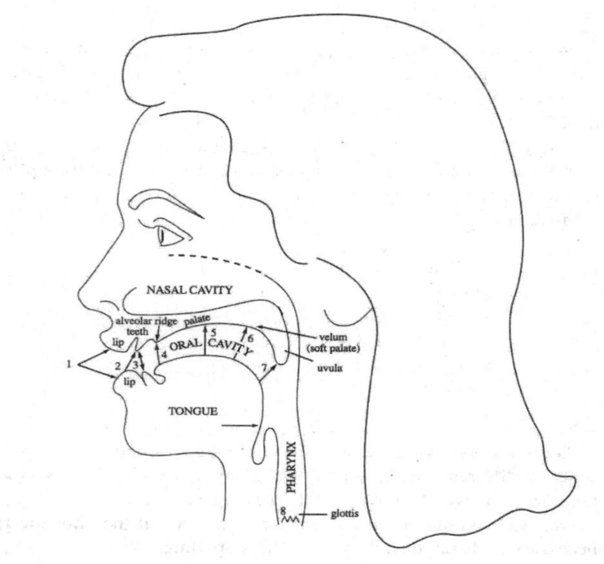


**그림 2-4** 조음장소: 1. 양순음; 2. 순치음; 3. 치음; 4. 치경음; 5. 경구개치경음; 6. 연구개음; 7. 목젖; 8. 성문음(Fromkin & Rodman, 1998, 222)

### (1) 양순음

양순음(bilabials)은 양 입술이 접촉해서 만들어지는 소리이다. pie, bug, my 등을 발음할 때 입술이 움직이는 모습을 관찰해 보면, 처음에는 입술이 붙어 있다가 떨어지면서 발음된다는 것을 알 수 있다. 양순음이라고 할 수 있는 영어 음소로는 /p, b, m, w/가 있다. 이것들을 소리낼 때 윗입술과 아랫입술의 양 입술이 조음자(articulator)로서 역할을 하기 때문에 양순음이라고 한다. 그림에서도 보여주듯이 이 소리를 낼 때 구강 안의 공명강의 크기가 양 입술이 접하는 부분부터 성대까지

되므로 가장 넓다.

(2) 순치음

순치음(labiodentals)이란 윗니의 끝을 아랫입술 안쪽으로 1/2이나 1/3 정도 위치에 가볍게 접촉시켜 그 사이로 입김을 불어낼 때 나는 마찰음으로서, 영어에는 /f/와 /v/가 있다. 한국어는 이런 음에 해당하는 것이 없어서 /f/를 /ㅍ/으로, /v/는 /ㅂ/으로 대치하여 사용함으로 틀린 발음을 하기 쉽다.

(3) 치음

치음은 혀끝을 윗니 끝에 대거나 아랫니 사이에 혀끝을 약간 내민 상태에서 그 틈으로 공기를 마찰시켜 내는 소리이다. 영어의 치음에는 /θ/와 /ð/가 있는데 think[θɪŋk]와 that[ðæt]에서의 첫소리이다. 한국어에는 이러한 음이 없어서 /ㅅ/이나 /ㄷ/으로 각각 잘못 발음하기 쉽다. 이것을 일명 설치음(linguadental) 또는 치간음(interdental)이라고도 한다.

(4) 치경음

치경음(alveolar)이란, 혀끝이 잇몸에 접촉할 때 나는 소리로, /t, d, n, s, z, l, r/ 등이 있다. /t, d/를 발음하기 위해서는 혀끝(tongue-tip)을 치켜올려 잇몸에 닿게 하여 공기의 흐름을 차단한 다음, 소리를 내기 위해 압축되었던 공기를 개방시켜 주어야 한다. 영어의 치경음중 /n/은 한국어 /ㄴ/으로 표기할 수 있지만 /ㄴ/은 혀끝이 이와 잇몸 사이에 닿아 나는 소리이므로 조음장소가 약간 다르다.

### (5) 경구개치경음

경구개치경음(palato-alveolar)이란 잇몸과 입천장 사이쯤에 설단, 즉 혀끝에서 혀중앙 쪽에 이르는 약간 뒷부분을 접근하고 동시에 중설(혀의 중앙)이 경구개에 접근하면서 발생하는 소리로서, shy[ʃaɪ], measure [mɛʒɚ], chain[tʃeɪn], judge[dʒʌdʒ]의 /ʃ, ʒ, ʧ, ʤ/가 이 음에 해당한다. 발음 도중 혀끝은 아랫니 뿌리 근처에 놓일 수도 있고 윗몸의 뒤에 올 수도 있으나, 두 경우 모두 혀끝은 입천장을 향해 있다. 이 음들의 조음장소는 한국어의 '쉬'나 '쥐'의 조음장소와 유사하다.

### (6) 연구개음

후설이 연구개에 닿아서 공기를 막았다가 개방되면서 나는 소리로 영어에는 /k/, /g/, /ŋ/ 등이 있는데, kind[kaɪnd], good[gʊd], sing[sɪŋ]과 같은 낱말에 나타난다. 한국어로 표기할 때는 환경에 따라 약간의 차이는 있겠지만 각각 /ㅋ/, /ㄱ/, /ㅇ/이 된다.

### (7) 성문음

성문음(glottal)은 성대(vocal cords)가 닫힌 채로 압력을 받은 기류가 성대 사이로 순간적으로 터져 나오면서 나는 소리인데 표기할 때는 /ʔ/ 부호를 사용한다. 학자에 따라 성문음을 음소로 간주하는 경우도 있으나 특히 음운론에서는 이음적인 것으로 취급하여 음성표기 문제가 남아 있다.

지금까지의 조음장소에 대한 설명은 다음과 같이 간략히 요약할 수 있다.

| 음의 종류 | 하부조음기관 | 상부조음기관 |
|---|---|---|
| 양순음(Bilabial) | 아랫입술 | 윗입술 |
| 순치음(Labiodental) | 아랫입술 | 윗니 |
| 치음(Dental) | 혀끝(또는 설단) | 윗니 |
| 치경음(Alveolar) | 혀끝(또는 설단) | 윗잇몸 |
| 경구개치경음(Palato-alveolar) | 설단, 혀중앙 | 윗잇몸, 경구개 |
| 구개음(Palatal) | 혀 앞 | 경구개 |
| 연구개음(Velar) | 혀 뒤 | 연구개 |
| 성문음(glottal) | 성대 | |

이상에서 우리는 조음부의 조음장소에 따라 자음구분법을 살펴보았는데, 이어서 조음방법에 따라 자음을 구분하는 법을 알아보기로 하자.

## 2) 조음방법

위에서 조음장소에 따른 음의 분류를 자세히 구분하였는데 조음장소만 가지고는 충분히 자음을 기술할 수는 없다. 조음방법(manner of articulation)은 말소리가 생성되는 방법을 의미하는데, 동일한 조음기관의 동일한 조음장소에서 소리를 만드는 경우라도 조음방법에 따라 상이한 소리가 생길 수 있다. 조음기관들은 구강내의 어떤 조음점을 접촉시켜 공기통로를 완전히 폐쇄할 수도 있고, 아주 좁은 통로(부분폐쇄)를 만들 수도 있고, 또한 서로 접근하여 구강 모양만 바꿔서 서로 다른 소리를 만들 수도 있다. 완전히 폐쇄되었다가 터지면서 나는 소리를 폐쇄음, 아주 좁은 틈에서 공기가 마찰하여 나는 소리를 마찰음, 이보다 좀 더 넓은 간격에서 마찰은 받지 않으나 약간의 장애를 받아 나는 소리를 접근음이라 한다.

조음방법에 따라 영어의 자음은 일차적으로 공명음(sonorants)과 장애음(obstruents)으로 구분된다. 공명음은 다시 구강음과 비음의 범주로, 장애음은 폐쇄음과 마찰음으로 각각 구분된다. 폐쇄음과 마찰음은 다시 치찰음(sibilants)과 비치찰음(nonsibilants)으로 구분되며, 모든 장애음은 다시 유성음과 무성음으로 분류된다.

숨을 내쉴 때 평소와 같이 성대가 열려 있으면 폐에서 나오는 공기는 비교적 자유로이 인두를 지나 입으로 빠져 나오게 된다. 하지만 만일 성대를 아주 좁게 열어 놓으면 폐에서 흘러나오는 기류의 압력이 성대에 진동을 일으키게 된다. 이렇게 성대가 진동할 때 생기는 소리를 유성음이라 하고, 반대로 성대를 아주 열어 놓고 내는 소리를 무성음이라 한다. 이 분류방법은 조음장소, 조음방법 분류에도 적용되나 영어에서는 단지 자음의 장애음집단에서만 사용된다. 유성자음에는 /b, d, g, l, m, n, j, r, v, w, z, ʒ, ʤ, ð, ŋ/이 있고, 무성자음에는 /p, t, k, s, ʃ, f, θ, h, ʧ/가 있다.

유성음과 무성음의 차이를 귀로 들어보기 위해 /v/음을 낼 때의 성대의 진동은 손가락 끝을 후두에 대고 그 소리를 내보면 감지할 수 있다. 또 /b/음을 낼 때의 진동음은 두 귀를 두 손으로 막고 /p, b/음을 번갈아 내어가며 대조해 보면 쉽게 알아들을 수 있다.

유성음과 무성음의 차이의 구분은 한국어에는 그 구분이 뚜렷하지 않으나 특히 영어에 있어 변별적 자질이 되므로 중요하다. "pie, buy, come, gum"의 각 쌍의 낱말들은 각기 첫 번째 낱말의 자음이 무성음이고 두 번째 낱말의 자음은 유성음이다.

자음을 기술할 때는 보통 이분적 서술방법을 사용하는데, 공명음은 장애음과, 폐쇄음은 마찰음과, 비음은 구강음과 각각 상대적인 음이다. 이러한 이분적 서술 방법은 한 언어의 소리체계를 기술하는 데 있어서 중요하다.

### (1) 공명음과 장애음

모든 자음은 성도에서 공기흐름의 장애 방법에 따라 공명음과 장애음으로 양분된다. 장애음은 성도에서 공기흐름에 장애를 심하게 받아 나는 소리이며, 반면에 공명음은 그다지 공기의 흐름에 장애를 받지 않고 나는 소리이다.

공명음은 자음이지만 모음과 비슷한 자질을 갖는다. 영어에서 공명음은 ŋ, l, r, j, w/이다. 일곱 개의 공명음 중 /m, n, ŋ/은 비음이고, /l, r, j, w/는 구강음이다. 공명음은 모든 자음 중에서 구강의 공기통로가 가장 넓은 상태에서 나는 자음인데 공명음보다 개방의 쪽이 넓은 상태에서 나는 소리가 모음이다. 공명음은 모음과 비슷한 자질을 갖기 때문에 때때로 음절의 핵을 이루기도 한다. 만약 한 음절 안에 모음이 없다면 그 음절의 핵으로써 공명음이 작용할 수 있다. 예를 들어 "bottle"[bɑtl]에서 두 번째의 성절적(syllabic) 요소는 /l/이다. 첫 번째 음절의 핵은 /ɑ/이고, 두 번째 음절의 핵은 /l/이다. 성절 자음이 핵적인 기능을 할 때에 음소 아래에 짧은 선을 그어 표시한다. 그래서 성절적 공명음 /m, n, ŋ, l/은 /m̩, n̩, ŋ̩ , l̩/로 표기되어진다. 나머지 세 음소 /j, r, w/들은 성절화 되었을 때에 자음성분을 잃어버리고 /j/는 /i/ 또는 /ɪ/로, /r/는 /ɚ/ 또는 /ɝ/로, /w/는 /u/ 또는 /ʊ/로 된다.

### (2) 비음과 구강음

비음(nasals)과 구강음(orals)의 구분은 조음방법의 범주에 속하며, 그러한 음들은 공명강에 의해서 구분된다. 비음 /m, n, ŋ/은 구강이 폐쇄되어 공기가 비강으로만 빠져나갈 때 생기는 소리로서, my[mai], night[nait]의 첫소리와 sing[siŋ]의 끝소리가 이에 해당한다. 구강음은 비강과 비인두(nasopharynx)를 제외한 성도의 모든 부분을 공명강으로 하여 나는 소리인데 비음을 제외한 모든 자음을 포함한다. 반면에 비음은 비강과 비인두를 공명강으로 하여 나는 소리이다. 몇몇의 음성학자들은 비음을 콧소리의 비성 폐쇄음(nasal stop)으로 기술하며, 다른 학자들은 비성 공명음(nasal sonorant)이라 기술하기도 한다.

### (3) 폐쇄음과 마찰음

폐쇄음은 조음점이 서로 맞닿아 허파에서 나오는 공기의 흐름이 일단 폐쇄되었다 나오는 소리로서, 자음 /p, b, t, d, ʧ, ʤ, k, g/가 이에 해당된다. 폐쇄음 압축지점에서 최대의 폐쇄(maximal closure)로 발성되며 후두의 공기 흐름이 최대 또는 완전한 차단으로 발성된다. 그래서 모든 폐쇄음과 마찰음은 성도에서 차단이 필요하기 때문에 장애음이라고 한다.

마찰음은 두 개의 조음점이 가깝게 접근해 있어서 그 틈을 빠져나가는 기류가 방해를 받아 마찰할 때 생기는 소리이며, 자음 /f, v, θ, ð, h, s, z, ʃ, ʒ/가 여기에 해당된다.

폐쇄음과 마찰음 사이에 중요한 차이점은 발성 시 나타나는 시간이다. 폐쇄음 부류는 비교적 마찰음 보다 소리의 길이가 더 짧다. 또한 폐쇄음은 성도 내 특정 지점의 완전한 폐쇄를 나타내지만 마찰음은 그렇지 않다. 이러한 폐쇄는 입술 또는 혀의 각기 다른 부분의 접촉에 의해 발생한다. 예를 들어 파열음 /p, b/는 양 입술을 완전히 폐쇄하고, 파열음 /t, d/는 잇몸(치경, alveolar ridge)의 완전한 폐쇄로 발성된다. 그러나 마찰음 /s, z/는 약간 개방된 상태에서 발성된다.

### (4) 치찰음과 비치찰음

폐쇄음과 마찰음 분류 이외에도 장애음은 치찰음과 비치찰음으로 나누어 진다. 영어 소리체계에서 치찰음 범주는 네 개의 마찰음과 두 개의 폐찰음을 포함한다. 네 개의 마찰음은 /s, z, ʃ, ʒ/이고 두 개의 폐찰음은 /ʧ, ʤ/가 있다. 치찰음의 음운론적 특성은 쉿소리(hissing sound), 즉 한국어의 /ㅅ/음이 나는 경우를 말한다.

이상은 이분법(binary)으로 설명할 수 있는 것만 기록하였으나, 모든 음을 이런 식으로 분류할 수 있는 것은 아니다. 일반적으로 이분법을 사용하지 않는 전이음, 설측음, 그리고 폐찰음을 살펴보기로 한다.

### (5) 전이음

전이음(glides)은 한 조음기관이 다른 조음기관에 접근하더라도 마찰을 받을 수 있을 정도까지는 접근하지 않고 약간 떨어져 있기 때문에 일부 장애만을 받아 나는 소리를 뜻한다. yes[jεs]를 발음할 때 혀 앞부분이 경구개까지 올라가고, why[wai]를 발음할 때 두 입술이 좁혀지고, 또한 ring[riŋ]을 발음할 때 치아 부근에서 좁혀지더라도 세 경우 모두 마찰음이 난 정도까지 접근하지는 않는다. 또한 전이음의 특징으로서 발음하는 도중에 조음기관이 움직인다는 점, 즉 조음기관이 이동하여 나는 소리라는 점이다.

### (6) 설측음

설측음(lateral)은 구강의 중앙선상에 있는 어느 점에서는 공기의 흐름이 차단되지만 혀의 안쪽 또는 양쪽 측면과 입천장 사이에 공기가 빠져나갈 수 있는 간격이 생겨 공기의 차단이 철저하게 이루어지지 못할 때 생기는 소리이다. school[skul]의 발음을 관찰해 보면 윗 잇몸과 혀끝이 접촉하면서도 혀의 측면으로 공기가 빠져나가는 것을 알 수 있다. 바로 이때 생기는 음이 설측음 /l/이다.

### (7) 폐찰음

폐찰음(affricates)은 폐쇄음 /t/나 /d/로 시작해서 마찰음 /ʃ, ʒ/으로 지속되는 소리를 뜻한다. 소리 중에는 두 개 이상의 조음방식이 합해서 이루어질 수 있는 것이 있다. church[ʧɚʧ]나 judge[ʤʌʤ]의 /ʧ/나 /ʤ/를 발음해 보면 처음에는 혀끝이 윗잇몸에 붙어 폐쇄음처럼 공기의 흐름을 봉쇄시켰다가 파열하는 순간 약간의 간격을 만들어 같은 위치에서 마찰하는 소리가 나게 된다. 이처럼 폐쇄와 마찰이 시차를 두고 연속적으로 일어나면서 하나의 음을 만들기 때문에 폐찰음이라 한다.

## 2. 모음의 조음

모음은 자음과 달라 말소리 흐름의 성도 안에서 폐쇄상태나 마찰 등의 방해를 자음보다 훨씬 적게 받으며 나는 소리다. 따라서 모음의 조음은 입술 모양과 혀의 상하 및 전후의 위치에 따른 구분으로 기술할 수밖에 없다. 모음을 발음할 때는 혀의 위치가 중요하다.

/i/와 /u/는 같은 고음(high)이고 /ɔ/는 저음(low)으로 그 구분이 가능하지만 /i/와 /u/는 다시 그 구분을 지어야 하기 때문에 혀 위치의 전후관계로 구분하여야 한다. 잘 살펴보면 /i/는 혀의 앞쪽, 즉 전설의 위치에 있고 /u/는 혀의 뒤쪽, 즉 후설의 위치에서 발음되어 /i/를 전설모음, /u/를 후설모음이라 한다. 따라서 /i/는 전설이면서 고모음이므로 전설고모음이라고 하며 /u/는 후설이면서 고모음이므로 후설고모음이라고 한다.

/ɔ/를 /i/, /u/의 경우와 같이 전후관계를 살펴보면 우리는 그 대개의 위치가 뒷 중성 부분에 있음을 알 수 있다. 그래서 /ɔ/는 후설모음이라고 하며 그중에서도 후설저모음이라고 한다.

다른 모음들을 살펴보면 혀의 전후나 고저의 두 구분만 가지고는 분류가 안 되는 것을 알 수 있다. 그래서 고와 저 사이에 중(mid)의 위치를 설정하게 된다. 그러므로 모음을 고저의 기준으로 나누면 고모음(high vowels), 중모음(mid vowels), 저모음(low vowels)의 세 구분이 있으며 전후의 기준으로 나누면 전설모음(front vowels), 중설모음(central vowels), 후설모음(back vowels)의 세 구분이 있다.

이러한 두 기준을 도형화하면 〈그림 2-5〉와 같다. 이것은 기본 모음(cadinal vowel) 여덟 개를 이해하기 쉽게 만든 것으로 이른바 모음 4각도라고 흔히 불린다. 이와 같은 모음분류는 Daniel Jones(1957)에 의해 고안되었다. 그는 조음기관과 청각판단에 기초하여 모음의 일반적인 기준점을 혀의 전후와 높낮이를 사용하여 〈그림 2-5〉와 같이 4각 모형을 만들었다. 그것은 각 모음의 위치를 정하여 모음분류를 위한 기초를 제공한 것으로 현재도 널리 쓰이고 있다. 한 가지 주의하여야 할 점은 이 모음 4각도는 어디까지나 대체적인 모형으로 쓰는 것이어서 개인에 따른 차이, 그리고 실지 구강성도 안의 위치를 정확히 그대로 나타낸 것은 아니라는 점이다. 이러한 모음 4각도와 모음별 발성기관의 위치를 비교하여 보면 쉽게 이해할 수 있을 것이다.

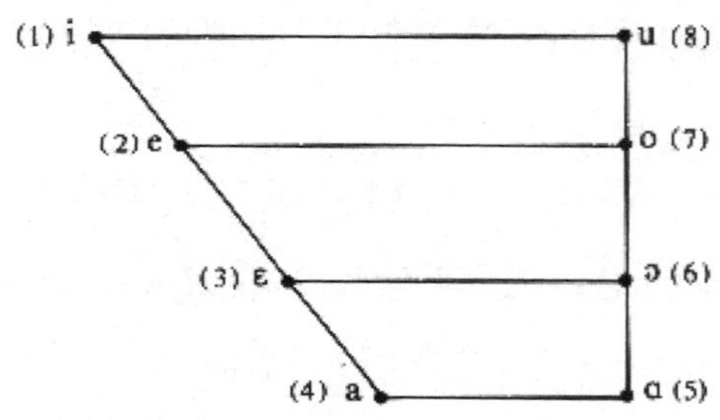


**그림 2-5** 모음 4각도(Ladefoged, 1982, 201)

이미 설명한 원리에 의거하여 관찰하면 이해가 가능하며 입술의 위치는 /i/음 같은 전설고음에서 중설모음까지는 대체로 1의 위치에 가까우나 중설에서 후설로 옮겨가면서 점차로 7처럼 입술이 둥글어지며 앞으로 내밀게 된다. 이것을 우리는 원순성이라고 한다. 원순성이란 모음을 발음할 때 입술이 동그랗게 되는 상태를 말하는데 /o/(오), /u/(우)와 같은 소리는 입술이 동그랗게 되어 원순모음(rounded vowels)이라 한다. 반면 /i/(이), /æ/(애) 같은 전설모음과 중설모음은 입술이 동그랗게 되지 않는다 하여 비원순모음(unrounded vowels)이라 한다. 이 외에 혀 근육의 수축성에 따른 긴장모음과 이완모음으로 구분하는 법도 있다.

## 3. 동시조음과 이차조음

발성기관은 소리를 낼 때마다 독립적인 단계로 움직이는 것이 아니다. 말은 끊임없이 다양한 절차를 따르는데 예기했던 소리는 계속해서 다른 소리의 영향을 받는다. 예를 들어 tenth/tɛnθ/에서 /n/와 /θ/를 독립적으로 조음할 때 /θ/는 혀끝과 윗니 끝에서, 그리고 /n/는 혀끝이 잇몸에 닿아서 조음된다. 그런데 자연스럽게 이 낱말을 발음하면 /n/는 뒤 /θ/의 조음장소를 예측해서 혀끝이 윗니 끝에 닿은 상태에서 조음되어 결국에 한 조음장소에서 서로 다른 음이 조음되는데 이런 현상을 동시조음(coarticulation)이라 한다. 이와 같이 어떤 소리가 뒤따르는 소리를 닮아 조음되는 것을 예기적 동시조음(anticipatory coarticulation)이라 한다. 이것과는 좀 달리 한 소리를 조음할 때 두 가지 조음활동이 요구되는 것이 있다. 예를 들어 shoe[ʃu]를 발음할 때 /ʃ/의 조음은 혀의 앞부분이 잇몸과 입천장사이에 접근하면서 된다. 이런 동작 이외에 부차적인 동작으로 입술이 둥글게 된다. 이처럼 한 소리를 낼 때 조음동작이 두 가지 이상 요구되는 것을 복합조음이라 한다. 대부분의 말소리를 조음하는 데에는 한 가지 조음으로 그치는데 이것을 단순조음이라 하고 위에서와 같이 부차적으로 입술이 둥글게 되는 동작을 이차조음(secondary articulation)이라 한다. 이차조음의 예로는 순음화, 구개음화, 연구개음화 등이 있다.

### 1) 순음화

순음화(labialization)는 자음 뒤에 /u/ 또는 /w/가 올 때 1차 조음에 의하여 얻어진 음색, 즉 원순성(입술이 둥글게 되는 모양)을 더하여 입술을 앞으로 둥글게 내밀고 발음하는 [$k^w$] 따위의 소리가 나는 현상으로서, 보통 [$^w$] 또는 [w]로 표시한다. 캐나다(Canada)와 쿠웨이트(Kwait)의 첫 발음 시 '캐'를 발음할 때 변하지 않던 입술모양이 '쿠' 발음 시에는 동그랗게 된다.

### 2) 구개음화

구개음화(palatalization)는 자음이 구개음인 /y/ 앞에 올 때, 1차 조음과 더불어 혀 앞부분을 경구개 쪽으로 높이면서 이차조음을 곁들이는 조음을 말한다. 대개 구개음화라고 하면, [t], [d]가 [ʧ], [ʤ]로 되는 것과 같은 음운 과정까지도 포함시켜 부르지만, 이런 경우는 아예 일차조음 자체가 경구개로 옮겨진 것이므로, 여기에서 말하는 이차조음에 의한 구개음화는 구별되어야 한다. 한국어에서 '굳이'가 '구지'로 발음되는 것도 구개음화 현상이다.

### 3) 연구개음화

연구개음화(velarization)는 school[skul]에서 /l/ 발음을 할 때 혀의 뒷부분이 약간 뒤로 당겨지면서 /l/ 발음 앞에 [ʊ]나 [ə]의 음색을 삽입하게 되는 현상을 말한다. 이때 혀끝이 /l/을 조음하기 위해 원래 위치인 잇몸에 가 있는데 혀 뒷부분이 약간 뒤쪽과 위쪽으로 옮겨가는 것을 2

차조음이라 부를 수 있다. 구별부호로는 [~]를 써서 나타낸다.

예) milk[miɫk]  meal[miɫ]  fill[fiɫ]

# 영어자음

## The English Consonants

모든 말소리는 일차적으로 자음과 모음으로 구성되어 있으며 각 음은 하나하나씩 구분할 수 있기 때문에 분절음이라고 부른다. 그 중에서도 자음이 모음보다 말소리를 구별시켜 주는 데 더 중요한 역할을 한다. 그래서 각 언어마다 모음 수보다 자음 수가 월등히 많다. 자음은 말소리를 만드는 조음장소와 조음방법의 구분이 모음에 비해 훨씬 뚜렷하다. 자음을 기술할 때는 첫째 성대의 진동상태 즉, 성(voice)에 따라 유성음과 무성음으로, 둘째 조음자의 위치에 따라 조음장소로, 그리고 셋째로 공기가 장애를 받는 태도에 따라 조음방법으로 각각 구분한다. 일반적으로 자음도표는 이러한 세 가지 기준에 따라 만들어진다. 기술 순서와 말소리의 구분을 정할 때 학자에 따라 약간씩 차이가 있지만 한 가지만 충분히 이해하면 다른 것도 이해하는 데 어려움이 없을 것이다. 이 책에서는 널리 사용되고 있는 〈표 2-2〉를 사용하여 영어자음을 기술하기로 한다.

〈표 2-2〉에는 모든 자음의 수가 25개로 표시되어 있으나, 성문폐쇄음(/ʔ/)은 변이음적인 것으로 취급되어 음소로는 인정받지 못하기 때문에 일반적인 영어자음은 24개다. 다음 표에 표시된 자음을 조음방법을 알려주는 수직방향 순으로 살펴보자.

| | bilabial | labiodental | dental | alveolar | palatoalveolar | velar | glottal |
|---|---|---|---|---|---|---|---|
| stop | p b | | | t d | | k g | ʔ |
| fricative | | f v | θ ð | s z | ʃ ʒ | | h |
| affricate | | | | | ʧ ʤ | | |
| glide | w | | | r | j | | |
| lateral | | | | l | | | |
| nasal | m | | | n | | ŋ | |

**표 2-2** 영어자음도표

## 1. 파열음

파열음(stop)은 음의 형성과정에서 같은 특질을 가지고 있는데 다음과 같은 세 단계를 거쳐서 조음된다.

첫째, 성도(vocal tract)의 폐쇄: 공기의 흐름을 막아서 폐쇄가 진행된다.
둘째, 성도 내에 공기 압력의 조성: 허파에서 나온 공기가 닫힌 장소에서 압축되는 단계로 성대의 진동을 동반하는 경우(유성)와 동반하지 않는 경우(무성)가 있다.

셋째, 성도의 열림과 압축된 공기의 파열: 닫힌 곳을 열어서 압축된 공기를 터져 나가게 하는 개방(release)단계로 파열음(plosive)을 이룬다.

위 과정 중 둘째 단계에서 공기의 압력을 입안에 생기게 하고는 파열이 되지 않으면 비개방음으로 발음되게 된다. 어미에 파열음이 올 때는 비개방음으로 발음될 수도 있고 약하게나마 파열되어 발음될 수도 있는데 강조하는 낱말을 발음할 때 특히 그렇다. 두 개 이상의 파열음이 연속되어 있을 때도 첫 파열음은 비개방음으로 발음된다. 이 때 비개방음이란 말은 때로 비파열음 이라고도 불린다. 이와 같이 공기가 폐쇄되었다가 파열될 때 생성되는 음을 파열음(plosive), 폐쇄음(stop) 또는 폐쇄파열음(stop- plosive)이라 부른다.

유성파열음은 대체로 파열이 약하지만 무성파열음의 경우는 강하게 파열될 때와 약하게 파열될 때가 있다. 즉, 무성파열음이 강세가 있는 모음 앞에 왔을 때 기음이 약간 나면서 강하게 파열되는데 이와 같이 발음하는 것을 기음(aspirated)이라고 하며 [$p^h$]와 같이 표기한다. 기음으로 발음된 [$p^h$], [$t^h$], [$k^h$]는 한국어의 [ㅍ], [ㅌ], [ㅋ]와 매우 비슷하다.

그러나 무성파열음이 강세가 없는 모음 앞에 오거나 /s/음 다음에 올 때는 아주 약하게 파열되어 기음이 나지 않으므로 비기음이라 하고 [p]로 표시한다. 한편, 파열(개방)이 이루어지기는 하지만 구강을 통한 정상적인 파열이 되지 않는 경우가 있다. 파열음이 비음 앞에 올 때는 비개방음으로 되고 뒤따르는 비음과 함께 파열된다. 즉 공기가 구강으로 나가지 않고 비강을 통하여 나간다.

영어의 파열음은 /p, b/, /t, d/, /k, g/가 있어서 각각 유성, 무성의 짝을 이룬다. 무성파열음은 경음(fortis)으로 연음(lenis)인 유성폐쇄음보다 강하게 발음된다. 이러한 파열음들을 기음, 비기음순서로 정리하면 다음과 같다.

(1) 기음(aspirated): [pʰ], [tʰ], [kʰ]

| part[pʰɑrt] | ten[tʰɛn] | come[kʰʌm] |
|---|---|---|

(2) 비기음(unaspirated): [p], [t], [k]

| spell[spɛl] | start[stɑrt] | school[skul] |
|---|---|---|

(3) 비파열음(비개방음): [p˺], [t˺], [k˺]

| map[mæp˺] | mat[mæt˺] | mack[mæk˺] |
|---|---|---|

### 1) 양순파열음: /p/, /b/

/p/와 /b/는 같은 양순음(bilabial)이며 두 입술 사이로 공기가 갑자기 방출되면서 만들어지는 소리이다. /p/는 한국어의 [ㅍ]과, /b/는 한국어의 [ㅂ]과 비슷한 소리이다.

#### (1) 무성파열음: /p/

/p/음은 여러 가지로 발음되는데 [pʰ]는 강세를 받는 모음 앞에서, [p]는 강세를 받지 않는 모음 앞에서, [p˺]는 다른 폐쇄음 앞이나 어미에서 각각 발음된다. pen, play, people과 같이 강세를 받는 음절에서

쓰일 때는 기음화가 되어 발음되는데, 한국어의 [ㅍ]과 가장 가까운 소리이다. /p/가 /s/ 뒤에 올 때는 강세를 받더라도 무기음화(unaspirated)가 되는데, spine, whisper 등을 발음해 보면 기음이 없음을 알 수 있다. 어미에 온 /p/는 보통 [p˺]로 발음되지만 때로는 [p]로 발음된다.

A. [pʰ]의 발음

(1) 어두에서

pet[pʰɛt]　　people[pʰipl]　　pray[pʰrei]

(2) 강세 받는 모음 앞에서

appear[əpʰiə]　　apartment[əpʰartmənt]

B. [p]의 발음

(1) /s/ 뒤에서

spin[spin]　　spill[spil]　　respect[rispɛkt]

whisper[hwispər]　　speed[spid]

(2) 강세를 받지 않는 모음 앞에서

upper[ʌpər]　　capable[keipəbl]

simply[simpli]　　opportunity[ɑpətjunəti]

gospel[gɑspəl]　　champion[ʧæpiən]

C. [p˺]의 발음: 다른 폐쇄음 앞에서

captain[kæptn]　　sympton[simptn]　　keep pace[kip peis]

up to[ʌp tu]　　drop by[drap bai]　　keep to[kip tu]

D. [p˺] 혹은 [p]: 어미에 올 때는 비파열음(unexploded)이나 비기음(unaspirated)으로 발음된다.

| | | |
|---|---|---|
| stop[stap] | cup[kʌp] | pop[pap] |
| deep[dip] | keep[kip] | grape[greip] |
| grip[grip] | group[grup] | soap[soup] |

#### (2) 유성파열음: /b/

/p/와 마찬가지로 /b/도 강세가 있는 모음 앞에서는 강하게 파열되고(big, burn) 강세가 없는 모음 앞이나 어미에 왔을 때는(cabby, tub) 약하게 파열된다. 이와 같이 강하게든 약하게든 정상적으로 파열되는 것은 [b]로 표기한다. rubbed나 tub와 같이 다른 폐쇄음 앞 또는 어미에 왔을 때는 비파열음으로 발음되는데 이 경우는 [b˺]로 표기한다.

### 2) 치경파열음

무성음 /t/와 유성음 /d/는 혀끝이 잇몸에 닿아 공기가 압축되었다가 입을 통해 방출되면서 만들어지는 치경음이다. 즉, 연구개가 올라가서 비강이 닫히면 혀끝 및 혀 둘레와 잇몸 사이에서 공기가 막히는데, /t/는 공기가 압축되면서 성대가 넓게 벌어지나 /d/는 환경에 따라 압축단계의 전반에 걸쳐 또는 부분적으로 성대가 진동한다.

#### (1) 무성 치경 파열음: /t/

혀끝을 잇몸에 밀착시켜 공기의 흐름을 완전히 차단하고 목젖을 포함하는 연구개를 올려서 비강으로 올라가는 통로도 완전 폐쇄하면서 공기를 압축하였다가 혀끝을 떼면서 파열하면 /t/음이 된다. 한국어의 [ㅌ]과 비슷하나 /t/음이 [ㅌ]보다 위쪽에서 조음된다. /t/도 /p/와 같이 강세 있는 모음 앞에서는 강한 기음 [tʰ]로 발음되고, /s/ 뒤에 올 때는 비기음 [t]로 발음되며 다른 파열음 앞 또는 어말에 올 때는 비파열음 [t˺]로 발음된다. 조음점의 차이를 제외하고는 [tʰ]는 한국어의 [ㅌ]에 가장 가깝고 [t]는 [ㄸ]에 [t˺]는 [ㄷ]에 가장 가깝다. 그리고 모음 사이에 왔을 때는 [t]로 발음될 뿐만 아니라 종종 설탄음 [ɾ]로도 발음된다. 설탄음 [ɾ]는 혀끝이 잇몸을 한번 치고 나가면서 내는 소리로 한국어의 어두, 어중의 [ㄹ]과 비슷하다.

A. [tʰ]의 발음

(1) 어두에서

time[tʰaim] ten[tʰɛn] tennis[tʰɛnis]

(2) 강세모음 앞에서

attack[ətʰǽk] attain[ətʰéin] atomic[ətʰámik]

B. [t]의 발음

(1) 어두의 /s/ 뒤에서

star[star] stain[stein] sting[stiŋ]

(2) 강세를 받지 않는 모음 앞에서

interest[íntrɛst] intonation[intounéiʃən]

C. [t˺]의 발음–다른 폐쇄음 앞에 올 때

nightcap[nait˺kæp] hatbox[hæt˺bɑks]

D. [ɾ]의 발음-강세 받는 모음과 강세 없는 모음의 사이에 올 때

city[síɾi] fitting[fíɾiŋ]

E. [t˺] 혹은 [t]-어미에 올 때

street[strit˺] 또는 [strit]

### (2) 유성 치경 파열음: /d/

조음위치 및 방법은 /t/와 같지만 유성음, 연음, 무기음(unaspirated)이라는 점에서 /t/와 다르다. 한국어에서 모음 또는 유성음 사이에 오는 [ㄷ]과 비슷한데, /b/에서와 같이 그 조음에 있어서 조음기관을 폐쇄하고 조음기관 안쪽에 공기를 압축시키기 위해 허파에서 공기를 밀어 올리는 순간 성대를 올려서 소리를 낸다. 강세가 있는 모음 앞에서는 강하게 파열되고 강세가 없는 모음 앞에서나 어미에 왔을 때는 약하게 파열된다. 다른 폐쇄음 앞에서나 어미에 왔을 때는 비파열음 [d˺]로 발음된다. /d/음이 나는 철자는 d뿐이고 낱말의 모든 위치에 올 수 있다. /d/의 변이음은 다음과 같다.

A. [d]의 발음

dry[draɪ] die[daɪ]

B. [d˺]의 발음-다른 폐쇄음 앞에서

bed time[bɛd˺taɪm] bedbug[bɛd˺bʌg]

C. [d̥]-무성자음 전후에서

add two[æd̥tu]

### 3) 연구개파열음: /k/, /g/

무성음 /k/와 유성음 /g/는 연구개와 혀 뒷부분에서 조음되는 연구개파열음(velar plosive)이라고 부른다. 다른 폐쇄음과 같이 이 음들은 소리개방의 질이 서로 다른데, 이 차이점들은 기음(aspiration)의 유무로 인한 결과이다. king, liking, make와 go, bigger, hog를 비교해 보면 완전히 기음화되는 음은 무성폐쇄음이 강세모음 앞에 올 때 생성되며, 약강세의 모음이나 어미 앞에서는 무성폐쇄음이 덜 기음화됨을 알 수 있다. 유성음 /g/는 강세 모음 앞에서는 보통 강한 개방이 되고 약강세의 모음이나 낱말 끝에서는 약하게 파열된다. 또 sky, skate처럼 /s/ 뒤에 올 때의 /k/는 거의 기음화되지 않는다. take more와 pick two처럼 무성파열음이 다른 자음 앞에 올 때는 파열되지 않는다.

#### (1) 무성연구개파열음: /k/

/k/는 혀의 뒤쪽을 연구개에 밀착시키고 공기를 압축시켰다가 파열하여 만드는 소리로서, 한국어의 [ㅋ]과 비슷하다. /k/도 /p, t/와 같이 강세가 있는 모음 앞에서는 강한 기음(strongly aspirated) [kʰ]가 되고, 강세가 없는 모음 앞에서는 약한 기음(weakly aspirated) [k]가 되고, /s/ 뒤에서는 비기음(unaspirated) [k]가 되며, 다른 폐쇄음 앞에서는 [k˺]로 발음된다. 어미에 오는 /k/는 [k˺]나 [k]로 발음됨은 /p/나 /t/의 경우와 같다.

A. [kʰ]의 발음

(1) 어두에서

cat[kʰæt]　　cool[kʰul]

(2) 강세 받는 모음 앞에서

location[loʊkʰéɪʃən]　　because[bɪkʰɔ́z]

B. [k]의 발음

(1) /s/ 뒤에서

skin[skɪn]　　sky[skaɪ]

school[skul]　　scold[skould]

(2) 강세 받지 않는 모음 앞에서

indicative[indíkətɪv]　　locative[lákətɪv]

C. [k˺]의 발음: 다른 폐쇄음 앞에서

dictate[dɪk˺teɪt]　　tactics[tæk˺tɪks]

detective[dɪtɛk˺tɪv]　　cocktail[kɑk˺teɪl]

D. [k˺] 혹은 [k]: 어미에 올 때

took[tʊk˺] 또는 [tʊk]

ink[ɪŋk˺] 또는 [ɪŋk]

### (2) 유성연구개파열음: /g/

조음위치 및 조음방법은 /k/와 같다. 성대의 울림이 있는 유성음이고, 연음이며 무기음이라는 점에서 /k/와 같다. /g/는 한국어 [ㄱ]으로 표기할 수 있으나 [ㄱ]은 무성음 /k/에 더 가깝다.

### 4) 성문파열음: /ʔ/

성문파열음이란 성대가 완전히 닫힌 상태에서 성대 아래에 압축되었던 공기가 파열되면서 발생되는 소리이다. 보통 다른 음들은 성대가 좁게 혹은 넓게 열린 상태에서 나오는 소리인데 반해 성문음(glottal)은 성대가 닫힌 상태에서 강한 공기 압력 때문에 갑자기 성문이 열린 틈에서 난다. 성문폐쇄음이 가장 흔히 쓰이는 예는 "uh-uh"로 묻는 말에 부정대답을 할 때 [ʔʌʔʌ]라고 한다. 한국어로는 '안돼' 또는 '아니'의 뜻으로 '어어'를 성대에 힘을 주고 강하게 발음할 때 나는 소리와 같다. 이 음은 어두의 강세모음 앞에서 또는 이중모음으로 시작하는 강음절의 앞에서 흔히 들린다. 다시 말하면 성문음은 성대 진동개시 시간(voice onset time)에서 발생되는데 모든 사람이 이러한 소리를 다 내는 것이 아니고 사람에 따라 발성습관 때문에 주로 일어난다. 그래서 아직 이 소리는 음소로 받아들여지지 않고 있다. 성문음이 발생되는 경우는 다음과 같다.

(1) 강세를 받는 모음 앞에서

absolutely[ʔæbsəlutlɪ]

the only way[ðɪʔoʊnlɪ weɪ]

physiology[fɪzɪʔɔlədʒɪ]

(2) 낱말 끝에서 무성폐쇄음 /p, t, k/가 모음 뒤에 올 때

trip[trɪʔp]    treat[triʔt]

(3) 낱말 끝에서 /t/가 비음 /m, n, ŋ/ 앞에 올 때

cotten[kɔʔn]    beaten[biʔn]

## 2. 마찰음

마찰음(fricatives)은 조음점과 조음자를 매우 가까이 접근시켜 그 사이의 좁은 틈으로 공기를 통과하게 하여 거기에서 마찰(friction)이 일어나게 하여 조음되는 음이다. 모든 마찰음은 계속음(continuant)이다. 그것은 두 조음기관 사이를 공기가 마찰되며 방출될 때 지속적으로 나는 음이기 때문이다. 그러나 명확히 파열되거나 모음의 성향을 가진 자음들은 보통 마찰음 분류에서 제외한다. 마찰음은 다시 유성음과 무성음으로 나누어진다. 영어 마찰음에는 우리말 마찰음에 없는 음들이 많이 있어 정확한 영어 음의 습득에 어려움이 있다. 한국인이 영어 마찰음을 배울 때 무성음과 유성음 구별에 관심을 가져야 한다.

조음 세기에 있어서 /f, θ, s, ʃ/는 /v, ð, z, ʒ/보다 상대적으로 더 많은 근육의 힘과 더 강한 호기력(breath force)으로 발음된다. 연음인 /v, ð, z, ʒ/는 유성음 사이에서 완전한 유성음이 된다. 어두와 어미에서 부분적으로 유성이거나 완전히 유성이 된다. /h/는 어두와 어중에서만 나타나고, 어두에서는 무성음이지만 어중의 유성음 사이에서는 anyhow처럼 약간의 유성을 가진다.

| 예 | 어두 | 어중 | 어말 |
|---|---|---|---|
| /f/ | feel[fil] | proofing[prufɪŋ] | leaf[lif] |
| /v/ | veal[vil] | proving[pruvɪŋ] | leave[liv] |
| /θ/ | thigh[θaɪ] | earthy[əθɪ] | wreath[wriθ] |
| /ð/ | thy[ðaɪ] | worthy[wəθɪ] | wreathe[wrið] |
| /s/ | seal[sil] | icy[aɪsɪ] | peace[pis] |
| /z/ | zeal[zil] | easy[izɪ] | peas[piz] |
| /ʃ/ | sheet[ʃit] | fission[fɪʃən] | ruche[ruʃ] |
| /ʒ/ | - | vision[vɪʒən] | rouge[ruʒ] |
| /h/ | heat[hit] | behave[bɪheɪv] | - |

### 1) 순치마찰음: /f/ 와 /v/

/f/와 /v/는 아랫입술을 윗니에 가볍게 갖다대고 윗니로 아랫입술에 가볍게 대는 듯한 상태에서 그 사이로 입김을 불어낼 때 생기는 음으로 순치음이라 한다. 같은 순치음인 이들 사이에도 차이가 있어 무성음 /f/는 유성음 /v/보다 그 세기가 더 강하다. 그리고 /f/가 /v/보다 더 길게 발음되는 반면 /v/는 /f/보다 입술과 입술사이의 압력인 수축이 덜하고 마찰 또한 덜하다.

#### (1) 무성순치마찰음: /f/

/f/음이 나는 철자는 f, ff, ph, gh가 있으며 낱말의 모든 위치에 올 수 있다. 한국어에는 /f/에 해당하는 발음이 없어서 [ㅍ]으로 잘못 대치하는 경우가 있으므로 이 음을 익히는 데 유의하여야 한다.

| | | |
|---|---|---|
| feet[fɪt] | suffer[sʌfɚ] | leaf[lif] |
| face[feɪs] | defend[dɪfɛnd] | laugh[læf] |

| | | |
|---|---|---|
| photo[foʊtoʊ] | selfish[sɛlfɪʃ] | safe[seɪf] |

(2) 유성순치마찰음: /v/

/v/음이 나는 철자는 v, f, ph가 있으며 낱말의 어느 위치에도 다 올 수 있다. 한국어에는 /v/에 해당하는 발음이 없어서 [ㅂ]으로 잘못 발음하기 쉽다. /b/와 혼동하지 않도록 유의하여야 한다.

| | | |
|---|---|---|
| vex[vɛks] | reviews[rɪvjuz] | leave[liv] |
| veal[vil] | give[gɪv] | vain[veɪn] |
| divide[dɪvaɪd] | have[hæv] | dove[dʌv] |

간혹 /f/를 /p/나 양순마찰음인 [ㅍ]으로 대치하는 경우가 있는데 이는 영어 학습초기에 조음점에 관한 정확한 지식 없이 음색으로 느껴지는 비슷한 음을 잘못 익힌 탓이다. /v/도 마찰음임을 인식할 때 /b/나 [ㅂ]으로 잘못 발음하는 것을 피할 수 있을 것이다.

## 2) 치마찰음: /θ/, /ð/

치마찰음은 혀끝을 윗니와 아랫니 사이로 살짝 내밀거나 윗니 끝에 가볍게 맞닿게 하여 그 사이로 공기가 나가면서 조음된다. 그러므로 공기가 혀의 윗면과 어금니 사이로 나가면서 마찰이 생기게 되는 것이다. 영어에는 치음이 /θ/와 /ð/뿐이기 때문에 치마찰음이라 부르지 않고 치음(dental)이나 치간음(interdental) 또는 설치음(lingua-dental)이라 부른다.

(1) 무성치마찰음: /θ/

/θ/음이 나는 철자는 th뿐이며 낱말의 모든 위치에 올 수 있다. 한국어에는 /θ/에 해당하는 발음이 없어서 [ㅆ]으로 잘못 발음하기 쉽다.

| | | |
|---|---|---|
| thing[θɪŋ] | author[ɔθə] | mouth[maʊθ] |
| thought[θɔːt] | nothing[nʌθɪŋ] | both[boʊθ] |
| thumb[θʌm] | ethics[ɛθɪks] | growth[groʊθ] |

(2) 유성치마찰음: /ð/

/ð/음이 나는 철자는 th뿐이고 낱말의 모든 위치에 올 수 있다. 한국어[ㄷ]으로 잘못 발음하기 쉬우니 유의하기 바란다.

| | | |
|---|---|---|
| them[ðɛm] | rather[rɑðɚ] | smooth[smuð] |
| this[ðɪs] | worthy[wəːrðɪ] | breathe[briːð] |
| though[ðoʊ] | mother[mʌðɚ] | loathe[loʊð] |

### 3) 치경마찰음: /s/, /z/

윗니와 아랫니가 거의 맞닿을 정도로 아래턱을 올려서 혀끝을 윗잇몸에 가까이 접근시키고 혀의 양쪽 가장자리를 약간 위로하여 혀의 중앙에 작은 홈이 생기게 한다. 공기의 흐름이 그 홈과 경구개 사이를 통해 나가게 되고, 그 후에 공기의 흐름은 아래 앞니의 윗쪽 끝 부분을 넘어서 나간다. 이렇게 홈을 통해 배출되는 공기가 근접해 있는 상하의 앞니에 부딪혀 조음되기 때문에 이를 치찰음(sibilant)이라고도 한다. 영어의 음 중에서 /s/와 같은 치찰음이 많기 때문에 일명 영어를 "sibilant language"라고 부른다.

(1) 무성치경마찰음: /s/

/s/음이 나는 철자는 s, ss, c, sc, x와 같으며 낱말의 모든 위치에 올 수 있다.

| | | |
|---|---|---|
| sit[sɪt] | pencil[pɛnsl] | niece[nis] |
| sample[sæmpl] | essay[ɛseɪ] | pass[pæs] |
| seal[sil] | escape[ɪskeɪp] | dress[drɛs] |
| sing[sɪŋ] | lesson[lesn] | rice[raɪs] |
| smoke[smoʊk] | excite[ɪksaɪt] | famous[feɪməs] |

(2) 유성치경마찰음: /z/

/z/음이 나는 철자는 s, ss, z, zz, x와 같으며 낱말의 모든 위치에 올 수 있다. /z/는 다른 유성자음과 같이 어두나 어미에서 무성음화된다. 한국어에는 /z/에 해당하는 음이 없는데 많은 사람들이 [ㅈ]로 대치하는 것을 볼 수 있다.

| | | |
|---|---|---|
| zoo[zu] | bosom[bʊzʌm] | was[wəz] |
| zone[zəʊn] | thousand[θaʊznd] | does[dʌz] |
| zest[zɛst] | hesitate[hɛzɪteɪt] | rose[roʊz] |

### 4) 경구개치경마찰음: /ʃ/, /ʒ/

경구개치경음인 /ʃ/는 /s/와 같은 요령으로 조음하는데 혀 전체가 약간 뒤로 더 가고 혀의 표면이 좀 더 입천장에 다가가며 혀 중앙의 홈은 좀 더 넓어져서 공기가 이 홈을 지날 때 마찰되며 조음된다. 그리고 설단 또는 전설이 치경과 경구개 사이에 접근하여 조음되는 점도 /s/와 약간 다르다. 입술은 한국어로 [쉬]라고 말할 때와 같이 한껏 펴서 내민다. 그래서 /ʃ/는 한국어 [쉬]와 거의 비슷하다.

### (1) 무성경구개치경마찰음: /ʃ/

/ʃ/음이 나는 철자는 sh, ch, sch, s, ss, ti, si, sci, ci, ce와 같이 다양하며 낱말의 모든 위치에 올 수 있다.

| | |
|---|---|
| sheet[ʃit] | bishop[bɪʃəp] |
| machine[məʃin] | hash[hæʃ] |

### (2) 유성경구개치경마찰음: /ʒ/

/ʒ/음이 나는 철자는 u 앞의 si, s, z와 불어차용어 가운데 어미 -ge를 가진 낱말에 나타난다. /ʒ/는 어중이나 어미에는 오지만 어두에 오는 경우는 극히 드물고 혹시 있다고 해도 외래어인데 /ʤ/와 혼용하여 사용하므로 예문에서는 생략하기로 한다.

| | |
|---|---|
| explosion[ɪksplouʒən] | prestige[prɛstɪʒ] |
| vision[vɪʒən] | confusion[kənfjuʒən] |

### 5) 성문마찰음: /h/

상당한 압력을 가진 공기가 폐에서 나와서 성대의 작은 틈, 즉 성문을 통과할 때 마찰이 되어 조음된다. /h/는 보통 어미에는 쓰이지 않고 항상 모음 앞에 온다. 그래서 /h/의 발음에 있어서 혀와 입술의 위치는 뒤따르는 모음에 의하여 결정된다.

| | |
|---|---|
| hen[hɛn] | behind[bɪhaɪnd] |
| hot[hɑt] | anyhow[ɛnɪhaʊ] |
| who[hwʊ] | inhabit[ɪnhæbɪt] |

## 3. 파찰음

파열음(plosive)과 마찰음(fricative)을 합성한 음을 파찰음(affricate)이라 한다. 파찰음 /ʧ/와 /ʤ/의 발음기호는 두 개의 음소표기로 되지만 하나의 음소로 인정한다. /ʧ/는 무성음이고 /ʤ/는 유성음이다.

### 1) 무성경구개치경파찰음: /ʧ/

/ʧ/는 /t/를 발음할 때와 마찬가지로 혀를 치경에 대는 동시에 /ʃ/를 발음할 때와 같이 입술을 약간 내밀고 혀를 경구개에 가까이 접근시키고서 입안의 공기에 압력을 가하였다가 혀끝을 천천히 떼면 /ʧ/음이 된다. 한국어의 [ㅊ]과 비슷하나 오히려 [취]에 더 가깝다. /ʧ/음이 나는 철자는 ch, tch, tu 등이 있으며 낱말의 모든 위치에 올 수 있다.

| | | |
|---|---|---|
| cheese[ʧiz] | feature[fiʧə] | much[mʌʧ] |
| chin[ʧɪn] | wretched[rɛʧɪd] | coach[koʊʧ] |
| choke[ʧoʊk] | riches[rɪʧɪz] | inch[ɪnʧ] |

### 2) 유성경구개치경파찰음:/ʤ/

/ʤ/는 /ʧ/와 똑같은 방법으로 하면서 기음을 내는 대신에 성대를 진동시키면서 혀를 떼면 /ʤ/음이 된다. /ʤ/음이 나는 철자는 g, j, dg, ge 등이 있으며 낱말의 모든 위치에 올 수 있다. 한국어 [ㅈ]나 [ㅉ]의 중간 발음이라 할 수 있다.

| | | |
|---|---|---|
| gin[ʤɪn] | midget[mɪʤɪt] | ridge[rɪʤ] |
| jest[ʤɛst] | major[meɪʤə] | age[eɪʤ] |
| joist[ʤɔɪst] | stringent[strɪnʤənt] | edge[eʤ] |

## 4. 전이음

조음자가 한 위치에서 다른 위치로 이동함으로써 형성되는 음을 전이음이라고 부른다. 영어의 /w/, /r/, /j/ 등의 전이음은 음이 형성되는 부분에서 발음되는 특정 모음과 밀접한 관련이 있다. /w/음은 [ʊ u]의 영역에서 또는 그 부근에서 형성되며, /r/은 [ɚ, ɝ]의 영역 또는 그 부근에서 발음되며, /j/는 [ɪ, i]에서 또는 그 부근에서 시작된다. 즉, we의 /w/를 발음할 때 입술과 혀는 [u]위치에 가까이 있고, real이나 yes를 발음할 때는 입술과 혀가 [ɝ]나 [i]의 위치에 가까이 있다. 이 때문에 전이음은 반모음(semi-vowel)이라고 부르며 자음으로 분류된다.

### 1) 양순전이음: /w/

전이음 /w/는 입술과 혀가 동시에 작용하여 생성된다. 입술은 둥글게 하여 앞으로 내미는 반면, 혀의 뒷부분은 [ʊ, u]를 발음할 때처럼 연구개를 향해 올라간다. 그래서 이 전이음을 정확하게는 양순 연구개 전이음이라고 말한다. 보통 /ʊ/ 또는 /u/의 조음위치에서 출발하여 뒤에 오는 모음의 위치까지 신속하고 자연스럽게 이동하면서 발음되는 이동음으로서, woo[wu]와 같이 /u/ 앞에 왔을 때는 /u/보다 입술을 더 오무려 내민 위치에서부터 출발해 /u/까지 이르며 생성된다. /w/음이 나는 철자는 w, u이며 낱말의 어두나 어중에 오고 어미에는 오지 않는다.

| | | |
|---|---|---|
| why[waɪ] | twin[twɪn] | queen[kwin] |
| win[wɪn] | sweet[swit] | equal[ɪkwəl] |

### 2) 치경전이음: /r/

혀끝이 윗잇몸의 약간 뒷부분에 가깝게 다가가나, 닿지는 않는 상태에서 조음된다. 혀가 전반적으로 수축하기 때문에 혀는 오목해진 상태에서 약간 뒤로 꼬부라진다. 그러므로 공기는 마찰 없이 자유롭게 혀의 중앙이나 측면으로 나간다. 그래서 전이음 /r/을 일명 반전음(retroflex)이라고 부른다. 입술모양은 뒤따라오는 모음에 크게 좌우되는데 즉,

reach에서는 평순(spread)으로 되며, root에서는 원순(rounding)이다. 그러므로 이 변이음은 음성적으로는 모음을 닮았으나, 음절에서 비중추음 자리를 차지하기 때문에 자음 기능을 갖는다. 영어의 /r/은 한국어 [ㄹ]로 표기될 수 있다. /r/음이 나는 철자는 r뿐이고 낱말의 모든 위치에 올 수 있다.

| | | |
|---|---|---|
| rice [raɪs] | price [praɪs] | try [traɪ] |
| round [raʊnd] | proud [praʊd] | tree [trɪ] |

### 3) 경구개치경전이음: /j/

전이음 /j/는 혀의 앞부분을 경구개 쪽으로 올리면서 발음한다. 이 음의 첫 조음위치는 /i/의 위치와 비슷하다. 그러나 조음자가 /j/음 뒤에 따라오는 모음의 조음위치로 재빨리 이동함에 따라서 더 분명한 소리를 내는 것이다. /j/를 발음할 때, 혀는 보통 상태이거나 평순이지만 you, yawn과 같은 경우에서처럼 후속 모음에 따라 원순화되기도 한다. 이 음의 한국어 표기는 중모음 [예]에서 초성에 해당하는 것으로 [이]에 가깝다.

| | | |
|---|---|---|
| you [ju] | pew [pju] | stew [stju] |
| yes [jɛs] | tune [tjun] | refuse [rɪfjuz] |

## 5. 설측음

영어에서 설측음은 /l/ 하나뿐인데, 혀끝을 잇몸에 대고 공기가 빠져나갈 수 있도록 혀의 양쪽 혹은 한 쪽을 연 채로 성대를 진동시켜서 내는 소리이다. /r/음과 함께 유음(liquid) 부류에 속하며 낱말의 모든 위치에 둘 수 있고 /l/음이 나는 철자는 "l"뿐이다.

한국 사람은 설측음 /l/을 발음할 때 [ㄹㄹ]처럼 발음한다. 예를 들면, '사랑'[saraŋ]과 같이 [ㄹ]을 [ɾ](탄음, flap)로 발음하고, '달랑달랑'은 [dalaŋ dalaŋ]으로 발음하여 연이어 나오는 두 개의 [ㄹㄹ]을 설측음 [l]로 발음한다.

### (1) 명음(light /l/): [l]

명음(light) [l]는 전설이 경구개 쪽으로 올라가는 동시에, 혀끝이 윗잇몸에 닿고 나가면서 나는 소리다. 이때 후설, 즉 혀 뒷부분의 위치가 낮게 머물러 있게 된다. 대체로 낱말의 첫 자리(예: late, loud) 혹은 낱말의 중간에 나올 때 전후에 전설모음이나 중설모음이 있는 경우(예: silly, foolish, billion)에 생성되는 소리 [l]이다.

| | | |
|---|---|---|
| like[laɪk] | lion[laɪən] | lady[leɪdɪ] |
| lead[lid] | leap[lip] | live[lɪv] |

### (2) 암음(dark /l/): [ɫ]

혀끝이 잇몸에 닿고 전설이 약간 낮아지며, 후설은 연구개 쪽으로 올라가면서 조음된다. 이와 같이 본래의 조음장소나 방법과 달리 후설이 연구개 쪽으로 조음되는 현상을 연구개음화라고 한다. 낱말 끝의 모음 뒤(예: dull)에서, 혹은 마지막 자음(일반적으로 폐쇄음) 앞(예: milk)에서 생성되는데 어두운 소리, 즉 암음 [ɫ]이라 부른다. 한국어의 [을] 발음과 거의 비슷하다.

| | | |
|---|---|---|
| child[tʃaɪɫd] | kill[kɪɫ] | belt[bɛɫt] |
| wool[wʊɫ] | bill[bɪɫ] | milk[mɪɫk] |
| sail[seɪɫ] | meal[miɫ] | mild[maɪɫd] |

(3) 성절자음 /l/: [l̩]

음절은 모음으로 이루어진 핵이 있어야 하는데, 자음인 /l/가 모음 없이 음절의 역할을 하는 경우가 있다. 예를 들면 cattle[kætl̩]처럼 /t/ 바로 뒤에 모음이 없이 /l/이 와서 음절을 이룰 때가 있는데 이러한 경우를 성절자음(syllabic consonant)이라 한다. 그런데 성절자음은 대체로 한 낱말의 끝에서 발생하는 경우가 많으므로 dark l[ɫ]화하는 경향이 있으며 [ ̩]와 같이 표기한다.

| | |
|---|---|
| handle[hændɫ] | middle[mɪdɫ] |
| candle[kændɫ] | battle[bætɫ] |

## 6. 비음

입술에서 공기가 차단되고 비강으로 울려 나갈 때 비음(nasal)이 생긴다. 영어의 비음은 /m, n, ŋ/인데 모두 유성음이고, 한국어의 비음 [ㅁ], [ㄷ], [ㅇ]과 대체로 유사하지만 영어의 비음이 한국어의 비음보다 비강에서의 공명이나 성대의 진동이 더 강하다. 그래서 영어 원어민의 말소리는 콧소리가 더욱 심한 것을 깨달을 수 있을 것이다. 비음은 보통 폐쇄음과 유사하게 조음되지만, 모든 비음이 형성되면서 방출되는 동안에는 연구개가 밑으로 내려온다. 이렇게 연구개가 내려올 때 공기가 인두에서 비강으로 나간다.

### 1) 양순비음: /m/

양 입술은, /p, b/ 발음을 할 때처럼, 입으로 나가는 공기를 막고 연구개를 낮추어 비강으로 통하는 길을 터놓은 뒤 성대를 진동시켜 공기를 내보내면 /m/가 된다. /m/는 유성음이며 한국어의 [ㅁ]으로 표기할 수 있다. /m/음이 나는 철자는 m뿐이고 낱말의 모든 위치에 올 수 있다. 한편 순치음 /f, v/ 앞에 왔을 때 /m/가 순치음으로 되는 경향이 있는데 이를 순치비음(labiodental nasal)이라 부르며, 이 경우에는 /m/를 [ɱ]으로 표기한다.

comfort[kʌɱfɚt]　　triumph[traɪəɱf]　　nymph[nɪɱf]

### 2) 치경비음: /n/

/n/는 혀끝을 /t/나 /d/와 같이 치경에 붙이고, 혀의 가장자리는 어금니에 붙임으로써 입으로 나가는 공기를 완전히 차단하는 동시

에 연구개를 낮추어 코로 나가게 하여 조음한다. 혀끝을 윗니 뒤에 대고 발음하는 우리말의 [ㄴ]과 비슷하지만 /n/음은 뒤에 /θ/나 /ð/가 오지 않는 한 혀끝을 치경에 대고 조음하며, [ㄴ]보다 비강의 공명이 강하다. 낱말 끝에서 /n/ 앞에 다른 자음이 오면 성절자음이 되기 쉽다.(cotton[kɔtn̩]　ridden[rɪdn̩])

### 3) 연구개비음: /ŋ/

혀의 뒷부분 즉 후설을 연구개 쪽으로 올려붙임으로써, 입으로 나오는 공기의 통로를 막고 성대를 진동시키면서 공기를 코로 나가게 하면 /ŋ/이 된다. 한국어의 [ㅇ]과 유사하지만 영어의 /ŋ/이 비강의 공명이나 성대의 진동이 훨씬 강하다. 이 음은 /k, g/처럼 혀의 뒷부분과 연구개 사이의 구강에서 폐쇄가 일어나는데, 그 폐쇄의 위치는 앞에 오는 모음에 의해 좌우된다. 그 예로 song과 sing을 보면 후자가 전자보다 더 앞에서 폐쇄가 일어난다. /ŋ/은 영어의 어중이나 어미에 올 수 있으나 어두에는 올 수 없다. 그리고 낱말 끝에서 자음 뒤에 /n/가 올 때 성절자음이 되기 쉽다. (wagon[wægŋ̩]　bacon[beɪkŋ̩])

## 7. 자음의 변별적 자질

영어의 음소 /p/에는 기음화된 폐쇄음 [pʰ], 기음화되지 않은 폐쇄음 [p], 그리고 파열되지 않은 폐쇄음 [p˺] 등의 변형이 포함되는 것처럼, 영어의 음소는 이와 같이 대조를 이루는 몇 가지의 음성학적 실제로 구성되어 있다는 것을 보아왔다. 지금까지 기술한 영어자음의 다양한 특질을 기준으로 대조적인 분절 단위를 규정하는 "변별적 자질"에 관해 논하기로 한다. 여기서 변별적 자질이란 음소를 구별해 주는 데 기준이 되는 음운자질이다.

분절단위를 규정하는 방법은 크게 두 가지가 있는데, 첫째는 각 분절음의 자질을 모두 나열하여 다른 분절음과 비교하는 것이고, 둘째는 모든 분절음에 이분적 체계를 사용하여 어떤 성분이 있으면 '+', 없으면 '-'로 표시하여 비교하는 것이다. 두 가지 방법을 비교하여 설명하기로 한다.

### 1) 집합체로서의 자질

이 방법은 '일단의 특질들이 합쳐진 것'으로 보는 것이 더 이롭다는 이론에 따른 것인데, 우리는 각 분절체에 대한 특질이나 자질들을 분명하게 나열함으로써 그 관계성을 나타낼 수 있다.

| /p/ | /b/ | /d/ | /n/ |
|---|---|---|---|
| labial | labial | alveolar | alveolar |
| stop | stop | stop | nasal |
| voiceless | voiced | voiced | voiced |

이와 같이 분절의 자질들을 나열함으로써 우리는 그 유사성과 상이점을 쉽게 비교할 수 있다. 예를 들어, /p/와 /b/는 두 가지 모두 순음이며 폐쇄음이다. 다만 유성과 무성차이에서 구별이 된다. 그리고 /b/와 /d/는 두 가지 모두 유성폐쇄음인데 조음장소에 의해 구별된다. 또

/d/와 /n/은 유성치경음인데 조음방법이 다르다. 그런데 /p/와 /n/는 서로 공통되는 특질을 가지고 있지 않다. 음성적 특징이 되는 요소를 살펴보면 다음과 같은 두 가지 형태의 자질들을 추출해 낼 수 있다. 첫째, 비음-구강음, 유성음-무성음, 긴장음-이완음, 기음-비기음, 원순음-비원순음, 후설음-전설음 또는 공명음-장애음 등과 같이 서로 쌍으로 나타나 주어진 속성의 유무를 나타내는 형태이다. 둘째, 모음은 고모음, 중모음, 저모음의 형태로, 자음의 경우는 순음, 치음, 치경구개음, 연구개음 등과 같이 조음장소에 따른 개별적 형태를 나타냄으로써 정해진 기준에 따른 음의 가치(value)를 나타내는 형태이다.

### 2) 주요 부류의 자질

일반적으로 모음은 [+syllabic]인 반면, 자음은 [-syllabic]이다. 이것은 음절성 비음(nasal)과 유음(liquid) [+syllabic]을 상대적인 비음절성(non-syllabic)과 구별시키는 데 필요한 자질이다. 자질 [sonorant]는 소리의 공명적 특질을 나타내며, 모음은 비음, 유음, 그리고 반모음과 함께 언제나 [+sonorant]이고, 파열음, 마찰음, 파찰음 등과 같은 장애음은 [-sonorant]이다. 자질 [consonantal]은 구강 내의 좁혀진 통로에서의 '완전폐쇄' 또는 '마찰'을 의미하며, 폐쇄음, 비음 그리고 유음은 [+consonantal]이고, 마찰이 일어나는 통로가 위에서 언급된 음들처럼 좁혀지지 않아 마찰이나 폐쇄가 아주 약하게 일어나는 모음과 반모음은 [-consonantal]이다.

| | Oral cavity Obstruents | Nasals Liquids | Syllabic Nasals Liquids | Semi-Vowels | Vowels |
|---|---|---|---|---|---|
| Syllabic | - | - | + | - | + |
| Sonorant | - | + | + | + | + |
| Consonantal | + | + | + | - | - |

구강 장애음에는 파열음, 마찰음, 파찰음이 있다. 비음에는 /m, n, ŋ/ 등이 있고 유음에는 /l, r/이 속해 있다. 성절적 비음과 유음이란 각각 /m, n, ŋ/과 /l, r/ 등이 음절을 형성하는 경우를 말한다. 한편 반모음에는 /w, j/ 등이 있다.

### 3) 조음장소의 자질

Chomsky와 Halle(1968)는 마찰이 구강의 앞쪽 위치에서 이루어지는가(전방 [+anterior]), 아니면 좀 더 뒤로 후퇴된 위치에서 이루어지는가(비전방 [-anterior])에 따라, 또는 조음이 설단(blade)에서 이루어지는가(설정성 [+coronal]), 아니면 그 이외의 다른 장소에서 이루어지는가(비설정성 [-coronal])에 따라 네 가지의 주요 조음장소(입술, 이, 치경구개, 연구개)를 다음과 같이 분류하였다.

| | p | t | ʧ | k |
|---|---|---|---|---|
| Anterior | + | + | - | - |
| Coronal | - | + | + | - |

#### 4) 조음방법의 자질

[sonorant]자질은 공명음과 장애음을, 그리고 [consonantal]자질은 다른 자음으로부터 전이음을 구별해 준다. 장애음에는 계속적인 마찰과 함께 만들어지는 마찰음([+continuant])과 완전한 폐쇄로 발화가 시작되는 파열음과 파찰음([-continuant])이 있다. 파열음과 파찰음이 모두 완전한 폐쇄로 시작되기는 하지만 각기 다른 형태로 개방된다. 파찰음은 연기된 개방성([+delayed released])이 된다.

| | /t/ | /θ/ | /s/ |
|---|---|---|---|
| Sonorant | – | – | – |
| Consonantal | + | + | + |
| Continuant | – | + | + |
| Delayed release | – | | |
| Strident | | – | + |

지금까지의 영어자음의 특성을 하나의 그림으로 나타내면 〈그림 2-6〉과 같다.

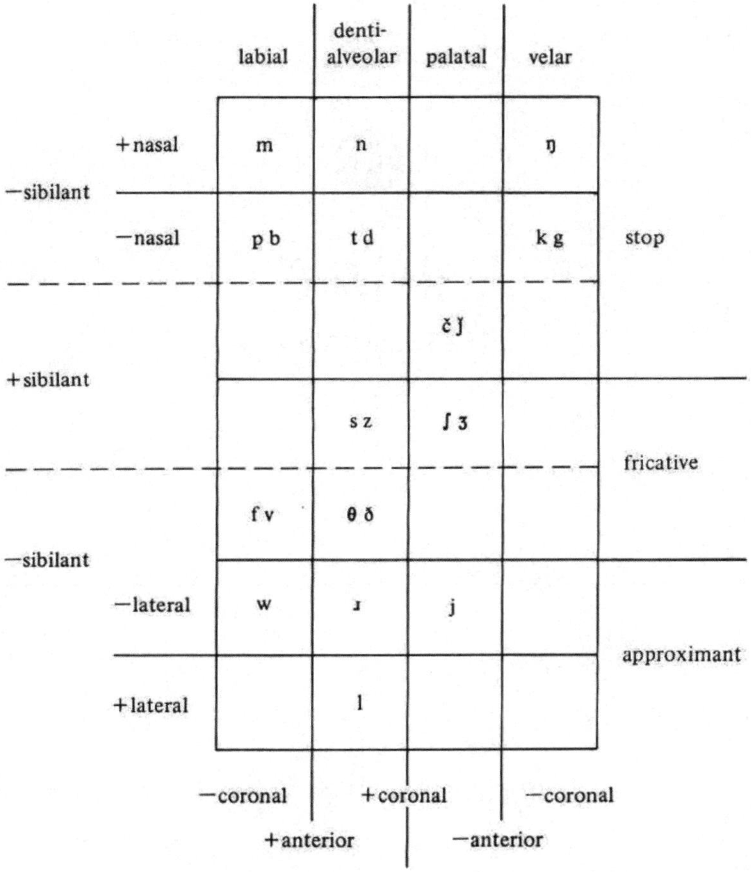

| | | labial | denti-alveolar | palatal | velar | |
|---|---|---|---|---|---|---|
| −sibilant | +nasal | m | n | | ŋ | |
| | −nasal | p b | t d | | k g | stop |
| +sibilant | | | | č ǰ | | |
| | | | s z | ʃ ʒ | | fricative |
| −sibilant | | f v | θ ð | | | |
| | −lateral | w | ɹ | j | | approximant |
| | +lateral | | l | | | |
| | | −coronal | +coronal | +coronal | −coronal | |
| | | +anterior | +anterior | −anterior | −anterior | |

***A phonological chart illustrating some of the distinctive features of English consonants.***

**그림 2-6** 영어자음의 조음장소 자질(Ladefoged, 1985, 40)

## 제 10 장

# 영어모음

The English Vowels

### 1. 모음의 기술

모음은 자음에 비해 조음되는 방법이 단순하다. 자음의 조음을 위해서는 여러 조음기관들이 동원되고 조음되는 방법도 서로 달라서 자음을 분간하기는 쉽다. 하지만 모음은 상대적으로 좁은 공간 안에서 거의 유일한 조음기관인 혀의 미묘한 움직임과 모양에 의해서 구별되므로 모음 간의 차이는 자음 간의 차이에 비해서 상대적으로 크지 않다. 또한 모음은 자음에 비해 불안정하기 때문에 모음의 특성이나 정확한 모음의 수에 대해서도 음성학자들 사이에 차이가 있다. 그럼에도 불구하고 모음은 매우 중요한 역할을 담당하고 있다. 실제로 모음은 목소리의 운반체라고 할 수 있기 때문에 다음과 같은 기능을 담당하고 있다.

첫째로, 사람마다 다른 말소리의 음질은 모음이 나타내 준다. 따라서 우리가 목소리에 의해서 사람을 구별하는 것은 바로 이 모음이 있어서 가능한 것이다. 둘째로, 말소리의 강도는 모음에 의해서 구별된다. 셋째로, 소리의 고저(pitch)도 모음이 나타낸다. 그렇기 때문에 강세와 고저가 중요한 역할을 하는 억양은 모음에 의해서 표현되는 것이다. 넷째로, 말의 속도가 모음에 의해서 차이가 난다. 자음의 길이가 길어지는 것은 한계가 있기 때문에 자음의 길이변화는 상대적으로 모음에 비해서는 미미하다고 할 것이다. 또한 사람의 말투나 방언의 차이 등도 대부분 모음에 의해서 구별되기 때문에 모음은 말의 전달에 있어서 상당히 중요한 역할을 한다고 보아야 할 것이다.

### 1) 혀와 입술의 위치

모음을 기술할 때 편의상 혀의 위치의 전후를 기준으로 앞부분(전설, front), 중간 부분(중설, central), 뒷부분(후설, back)으로 구분하고, 상하 즉, 높낮이를 기준으로 고음(high), 중음(mid), 저음(low)으로 구분할 수 있다. 고음은 아래턱이 높이 올라와 혀의 표면이 입천장에 아주 가까이 온 경우이고, 중음은 아래턱이 보통으로 벌어져 혀가 입천장에서 상당히 떨어진 경우이며, 저음은 혀의 위치가 아주 낮아진 것을 나타낸다. 요약하면 다음과 같다.

첫째, 전설은 혀가 입안의 앞부분에서 조음활동을 하는 경우(예:

beet)이다.

둘째, 중설은 혀가 입안의 중간 부분에서 조음활동을 하는 경우(예: bert)이다.

셋째, 후설은 혀가 입안의 뒤에서 조음활동을 하는 경우(예: boot)이다.

입술은 모든 전설모음([i]-[æ])에서는 다소 옆으로 벌어지고, 반면 후설모음([u]-[ɔ])에서는 다소 둥근 모양이 된다. 중설모음(central vowel)에서는 입술이 중간 정도로 벌어지게 되는데, 혀의 위치는 정확하게 도표화되기가 힘들다. 왜냐하면 입의 중간 부분은 어느 위치에도 올 수 있으며 모든 모음 위치에 근접할 수 있기 때문이다.

거울로 자기 자신을 들여다보면서 모음을 발음한다면 입과 입술의 위치를 쉽게 볼 수 있다. 단어 meow를 천천히 길게 끌면서 발음해 보면, 입과 입술은 전설모음과 후설모음의 모든 위치를 지나갈 것이다. 그러나 모음에 대한 혀의 위치를 이처럼 쉽게 볼 수가 없다.

조음자들은 또한 서로 서로를 보완해 준다. 기술된 위치로부터 약간의 변화가 생기면서 다른 조음자에서의 조정작용(adjustments)에 의해서 보완되어져 결과적으로 똑같은 음소를 생성하게 된다. 이와 같이 우리가 모음을 인지하게 되는 것은 그 언어의 모음을 생성하기 위하여 모든 조음자들이 복합적으로 조정되기 때문에 고정된 위치가 없다.

### 2) 긴장모음과 이완모음

영어의 모음은 소위 긴장음(tense)과 이완음(lax)으로 나누어질 수 있다. 이 용어들은 영어 단어에서 다르게 소리나는 두 개의 모음군을 명시하기 위해 사용된다. 이 두 그룹 사이에는 음성적 차이(phonetic differences)가 있는데 그 차이는 단지 혀 근육의 "긴장"의 문제뿐만은 아니다. 긴장모음과 이완모음의 차이점을 알아보기 위해 긴장모음과 이완모음으로 구성되어 쌍을 이루는 것들 중에 몇몇을 비교해보자. 이완모음은 긴장모음보다 더 짧게, 낮게, 그리고 약간 중심으로 모아지면서 발음된다.

(1) /i/ 와 /ɪ/

| | |
|---|---|
| beat[bit] | bit[bɪt] |
| lead[lid] | lid[lɪd] |
| wheat[wit] | wit[wɪt] |
| cheek[ʧik] | chick[ʧɪk] |

(2) /e/ 와 /ɛ/

| | |
|---|---|
| bait[bet] | bet[bɛt] |

(3) /u/ 와 /ʊ/

| | |
|---|---|
| boot[but] | foot[fʊt] |
| cooed[kud] | could[kʊd] |
| luke[luk] | look[lʊk] |

### 3) 모음의 길이

모음의 길이, 즉 지속시간(duration)은 긴장성(tension), 원순성(rounding) 및 조음상의 위치와 더불어 모음을 기술하는 한 요소가 된다. 똑같은 모음이라도 강세를 받지 않을 때보다는 강세를 받을 때 더 길게 소리가 난다. 따라서 "go"에서의 'o'가 "obey"에서의 'o'보다 길다. 강세모음은 낱말이나 구의 위치에 따라 지속시간이 달라진다. 일반적으로 모음은 다음과 같은 경우에 더 길게 소리 나는 경향이 있다.

A. 무성자음 앞에 올 때 보다 유성자음 앞에 올 때 더 길다.

seed 〉 seat, goad 〉 goat

B. 구의 중간에서 보다 구의 마지막에 올 때 더 길다.

"He should go." 〉 "He should go home."

C. 폐쇄음절보다 개방음절에서 더 길다.

see 〉 seen

위와 같은 규칙이 모음의 길이에 대한 몇몇 차이점을 나타낸다 할지라도, 음의 길이의 차이는 말의 내용에 따라 또 달라지기 때문에 오직 그 가능성이 있다는 것을 의미한다.

## 2. 전설모음

영어의 전설모음에는 /i ɪ e ɛ æ/가 있다. 이 다섯 개의 전설모음은 전설고모음, 전설중모음, 전설저모음으로 나눌 수 있다. 그리고 긴장모음과 이완모음으로 분류될 수 있으며, 모든 전설모음은 비원순모음(unrounded)이다.

영어에는 /i/, /ɪ/ 두 개의 전설고모음이 있는데 /i/는 긴장모음으로 입술이 옆으로 약간 벌어지고 입은 거의 닫혀진 상태에서 혀가 아주 높은 위치에서 발음된다. /ɪ/는 이완모음으로 입안에서 혀를 약간 아래로 내린 상태에서 혀의 긴장을 풀며 발음된다. 전설중모음 /e/와 전설중모음 /ɛ/는 전설 고모음보다 설단을 입안에서 약간 아래로 내리고 뒤로 오므리면서 발음한다. 입술은 /i/와 /ɪ/에서 보다 약간 더 열려지고 옆으로 약간 덜 벌려진다. /e/는 긴장모음이 되고 /ɛ/는 이완모음이다. /e/는 종종 /eɪ/로 표기되는데 이중모음화하는 경향이 있다. 모음 /æ/는 전설저모음인데 아래턱을 많이 내리고 혀는 아래쪽이 밑으로 놓여진 채로 발음되며 이완모음이다. 대부분의 원어민에게 있어서는 /æ/가 가장 낮게 소리나는 전설모음이다.

### 1) 전설고긴장모음: /i/

/i/는 전설고모음(high-front vowel)인데 긴장모음이며, 비원순음(unrounded)이다. /i/소리는 한국어의 [이]보다도 조금 더 혀를 입천장 쪽으로 올리고 내는 소리다. 입술은 양쪽으로 일자모양이 되며 거의 윗입술과 아랫입술이 맞닿을 정도가 된다. 양 입술사이의 좁은 공간으로 공기가 나가면서 /i/소리가 난다.

each[itʃ] feet[fit]

key[ki]　　meet[mit]
piece[pis]　　scene[sin]
people[pi:pl]　　receive[rɪsi:v]

## 2) 전설고이완모음: /ɪ/

/ɪ/는 전설고모음, 이완모음(lax vowel), 비원순모음(unrounded)이다. 이 모음은 /i/보다 약간 혀 위치가 내려온 상태에서 나는 소리로 [이]를 짧게 발음할 때와 유사하여 거의 [에]를 짧고 약하게 발음할 때와 비슷한 발음이다. /i/ 발음 시보다 혀의 근육에 힘이 덜 들어가며 조음되어 이완모음이라 불린다.

myth[mɪθ]　　sieve[sɪv]
women[wimɪn]　　busy[bizɪ]
build[bɪld]　　mischief[mɪstʃif]
pretty[pritɪ]　　village[vilɪʤ]

/i/와 /ɪ/의 발음 비교

eat[it]　　seek[sik]
it[ɪt]　　sick[ɪk]
leave[liv]　　feet[fit]
live[lɪv]　　fit[fɪt]
reach[ritʃ]　　these[ðiz]
rich[rɪtʃ]　　this[ðɪs]

### 3) 전설중긴장모음: /e/

/e/는 전설중모음(mid-front vowel), 긴장모음(tense vowel), 비원순모음이다. 이 모음은 /ɪ/보다 혀 위치가 약간 아래에서 소리나지만 혀의 근육은 긴장된 채로 발음이 된다. [에]와 거의 비슷하나 영어에서는 이 음이 이중모음으로 발음될 때에는 [eɪ]와 같이 표기하기도 한다.

| | |
|---|---|
| radio [reɪdɪoʊ] | aim [eɪm] |
| gay [geɪ] | veil [veɪl] |
| great [greɪt] | they [ðeɪ] |
| gauge [geɪʤ] | Yeats [jeɪts] |

### 4) 전설중이완모음: /ɛ/

/ɛ/는 전설중모음, 이완모음, 비원순음이다. 이 음은 /e/보다 입은 더 벌리나 혀 근육의 긴장은 약간 풀어진 상태에서 발음되기 때문에 이완모음이다. [에]와 [애]의 중간 발음이라 할 수 있는데 [애]에 해당하는 영어 음이 따로 있어서 [에]로 발음하면 된다.

| | |
|---|---|
| meant [mɛnt] | heifer [hɛfɚ] |
| leopard [lɛpɚd] | friend [frɛnd] |
| any [ɛnɪ] | said [sɛd] |
| bury [bɛrɪ] | end [ɛnd] |

/e/와 /ɛ/의 발음 비교

sail [seɪl]　　gate [geɪt]

sell [sɛl]　　get [gɛt]

waste [weɪst]　　stayed [steɪd]

west [wɛst]　　stead [stɛd]

### 5) 전설저이완모음: /æ/

/æ/는 전설저모음(low-front vowel), 이완모음, 비원순음이다. 이 음은 [애]에 해당하는 소리인데 영어의 /æ/는 [애]보다 아래턱이 많이 내려간 상태에서 발음된다. /æ/는 어미에 오지 않으며 이완모음으로 분류된다.

romance [romæns]　　salmon [sæmən]

plaid [plæd]　　aunt [ænt]

미국영어에서 보통 [æ]로 발음되는 것이 영국영어에서는 [ɑ]로 발음되는 경우가 많다.

| American English | British English |
|---|---|
| ask [æsk] | [ɑsk] |
| chance [ʧæns] | [ʧɑns] |
| laugh [læf] | [lɑf] |
| demand [dɪmænd] | [dɪmɑnd] |
| path [pæθ] | [pɑθ] |

## 3. 중설모음

중설모음(central vowels)은 /ɜ/, /ɝ/, /ə/, /ɚ/, /ʌ/, /a/이며, 혀의 위치가 입의 가운데에 위치해서 조음된다. /ɝ/와 /ɚ/는 미국영어에서만 발음되는데, /ɝ/은 한국어의 [어]에다 혀끝을 입천장쪽으로 약간 꼬부려 올리고, /r/음색을 가미하여 발음한다. /ɜ/는 /ə/와 대체로 비슷한 혀의 위치인데 /ə/는 이완음이기 때문에 혀에서 긴장을 풀게 되므로 혀의 위치가 내려가게 되어 강세 받지 않는 음절에서 발음된다.

### 1) 중설긴장모음: /ɜ/, /ɝ/

모음 /ɜ/와 /ɝ/는 혀가 약간 입안의 중간 위치로 향하고 뒤로 꼬부리며 발음된다. 혀의 앞부분은 /ɜ/를 발음할 때에 비교적 평평한 상태로 되어 혀를 꼬부리는 정도가 약하여 /r/음색이 없다. /ɜ/와 /ɝ/는 긴장음이고, 강세를 받는 음절에서 소리나는 모음들이다. 두 음은 독립된 다른 음소가 아니고 한 가지 음소의 변이음들이다. 그러므로 개인방언이나 지역방언의 발음 차이일 뿐이다.

| | |
|---|---|
| bird [bɝd] | first [fɝst] |
| serve [sɝv] | earth [ɝθ] |
| heard [hɝd] | girl [gɝl] |
| church [ʧɝʧ] | nurse [nɝs] |
| word [wɝd] | work [wɝk] |
| journey [ʤɝnɪ] | courtesy [kɝtɪsɪ] |

### 2) 중설이완모음: /ə/

중설모음 /ə/는 낱말의 어느 위치에도 올 수 있는 이완음이다. 이 소리의 위치가 입의 중간 부분이라고 볼 수도 있고, 한편으로는 중간 부분 쪽으로 발음된다고도 말할 수 있다. 이렇듯 이 모음의 위치는 불확정적이다. 그래서 일명 애매모음(schwa), 중성모음, 중립모음 등으로 불리기도 하고 또한 강세를 받지 않을 때 이 모음으로 변하는 경우가 많기 때문에 약모음이라고 일컫기도 한다.

| | |
|---|---|
| possible[pɑsəbl] | gentleman[ʤɛntlmən] |
| oblige[əblaɪʤ] | suppose[səpoʊz] |

### 3) 중설모음: /ɚ/

/ɚ/는 강세를 받지 않는 음절에서 나타나는 이완음이다. 그러므로, 혀끝을 약간 꼬부려 긴장을 줄이며 발음해야 한다. 이때, 혀를 꼬부리지 않고 r-음색을 빼면 /ə/가 된다. 중설모음 /ɜ/, /ɝ/, /ɚ/은 사실상 하나의 음소로 간주할 수 있다. /ə/는 다만 뒤에 /r/음이 없는 경우에만 사용되고 /r/이 뒤에 오는 음은 나머지 세 개 /ɜ, ɝ, ɚ/로 표기하되 방언에 따른 이음으로 취급할 수 있기 때문이다.

| | |
|---|---|
| brother[brʌðɚ] | father[fɑðɚ] |
| theater[θí:ətɚ] | doctor[dɑktɚ] |
| actor[æktɚ] | color[kʌlɚ] |
| sugar[ʃʊgɚ] | alter[ɔltɚ] |

### 4) 중설모음: /ʌ/

/ʌ/는 [아]와 [어]의 중간 발음이라 할 수 있는데 [아]에 좀 더 가깝다.

| | |
|---|---|
| sun[sʌn] | dull[dʌl] |
| come[kʌm] | month[mʌnθ] |
| monkey[mʌŋkɪ] | Monday[mʌndeɪ] |
| country[kʌntrɪ] | couple[kʌpl] |

### 5) 중설저이완모음: /a/

/a/는 [아]보다도 혀의 위치가 약간 앞으로 더 나가고, 약간 더 낮은 이완음이다. /a/는 /æ/와 /ɑ/의 중간음이라고 말하는데 /æ/에 좀 더 가깝다. 한국어의 [아]는 약간 긴장된 모음이지만 /a/는 완전 이완음이라는 점에 유의해야 한다. 그러나 /a/는 독립적으로는 잘 쓰이지 않으며, /aɪ/, /aʊ/라는 이중모음의 일부분이 되기 쉽다.

how[haʊ]　　tower[taʊ]　　line[laɪn]　　oblige[əblaɪʤ]

## 4. 후설모음

후설모음(back vowels)은 /u, ʊ, o, ɔ, ɒ, ɑ/이다. /u, o/는 긴장음으로 이중모음의 성격을 띠게 되는데 이것은 전설모음 /i, e/의 경우와 같은 것이다. /ɔ/는 약간 긴장된 소리이며, /ɑ/는 이완음이지만 좀더 길게 발음된다. 후설모음에는 /ɑ/만이 입술이 둥글지 않은 비원순음이고 나머지는 모두 입술 모양을 둥글게 해서 발음하는 원순음들이다. 전설모음의 구별에 있어서는 혀의 높이가 전적으로 중요한 역할을 하였지만 후설모음에 있어서는 입술의 모양도 중요한 역할을 하게 된다.

### 1) 후설고긴장모음: /u/

입술을 오므려 쭉 내밀고 혀의 뒤쪽을 연구개 쪽으로 올리며 혀와 입술에 힘을 주어 내는 긴장음이다. /i/와 함께 영어의 모음 중 가장 높은 혀의 위치에서 발음된다. 실제로 한국어의 [우]보다는 더 긴장된 음으로 혀의 위치가 더 높고 입술도 더욱 오므려 내밀어야 한다.

| | |
|---|---|
| food[fud] | soon[sun] |
| moon[mun] | spoon[spun] |
| do[du] | who[hu] |
| move[muv] | lose[luz] |
| group[grup] | soup[sup] |

### 2) 후설고이완모음: /ʊ/

이 모음은 이완음이고 원순음(rounded)으로 /u/처럼 혀가 위로 올라가고 입천장에 가까이 접근하여 발음되지만 /u/보다 입술모양이 덜 둥글다. 한국어 [우]와 비교했을 때 혀의 위치가 조금 더 낮아진다. [우]와 [으]의 중간쯤 되는 음으로 발음하면 된다. 그러므로 Jones식 표기인 [u:]는 [ʊ]보다 길다는 표시가 아니어서 음의 양적인 것보다 서로 다른 음으로 질적인 차이로 보아야 한다. /ʊ/는 /u/보다 혀의 위치도

낮고 입술도 더 많이 벌어지지만 /u/와 ʊ/의 가장 중요한 차이는 긴장과 이완의 차이이다. /ʊ/는 보통 낱말의 어중에만 온다.

/u/와/ʊ/의 비교

| | |
|---|---|
| put[pʊt] | full[fʊl] |
| wolf[wʊlf] | woman[wʊmən] |
| good[gʊd] | wood[wʊd] |
| fool[ful] | full[fʊl] |
| pool[pul] | pull[pʊl] |
| suit[sut] | soot[sʊt] |

### 3) 후설중모음: /o/

/o/는 후설중모음(mid-back vowel)인데, 긴장음이며 원순음이다. 이 모음은 혀가 뒤쪽으로 당겨지고 턱이 약간 내려가면서 입술이 둥근 상태에서 발음된다. /o/는 보통 이중모음 /oʊ/로 발음되는데 [오]와 유사하지만 입술과 혀의 근육이 약간 더 긴장된다.

| | |
|---|---|
| hope[hoʊp] | only[oʊnlɪ] |
| rogue[roʊg] | coal[koʊl] |
| mould[moʊld] | woe[woʊ] |

### 4) 후설저긴장모음: /ɔ/

/ɔ/는 후설저모음(low-back vowel)인데, 긴장음이며 원순음이다. /o/

보다 입을 더 벌리고 입술은 약간 둥글게 오므린 다음 혀와 입의 뒷부분에 약간 힘을 주어 /오-/라고 할 때 나는 소리와 같다.

| | |
|---|---|
| cord[kɔərd] | horse[hɔərs] |
| sword[sɔərd] | born[bɔərn] |
| jaw[ʤɔː] | yawn[jɔːn] |
| bought[bɔːt] | ought[ɔːt] |

### 5) 후설저모음: /ɑ/

/ɑ/는 후설저모음인데 긴장음이며 비원순음이다. 이 모음은 가장 낮은 후설모음인데, 영어발음 중에서 가장 입을 크게 벌리고 하는 모음으로 [아]를 길게 발음하는 것과 같다. [아]보다 /ɑ/는 훨씬 입 속 깊숙한 곳에서 나오는 음이다. 그리고 보통 길게 발음되는 경향이 있다.

미국영어로는 /ɑr/, /æ/로 발음되는 것이 영국영어에서는 /ɑ/로 발음되는 경향이 있다. ask, past가 미국과 영국에서 각각 /æsk/, /pæst/와 /ɑsk/, /pɑst/로 발음되는 것이다. 또한 미국영어에서는 /ɑ/가 낱말의 어두, 어중에 잘 오지만 어미 끝에서는 좀처럼 오지 않는데 영국영어에서는 어미에도 많이 오게 된다.

| | |
|---|---|
| not[nɑt] | cot[kɑt] |
| father[fɑːðɚ] | farm[fɑːrm] |
| lock[lɑk] | hot[hɑt] |
| heart[hɑrt] | guard[gɑrd] |
| sergeant[sɑrʤənt] | spa[spɑ] |

### 6) 후설저모음: /ɒ/

/ɒ/는 후설저모음인데 원순음이다. 이 모음은 /ɔ/와 /ɑ/의 중간 음으로 /ɔ/를 발음할 때처럼 입술을 둥글게 오므린 채로 아래턱을 될 수 있는 한 아래로 내려서 혀와 입천장의 간격을 /ɔ/보다 좀 넓혀서 내는 음이다. /ɔ/를 발음할 때보다 혀의 오무림이 조금 약해진다.

그러나 일반 미어에 있어서 /ɒ/는 /ɔ/혹은 /ɑ/의 변이음으로, dog, lost, coffee에 있어서는 /ɑ/가 가끔 /ɒ/로 발음된다. 미국의 일부 지방에서는 /ɒ/와 /ɑ/가 별개의 음소로 쓰이고 있으나 일반 미어에서는 이 구분이 없이 모두 /ɑ/로 발음된다. 영국발음에 있어서도 /ɒ/는 변이음으로 쓰이는 경우가 있으므로 외국인으로서 이 발음은 하나의 변이음으로 알아두는 것이 좋겠다.

## 5. 모음의 변별적 자질

모음을 분류하기 위해서는 고음(high), 저음(low), 후설음(back), 이완음(lax), 원순음(round) 등의 특징들이 관찰되어야 한다. 후설과 원순성에 관계된 특징이 되는 요소는 당연히 이분법적으로 분류된다.

주어진 하나의 자질은 두 가지 등급으로 구별될 수가 있기 때문에 고음, 중음, 저음 등의 성질을 구분하기 위해서는 이 두 가지 자질을 함께 사용하여 그 가치를 규정지어야 한다. 따라서 모음의 높낮이에 대한 두 가지 극단적으로 상반되는 특질인 고음과 저음을 독립된 자질로서 선택한다면 기존에 있던 세 가지의 자질은 이분법적 틀 안에서 해석된다.

| | /i/ | /ə/ | /u/ |
|---|---|---|---|
| **Back** | – | + | + |
| **Round** | – | – | + |
| **High** | + | – | + |

위의 도표처럼 가로열은 음소를 나타내고 세로열은 그 음소의 변별적 자질을 나타내는 모형을 통하여 모음의 자질을 표현할 수 있다. 가로열과 세로열이 서로 교차하는 지점에 기입된 '+'나 '-'는 그 음소가 지정된 자질을 소유하고 있는가의 여부를 나타낸다.

## 6. 이중모음

영어에서 이중모음(diphthong)이란 두 모음이 이어지면서 발음되는 것을 말하는데 1음절로 간주한다. 하지만 뒤 모음이 강하게 발음되는 한국어의 이중모음과는 달리 영어의 이중모음은 앞 모음이 강하게 발음된다. 다시 말해 이중모음은 두 개의 모음철자로 이루어져 있지만 거기에서 중심이 되는 음절주음(syllabic)은 강하게 발음되고 음절부음(nonsyllabic)은 약하게 발음된다. 음절부음은 전이음 /j, w, r/이 되는데 전통적으로 이중모음에서는 /ɪ, ʊ/로 각각 표기한다. 음절주음이 앞에 오고 음절부음, 즉 전이음이 뒤에 오는 것을 후전이음(off glide) 또는 하향이중모음(falling diphthong)이라 한다. 반대로 전이음이 앞에 오고 음절주음이 뒤에 오는 것을 전전이음(on-glide) 또는 상승이중모음(rising diphthong)이라 하는데 영어는 거의가 다 하향이중모음이다.

### 1) 이중모음의 특징

이중모음은 실제로는 하나의 핵 모음과 전이음으로 이루어져 있다. 전이음은 기준이 되는 모음에서 시작해서 다른 모음으로 접근해 가면서 나는 소리다. 그러므로 이중모음이란 실제로는 두 모음철자의 결합이라 할 수 있다. 그 예로 pay[peɪ], cow[kaʊ]에 있어서 이중모음은 /e/나 /a/로 시작해서 /ɪ/나 /ʊ/음으로 끝난다. 이러한 이중모음은 두 개의 모음철자로 구성되어 있지만 하나의 음절이다.

#### (1) /aɪ/

/aɪ/는 낱말의 모든 위치에서 나타난다. 즉 ice는 어두에서, mine에서는 어중 위치에, 그리고 fly에서는 어미 위치에 나타나고 있다.

A. i - time[taɪm], write[raɪt], bite[baɪt], climb[klaɪm]
B. y - cry[kraɪ], dry[draɪ], by[baɪ], my[maɪ]
C. igh - high[haɪ], light[laɪt], fight[faɪt], sight[saɪt]
D. eigh - height[haɪt]
E. ie - die[daɪ], lie[laɪ], tried[traɪd], tie[taɪ]
F. ye - dye[daɪ], lye[laɪ], aye[aɪ], eye[aɪ]

#### (2) /eɪ/

A. a - ape[eɪp], late[leɪt], make[meɪk]

B. ay – day[deɪ], may[meɪ], lay[leɪ]

C. ai – waist[weɪst], rail[reɪl], aim[eɪm], rain[reɪn]

D. ei – eight[eɪt], veil[veɪl], weigh[weɪ], rein[reɪn]

E. ey – they[ðeɪ], hey[heɪ]

F. ea – great[greɪt], steak[steɪk], break[breɪk]

(3) /ɔɪ/

/ɔ/는 크고 명확하게 발음하고 /ɪ/는 약하고 짧게 발음하여 보통 완전한 /ɪ/로 발음하지 않는다. 이것은 보통 'oi'나 'oy' 등의 철자로 표현된다.

A. oi – noise[nɔɪz], voice[vɔɪs], boil[bɔɪl], point[pɔɪnt]

B. oy – boy[bɔɪ], toy[tɔɪ], joy[ʤɔɪ], oyster[ɔɪstɚ]

### 2) 후향이중모음

후향이중모음(retracting diphthong)은 음절부음이 후설모음 /ʊ/ 쪽으로 향하는 이중모음인데 /oʊ/와 /aʊ/가 있다.

(1) /aʊ/

/aʊ/는 낱말의 모든 위치에서 나타난다. 즉 out에서는 어두에, bounce에서는 어중에, now에서는 어미에 나타나고 있다. /a/는 크고 명확하게 발음하고 /ʊ/는 작고 짧게 발음하여 혀가 /ʊ/의 위치까지 가지 않고 /o/의 위치 정도에 멈춘다.

A. ou - house[haʊs], sound[saʊnd], out[aʊt], about[əbaʊt]

B. ow - cow[kaʊ], town[taʊn], allow[əlaʊ], how[haʊ]

(2) /oʊ/

/o/는 낱말의 모든 위치에서 나타난다. /o/가 강세를 받고 길어질 때 /oʊ/로 표현되는데 그것은 마치 /e/와 /eɪ/의 관계와 같다.

A. o - so[soʊ], home[hoʊm], old[oʊld], folk[foʊk]

B. oa - oak[oʊk], road[roʊd], foal[foʊl], soap[soʊp]

C. oe - toe[toʊ], foe[foʊ]

D. ou - soul[soʊl], though[ðoʊ]

E. ow - know[noʊ], blow[bloʊ]

### 3) 중향이중모음

중향이중모음(centering diphthong)은 음절부음이 중성모음 /ə/로 향하는 이중모음이다. 기본 이중모음에 포함되어 있지 않으며, 독립된 두 모음의 결합으로 보려는 경향이 있다.

제 11 장

# 음절과 강세

## Syllable and Stress

음절이란 한 낱말이 발음될 때 일어나는 말소리의 흐름을 가르는 발음의 기본단위라 할 수 있다. 음절을 이루는 것은 분절음(segment), 즉 자음이나 모음으로 표시되는 음소(phoneme)들이고, 또한 낱말은 음절로 이루어진다. 그러므로, 흔히 음절을 분절음보다는 크고, 낱말보다는 작은 발음의 한 단위라 부르고 있다. 그러나 부정관사 a(/ə/)의 경우 한 음소가 분절음이 되기도 하고, 낱말도 되며 또한 하나의 음절이 되기도 한다. 그러나 위와 같은 막연한 정의는 옳지 못한 것이다. 이것에 대한 논의는 음절의 특징에서 다시 다루기로 한다. 앞서 개별음소를 기술하였고, 음성적 환경에 따라 음소의 발음이 변하는 변이음규칙 및 음운변화과정을 살펴보았다. 특히 음절과 음절 사이의 경계나 이웃 낱말에 있는 음절의 영향을 받아 기존 음이 변하는 과정을 기술하였는데, 그러한 변화의 과정이나 초분절자질, 즉 강세, 리듬, 억양을 좀 더 정확히 이해하기 위해서는 음절의 특징, 분절법, 음절의 유형 및 자음군의 발음법을 분명히 알아야 한다. 이와 같은 목적으로 본 장에서는 음절에 관한 전반적인 사항을 고찰하기로 한다.

## 1. 음절의 특징

음절(syllable)의 정의에 관한 여러 학설 중에 Stetson(1951)에 의한 흉맥운동의 이론이 있는데, 이 이론에 의하면, 음절을 발음하는 데 있어서 공기흐름의 속도가 가장 큰 음이 음절주음이 되고, 나머지는 음절부음이 된다고 한다. 예를 들어, lightning(번개)과 lightening(조명)의 발음기호는 모두 [laɪtnɪŋ]이지만, lightning을 발음할 때는 [laɪt]-[nɪŋ] 하고 가슴으로부터 공기를 두 번 밀어 올려서 2음절로 발음하고, lightening은 [aɪt]-[n]-[ɪŋ]하고 세 번 공기를 가슴으로부터 밀어 올려서 3음절로 발음한다는 것이다. 그러나 이러한 흉맥운동의 이론에 의한 정의도 완전치 못한 것으로 알려져 있다. 음절에 관한 논의는 여전히 끊이지 않고 있으며, 현재 언어학에서 음절을 새로운 각도로 정의하려는 시도가 있다.

다음은 음절구조(syllabic structure)에 관해 알아보자.

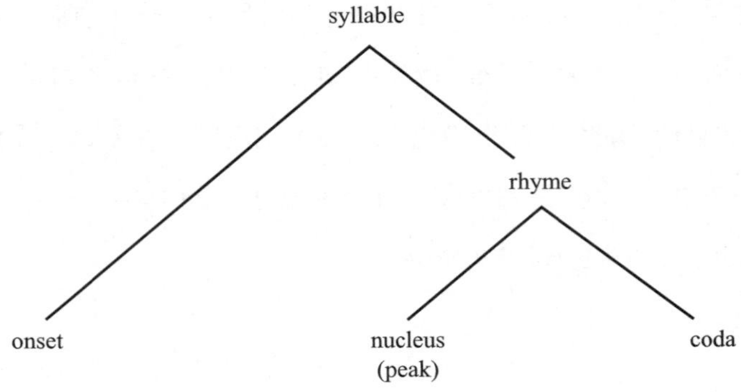


그림 2-7 음절의 구조

음절구조는 크게 두음(onset)과 운모(rhyme)으로 나뉘어지며, 다시 운모는 핵음(nucleus)과 말음(coda)으로 분리된다. 이때 핵음 위치에 정점(peak)이 생기는데 이 자리에 오는 것은 대부분 모음이며 바로 이 모음이 음절주음이 된다.

아직도 음절에 대한 분명한 정의는 없지만 일반적으로 음절이란 발음상의 한 단위, 즉 낱말보다는 작고 분절음보다는 큰 것을 말한다. 이때의 분절음에 대한 이해를 돕기 위해 한 낱말을 예로 들어 본다.

| | |
|---|---|
| advantage | 낱말 1개 |
| ad.van.tage | 음절 3개 |
| [ədvæntɪʤ] | 분절음 8개 |

위에서 낱말은 1개이고 음절은 3개이며 분절음은 8개가 된다. 사전에서는 위와 같은 음절을 나타내기 위해, 음절과 음절사이에 점을 찍

어 표시한다. 이와 같은 음절구조는 음성학적인 관점에서 설명되었는데 음절에 관한 유용한 개념은 공명도에 따른 이해라 하겠다. 즉, 음절이란 공명도(sonority)가 큰 음을 중심으로 이루어지는 음성단위라고 할 수 있을 것이다. 여기서 공명도란 어떤 음들을 동일한 길이와 동일한 강세, 동일한 에너지를 사용하여 발음할 때 비교되는 상대적인 소리의 크기이다. 예를 들어, /a/라는 음과 /g/라는 음을 똑같은 길이, 똑같은 강세로 발음해보면, /a/가 /g/보다 청각적으로 더 멀리, 더 선명하게 들린다. 이때, /a/가 /g/보다 공명도가 크다고 말한다. Otto Jespersen(1909)은 영어에서 음의 공명도의 크기를 8단계로 구분하였는데, Ladefoged(1982)도 Jespersen과 거의 같은 실험결과를 다음과 같이 도표로 제시하였다.

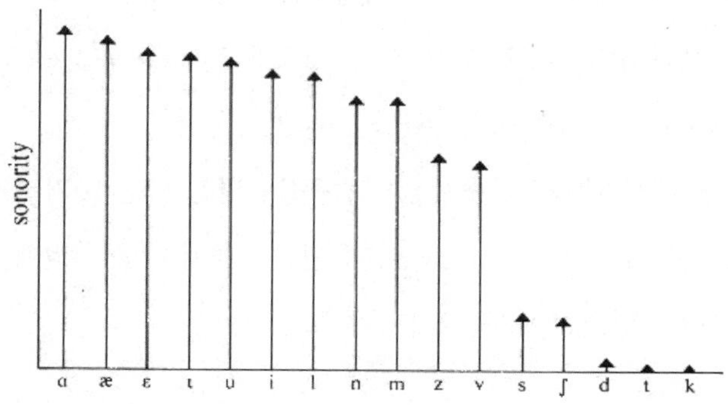


그림 2-8 영어 음의 상대적인 공명도(Ladefoged, 1982, 222)

한편 Otto Jespersen(1909)의 견해에 따르면, 영어 음의 공명도의 크기를 다음과 같이 8단계로 구분한다. 공명도가 큰 순서대로 나열하면 다음과 같다.

8 [æ, a, ɔ]; 개방모음

7 [e, ɛ, ə, ʌ, o]; 반개방 모음

6 [ɪ, i, ʊ, u]; 폐쇄모음 : [j, w]; 반모음

5 [r, l]; 유음

4 [m, n, ŋ]; 비음

3 [v, ð, z, ʒ]; 유성마찰음

2 [b, d, g]; 유성폐쇄음

1 [f, θ, s, ʃ]; 무성마찰음 : [p, t, k]; 무성폐쇄음

## 2. 음절의 유형

음절의 유형은 단순형(simple)과 복합형(complex)으로 나누어지고 다시 개방음절(open syllable)과 폐쇄음절(closed syllable)로 구분될 수 있다. 유형별로 요약하면 〈표 2-3〉과 같다. 모음은 V(Vowel의 첫 자)로, 자음은 C(Consonant의 첫 자)로 표기하였다

〈표 2-3〉에서 알 수 있듯이 영어의 음절유형은 모두 16가지인데 그 중에 단순형이 4가지(v, cv, vc, cvc)이며, 단순형에서 자음 자리에 자음군을 추가하면 복합형이 모두 12가지가 된다.

| 유형 | 음소배열 | | 낱 말(word) | |
|---|---|---|---|---|
| | | | 철자표기 | 음성표기 |
| 단순형 | 개방음절 | v<br>cv | a<br>the | /a/ or /ə/<br>/ðə/ |
| | 폐쇄음절 | vc<br>cvc | eat<br>sit | /it/<br>/sit/ |
| 복합형 | 개방음절 | ccv<br>cccv | tree<br>screw | /tri/<br>/skru/ |
| | 폐쇄음절 | ccvc<br>cccvc<br>vcc<br>cccvcc<br>cvcc<br>ccvcc<br>vccc<br>cvccc<br>ccvccc<br>cccvccc | stood<br>street<br>east<br>splits<br>since<br>friend<br>asks<br>texts<br>spangle<br>strenghts | /stud/<br>/strit/<br>/ist/<br>/splits/<br>/sins/<br>frɛnd/<br>/æsks/<br>/tɛkst/<br>/spæŋgl/<br>/strɛŋəs/ |

표 2-3 영어음절의 유형

## 1) 개방음절과 폐쇄음절

음절 끝이 모음으로 끝나느냐 자음으로 끝나느냐에 따라 개방음절과 폐쇄음절로 나누는 방법이 있다. 개방음절이란 음절이 모음으로 끝나고, 폐쇄음절이란 음절이 자음으로 끝나는 것을 의미한다.

두 종류의 예를 제시하면 다음과 같다.

### (1) 개방음절

| | | |
|---|---|---|
| V | o[ou] | |
| CV | fee[fi] | she[ʃi] |
| CCV | free[fri] | draw[drɔ] |
| CCCV | screw[skru] | spree[spri] |

(2) 폐쇄음절

| | | |
|---|---|---|
| VC | egg[ɛg] | eel[il] |
| CVC | hook[huk] | can[kæn] |
| CCVC | smooth[smuð] | drug[drʌg] |
| VCC | ant[ænt] | inch[intʃ] |
| CVCC | since[sins] | task[tæsk] |
| VCCC | angle[æŋgl] | essence[ɛsns] |
| CVCCC | peoples[piplz] | |
| CVCCCC | texts[tɛksts] | |
| CCVCC | France[fræns] | friend[frɛnd] |
| CCVCCC | twinkle[twiŋkl] | spangle[spæŋgl] |
| CCVCCCC | twinkles[twiŋklz] | |
| CCCVC | scream[skrim] | |
| CCCVCC | splits[splits] | |

## 3. 분절법

음절의 유형에서 알아보았듯이 음절이 되기 위한 최소조건은 적어도 모음이 하나 있어야 한다는 것과 모음을 기준으로 전후에 자음이 최대한 세 개씩 올 수 있다는 것을 배웠다.

그러면 다음절어(polysyllabic word)에서 음절경계를 어떻게 정할 것인가? 이러한 음절경계를 정하는 일은 까다롭기 때문에 신중을 기해야 한다. 이와 같이 2음절어 이상으로 된 낱말에서 음절을 나누는 것을 분절법이라 한다.

### 1) 음성적 분절

#### (1) 이완모음

강세가 이완모음 /ɛ, æ, ə, ʌ, ɪ, ʊ/에 올 때 이러한 모음의 뒤에 오는 자음은 앞으로 붙는다.

| nev-er | cam-e |
|---|---|
| [ɛ] | [æ] |
| wom-an | cit-y |
| [ʊ] | [ɪ] |

이러한 관계를 일명 긴밀접합(close contact)이라 부른다.

#### (2) 긴장모음

일반적으로 긴장모음, 즉 이완 모음을 제외한 모든 모음에 강세가 오면 그 모음의 뒤에 오는 자음은 분리되어 다음 음절에 붙는다.

| pa-per | wa-ter |
|---|---|
| [ei] | [ɔ] |
| o-ver | be-ta |
| [oʊ] | [ei] |

이러한 관계를 해이접합(loose contact)이라 부른다.

### (3) 애매모음 기준

낱말의 첫음절에 강세 받지 않는 [ɪ]나 [ə]가 오면 뒤따르는 자음이 강세 받는 음절로 붙는다.

| | |
|---|---|
| re-ceive | se-vere |
| [ɪ] | [ɪ] |
| a-bout | a-go |
| [ə] | [ə] |

이처럼 모음을 기준으로 자음군의 접합정도에 따라 모음과 자음의 관계가 깊으면 긴밀접합이라 하고, 관계가 멀어지면 해이접합이라 하는데 그것은 모음과 자음의 관계가 끊어짐을 뜻한다. 다시 정리하여 예를 들어보면 다음과 같다.

pres-ent[prɛznt], pre-sent[prizɛnt]의 present를 보면 전자는 명사나 형용사로 쓰이고 후자는 동사로 쓰인다. 또한 전자는 이완모음 /ɛ/가 강세를 받기 때문에 뒤에 오는 자음 s/z/가 앞으로 붙고 후자는 애매모음 /i/가 강세를 받지 않아 뒤에 오는 자음은 뒤 음절에 붙는다. 이러한 설명이 음성적 분절의 좋은 예가 된다.

지금까지 음성을 기준으로 분절하는 기본절차와 규칙을 알아보았는데 이것만으로 모든 낱말을 정확히 분절하기는 어렵다. 따라서 다음에 철자상으로 분절하는 규칙을 제시하기로 한다.

## 2) 철자상의 분절

음성적 분절법은 강세와 모음을 기준으로 음성적인 측면에서 이루어지는 것이고, 이것과 달리 철자상의 분절법은 철자를 기준으로 음절을 분절하는데 주로 형태소(morpheme)가 중요한 구실을 한다. 그러기에 두 방법에서 나온 결과가 일치하지 않는 점도 있다. 다음에 철자상의 분절법에 대한 규칙을 제시하면 다음과 같다.

(1) 복합어는 그 낱말의 구성요소로 분절한다.

| | | |
|---|---|---|
| black-board | green-house | horse-fly |
| class-mate | apple-pie | book-store |

(2) 파생어는 어근으로부터 접사, 즉 접두사나 접미사를 분절한다.

A. 어근-접미사

| | | |
|---|---|---|
| cheap-en | typ-ist | rough-ly |
| thought-ful | teach-er | spook-y |

B. 접두사-어근

| | | |
|---|---|---|
| un-happy | over-come | in-scribe |
| pre-fix | di-vide | en-treat |

C. 접두사-어근-접미사

| | | |
|---|---|---|
| un-health-y | en-tire-ly | en-treat-ment |
| out-pour-ing | in-flec-tion | dis-trust-ful |

(3) 1음절어는 분절하지 않는다. 단 성절자음은 예외로 한다.

strength tongue thought

(4) 1음절의 낱말이 간혹 2음절로도 발음이 가능한 경우가 있는데 만약 2음절로 발음될 수 있으면 분절한다.

may-or pray-er voy-age

(5) 모음사이에 두 자음군이 오면 앞뒤로 나눈다.

car-ry en-tire suc-cess

(6) 모음사이에 세 자음군이 오면 첫 자음은 악센트를 받는 앞음절에 붙인다.

an-gry cas-tle

(7) 성절자음은 앞의 자음을 끌어온다.

bot-tle hap-pen rid-den

단, 성절자음 전후에 모음이 오지 않으면 분절하지 않는다.
ex ) rhythm, prism, chasm

## 4. 자음군의 발음

지금까지 음절의 특징과 음절의 유형, 분절법 그리고 음소배열론에 관해 살펴보았다. 음소결합의 복잡성으로 미루어 보아 실제 일상구어체에서 다양한 음소로 구성된 음절을 발음하기란 쉽지가 않을 것이다. 그러면 자음이 두 개 이상 겹칠 때의 발음법을 알아보기로 한다.

### 1) 3개의 자음군

대개 세 개의 자음군으로 되는 것은 /s/로 시작하는 어두자음군인데 발음에 별로 어려움이 없다. 그러나 어미에서 두 개의 자음이 겹치면 제3의 음이 삽입되어 한 자음에서 다른 자음으로의 전이를 용이하게 해준다. 이 '제3의 음'은 침입자음(instrusive consonant)을 일컫는다. 침입자음이란 두 개 이상의 자음을 발음할 때 조음을 쉽게 할 수 있도록 원래 없던 음이 그 두음 사이에 첨가되는 자음이다. 이런 경우 보통 세 개의 자음이 겹치게 된다. 예를 들어 'dream'이 과거형으로 'dreamt'로 바뀌는데 이때 /m/과 /t/ 사이에 /p/가 삽입되어 세 개의 자음군이 된다. 이런 예로는 /mpt/, /mpf/, /mpθ/, /npθ/, /ŋkθ/, /ltθ/, /lts/ 등이 있다. 다음과 같은 단어를 자연스럽게 읽으면 침입자음이 저절로 삽입되어 세 개의 자음군을 발음하게 된다. 그러나 침입자음이 실제 발음으로 발화되는 경우는 거의 없으며, 발음할 때 침입자음이 있는 것처럼 느낄 수 있다는 뜻이다.

#### (1) 어미자음군 /-mpt/

dreamt /drɛmpt/ attempt /ətɛmpt/

(2) 어미자음군 /-mpf/

triumph /traiʌmpf/ nymph /nimpf/

(3) 어미자음군 /-ntɵ/

seventh /sɛvntɵ/ month /mʌntɵ/

(4) 어미자음군 /-nts/

fence /fɛnts/ dance /dænts/

(5) 어미자음군 /-ŋkɵ/

length /lɛŋkɵ/ strength /strɛŋkɵ/

(6) 어미자음군 /-ltɵ/

wealth /wɛltɵ/ health /hɛltɵ/

(7) 어미자음군 /-lts/

false /fɔlts/ else /ɛlts/

위와 같이 두 자음에 침입자음이 삽입되어 발음되는 경우 /m. n. ŋ, l/과 같은 자음이 오고 그 다음 /t, f, ɵ, s/가 올 때이다. 여기서 침입자음은 폐쇄음 /p, t, k/인데 두 자음의 발음을 용이하게 해주는 교량과 같은 역할을 한다. 삽입되는 자음은 자연스럽게 발음하면서 생겨난다. 그러므로 침입자음을 일부러 발음하려고 해서는 안 된다.

### 2) 4개의 자음군

영어낱말 내에서 자음이 결합될 수 있는 최대의 자음수는 세 개이다. 그러나 어미에 세 개의 자음군을 가진 낱말에 동사의 과거시제어미(-t)나 명사의 복수형 어미(-s) 같은 형태소(morpheme)가 붙으면 네 개가 되므로 실제 자음군을 이룰 수 있는 최대의 자음수는 네 개가 된다. 영어원어민에게도 연속되는 자음을 발음하기란 매우 곤란한데 더구나 외국어로서 영어자음군을 발음하기는 더욱 어렵다. 가장 큰 이유는 영어원어민들도 개인별로 발음법이 각각 다르기 때문일 것이다. 아직 세 개 이상으로 이루어진 자음군을 바르게 읽는 법을 정확히 제시한 안내서가 없다. 그러나 말이란 대다수가 사용하는 대로 따라서 하면 무난할 것이므로 다음의 일반적인 몇 가지 발음법을 나열하고자 한다. 네 개의 자음군은 보통 두 가지로 구분된다.

(1) 어미자음군 + 접미사

A. 3개의자음군 + 1개의 접미사

kst + s: texts /tɛksts/

rst + s: thirsts /θɚsts/

B. 2개의 자음군 + 2개의 접미사

ks + θ + s: sixths /siksθs/

lf + θ + s: twelfths /twɛlfθs/

(2) 어미자음군 + 침입자음 + 접미사

| 〈자음군〉 | 〈예〉 |
|---|---|
| rm[p]- θ | warmth |
| m[p] f-s | nymphs |
| m[p] f-t | triumphed |
| n[t]-θ-s | thousandth |
| ŋ[k]-θ-s | lengths |
| n[t]s-t | danced |
| ŋ[k]-st | amongest |
| l[t]-θ-s | wealths |

위의 예에서 침입자음이 삽입되는 환경을 보면 앞에 오는 음의 조음장소가 양순음이면 침입자음은 양순음 /p/가 되고 치경음이면 치경음 /t/가 되며, 연구개음이면 /k/가 되어 조음장소의 영향을 받고 있다. 그리고 침입자음의 뒤에 오는 자음은 모두 무성음이라는 것을 확인할 수 있다.

### 3) 자음군의 감소

네 개의 자음군의 발음은 다음과 같이 몇 가지의 일반적인 규칙으로 정할 수 있을 것이다.

첫째, 침입자음이 발생하면 그 자음은 발음되고 대신 그 다음의 자음이 생략된다. 특히 그 자음이 /θ/이거나 /t/일 때 더 분명하다.

둘째, 두 /s/ 사이에 오는 /t/나 /k/는 생략될 수 있다. 그대신 /s/가 길어진다.

이 두 가지를 종합하면 일반적으로 자음군 사이에 오는 자음이 생략된다는 것을 알 수 있다. 다음에 든 예문에서 [ ] 안의 음은 침입자음이다.

| 자음군 | 감소된 발음 | 예 |
|---|---|---|
| m[p]fs | mps | They dance around the two nymphs. |
| n[t]θs | nts | I came here two months ago. |
| ŋ[k]θs | ŋks | Two lengths of rope, please. |
| fθs | fs | I need two fifths of a gallon. |
| [t]θs | ts | Three eighths of a point. |
| ksts | ks | We need two texts for linguistics. |
| kst | ks | Where's your textbook? |
| sts | ss | He bruised both his fists. |
| pts | ps | Where are the scripts? |
| kts | ks | He acts like a child. |
| fts | fs | He lifts his eyes to the sky. |
| sks | ss | He always asks first. |

이상과 같이 네 개의 자음군을 한 음절에 포함하여 발음하기란 어렵다. 그렇기 때문에 대개는 네 개의 자음군중 하나를 생략하고 발음하게 된다. 더욱이 한국학생들이 이러한 자음군 발음을 할 때는 더 큰 어려움을 겪게 된다. 왜냐하면 한국어는 음절박자언어(syllable-timed language)이기 때문에 각 음절을 또박또박 발음하는 습관이 있어서 네 개의 자음군을 모두 하나하나씩 발음할 의도로 [으]나 [이]와 같은 필요 없는 모음을 삽입시키려 할 수도 있기 때문이다. 예를 들면 tempts /tɛmpts/를 [템프트스]처럼 네 개의 음절로 발음하게 되면 외국인 어

투를 보이는 우스운 발음이 되고 말 것이다. 이 발음을 한국어로 정확히 표기할 수는 없지만 대략 [템스]로 가능하다.

# 제 12 장

# 리듬

## Sentence-Stress and Rhythm

우리는 일상 구어(spoken language)에서 낱말 단위로 말하는 것이 아니라, 문장 단위나 아니면 구절 단위로 말한다. 그렇기 때문에 낱말 단위에 붙는 강세는 구절이나 문장에서 사용될 때 상대적으로 어떤 음절에서 더 우세하고 또는 덜 우세하게 된다. 이와 같은 구절이나 단위 내의 강약 관계를 리듬이라 한다. 여기서 강약이란 음절이 발음될 때 음의 지속기간, 고저음 및 강도가 상대적으로 길거나, 높거나 또는 강하게 아니면 역현상이 되는 것을 말한다. 음절박자리듬인 한국어를 사용하는 사람이 이처럼 복잡한 강세박자리듬인 영어를 말하거나 읽을 때는 큰 어려움을 겪게 될 것이다.

음절박자리듬(syllable-timed rhythm)은 음절의 강형이나 약형이 없이 각 음절을 또박또박 발음하는 리듬을 말하고 강세박자리듬(stress-timed rhythm)이란 음절박자리듬과 달리 강세 규칙에 따라 어떤 음절을 인접 음절보다 강하거나 약하게 읽어야 하는 리듬을 말하는데 영어가 이런 종류의 리듬을 가진 대표적인 언어가 된다. 그러므로 외국어로써 영어를 공부하는 학습자는 이러한 복잡한 영어의 리듬 특징이나 규칙을 충분히 이해하여야 한다. 영어리듬의 이해를 위해서 본 장에서는 구절 단위의 리듬 패턴, 문장강세, 단음절어의 발음, 의사단락 및 연접에 관해 고찰하기로 한다.

## 1. 구절 단위의 리듬

영어는 다른 언어에서보다 강세음절과 비강세음절 간에 많은 차이점이 있다. 이는 낱말강세뿐만 아니라 구절이나 문장강세(sentence stress)에서도 마찬가지이다. 영어에 있어서, 음절의 리듬을 그림으로 표현한다면, 다양한 크기의 여러 어린이들과 어른으로 구성되어 있는 일련의 가족들의 모임으로 표현할 수 있다. 주기적으로 일정한 간격을 두고 강세(어른의 위치)가 오며 그 사이에는 비강세음절이 하나 또는 셋 이상도 올 수 있다는 것을 보여준다. 이때 강세 사이에 여러 개의 약강세(weak stress: 어린이의 위치)가 오면 그 음절들은 약강세가 하나밖에 없는 음절보다 훨씬 빠르게 발음해야 한다. 일정한 간격으로 강약이 반복되는 이와 같은 패턴이 영어 리듬의 특징이다.

**그림 2-9** 영어의 리듬(Prator & Robinett, 1985, 29)

영시의 예에서, 음절의 수보다 문장강세의 수가 더욱 중요하다. 여기에 Tennyson의 시 중 2행이 나와 있는데, 두 행의 음절수는 차이가 있으나 읽을 때 거의 같은 시간이 걸리게 읽어서 리듬 조화를 이루어야 한다.

"Bréak, bréak, bréak
On thy cóld, gray stónes, O Séa !"

영시의 운율(prosody)을 이해하지 못하고 한국 사람이 위의 두 행을 읽을 때, 아래의 행에 걸리는 시간이 위 행에 걸리는 시간보다 음절수가 많으므로 훨씬 길어질 것이다. 리듬에 맞추어 읽을 때, 비강세음절은 중요하지 않기 때문에, 그 음절들을 세는 것은 필요하지도 않다. 영시의 운율을 충분히 이해하고 있는 어떤 사람이 위의 두 행을 암송할 때, 첫 행은 3음절로 구성되어 있고, 둘째 행은 9음절로 구성되어 있지만, 첫 행을 읽을 때 걸리는 시간은 둘째 행을 읽을 때와 마찬가지의 시간이 걸릴 것이다. 지금부터 영어발음에 관한 중요한 관찰을 하기로 하자.

### 1) 강세의 반복성

강세는 규칙적인 간격을 두고 되풀이되는 경향이 있다. 강세 사이에 비강세음절이 많으면 많을수록 그 음절들은 빨리 발음된다. 이는 산문과 같은 큰 범위에서도 마찬가지이다.

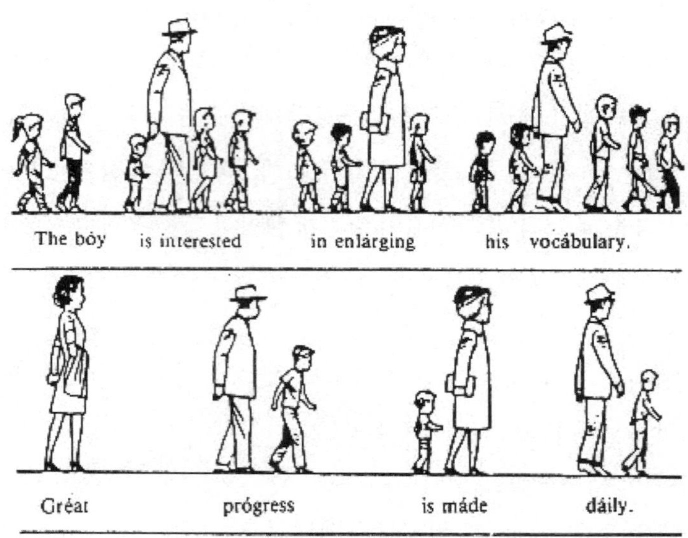


그림 2-10 문장길이에 따른 리듬 비교(Prator & Robinett 1985, 30)

The bóy is ínterested in enlárging his vocábulary.
Gréat prógress is máde dáily.

〈그림 2-10〉의 예문에서 위 문장은 17개의 음절로 구성되어 있고 아래 문장은 7개의 음절로 구성되어 있지만, 두 문장을 읽는 데 걸리는 시간은 거의 같다. 따라서 한국인들이 이러한 문장을 읽으면서 주의를

기울여야 할 것은 강세음절 사이에 있는 여러 개의 비강세음절을 빠른 속도로 읽어야 한다. 그러나 아래 문장에서처럼 첫 음절 great와 둘째 음절 pro-까지는 비강세음절이 없으므로 great를 길게 발음하거나 휴지(pause)를 두어 시간 간격을 자연스럽게 조절함으로써 전체 문장을 읽을 때 부자연스러움이 없어야 한다. 영어 리듬을 효과적으로 습득하기 위해 아래와 같은 다섯 가지 상황을 염두에 두자.

A. 강세음절은 강하게 발음하도록 하라.
B. 비강세음절은 강세음절에 비해 약하게 발음하라.
C. 휴지로 의사단락을 적절히 나눠라.
D. 같은 의사단락 내에 있는 낱말은 모두 붙여 읽자.
E. 전체 문장을 정상적인 억양 패턴에 적합하게 맞추자.

## 2. 문장강세

문장강세(sentence stress)란 문장 내에서 가장 강하게 발음되는 부분을 말하는데 주로 내용어에 문장강세가 주어지게 된다. 왜냐하면, 일반적인 의미의 문장에서는 내용어에 강세가 주어지며, 기능어는 화자가 특별히 주의를 끌려고 하지 않는 한 강세를 받지 않기 때문이다. 내용어(content words)란 mother, forget, tomorrow와 같이 스스로 의미를 가지고 있는 낱말을 말하고, 기능어란 the, of, will과 같이 스스로의 의미보다는 구나 문장 내에서 앞뒤 관계를 맺어주는 기능을 가진 낱말을 가리킨다.

### 1) 강세를 받는 내용어

주로 문장 내에서 강세를 받는 낱말은 다음과 같다.

A. 명사(nouns): University, government, mountain 등

B. 동사(verbs): 조동사 be, have는 제외

C. 형용사(adjectives): pretty, good, impossible 등

D. 부사(adverbs): don't와 같이 축약된 경우, 부사 not과 동사 포함

E. 지시사(demonstratives): this, that, these, those 등

F. 의문사(interrogatives): who, when, why 등

### 2) 강세를 받지 않는 기능어

다음과 같은 문법적인 기능어는 보통 강세를 받지 않는다.

A. 관사(articles): a, an, the

B. 단순전치사(simple prepositions): to, of, in 등

cf) 복합전치사(compound preposition): 명사를 포함하고 있는 것으로서 명사에 강세가 주어진다.(ex. in spite of, instead of 등)

C. 인칭대명사(personal pronouns): I, me, he, him, it 등

D. 소유형용사(possessive adjectives): my, his, your 등

E. 관계대명사(relative pronouns): who, that, which 등

F. 일반접속사(common conjunctions): and, but, that, as, if 등

G. 명사 대체어로서 사용된 one: ex) the red dress and the blue one

H. be, have, do, will, would, shall, should, can, could, may, might, must, 조동사로 사용될 수 있는 동사

위에서 간추린 원칙들을 적용하여 다음 문장에 강세를 부여하였다. 대부분의 경우, 문장에서 어디에 강세를 두어야 하는지를 결정하는 것은 간단한 문제이다.

- I don't imágine you can succéed in a búsiness venture.
  (imagine과 succeed는 내용어인 동사, business venture는 복합명사로 앞 낱말에)
- In an hóur it will be réady to turn óver to you.
  (hour는 명사, ready는 형용사, turn over는 두 낱말 동사구로 부사인 over에)
- Thís réd róse is to be plánted hére.
  (this는 지시사, red는 형용사, rose는 명사, planted는 동사, here는 부사)
- He éats thrée fúll meáls eách dáy.
  (eats는 동사, three, full, each는 형용사, meals와 day는 명사)
- I shall delíver it to you.
  (deliver는 동사)
- She sáys that she líkes the apártment, dóesn't she?
  (say와 likes는 동사, apartment는 명사, doesn't는 〈동사 + 부사〉)

이상은 문장강세의 일반적인 원칙들이다. 이어서 이러한 일반적 원칙에서 벗어나는 경우를 알아보자.

A. 대동사(pro-verb) 또는 대술부(pro-predicate)의 역할을 하는 조동사 및 be동사는 강세를 받는다. 대동사, 대술부는 그 동사나 그

술부의 의미를 전부 포함하고 있기 때문에 실질적으로 내용어와 같은 역할을 하고 있기 때문이다.

ex) She lóved him more than he díd her.

She is táller than I ám.

Can you spéak Énglish?

- Yes, I cán.

- No, I cán't.

B. 부가의문문(tag question)의 조동사 또는 be동사도 일종의 대술부로 쓰인 조동사 또는 be동사이므로 문장강세를 받는다.

ex) You are húngry, áren't you?

John can dó it, cán't he?

대술부 조동사는 다음과 같은 감탄의 대답에서도 찾아볼 수 있다.

ex) A: He lóves you with áll his héart.

B: Dóes he!? 또는 He dóes!?

C. 말하는 사람의 의도에 따라 내용어, 기능어의 구별 없이 그 문장 가운데 어느 낱말이나 특히 강조하기 위해 강세를 줄 수 있다. 이러한 강세를 강조강세(emphatic stress)라고 한다. 기능어인 He, is, my도 강조강세를 받을 수 있다. 이와 같이 강조강세는 화자가 강조하고자 한다면 어떤 낱말에도 올 수 있다. 다음은 강조강세가 내용어에 온 경우이다.

- He is a wónderful mán.
- It's véry goód.
- You had bétter dó it.

D. 'Do'가 명령문에 사용될 때나 동사를 강조할 때 강세를 받는다.

- Dó tell me.
- He dóes understand.
- She díd return.

E. 강조의 재귀대명사는 강조강세를 받는다.

- The kíng himsélf cáme to sée me.
- John wróte the létter himsélf.

F. 강조구문에서 강조되는 말도 강조강세를 받는다.

- It`s yóu that they are loóking for.
- It`s my bróther who neéds it.
- Was it yóu who did thát?

G. 다음과 같이 조동사 또는 약강세를 받는 be동사에 강조강세가 오면 "고집, 주장"을 나타낸다.

- It may snów. ("눈이 올지도 모른다"는 보통 의미)
- It máy snow. ("눈이 올 가능성이 많다"라고 주장)
- Did you atténd? ("참석하셨습니까?" 하고 캐어물음)
- Díd you attend? ("정말 참석하셨습니까?" 하고 캐어물음)
- I am your teácher. ("나는 너의 선생님이다"라는 보통 의미)
- I ám your teacher. ("똑똑히 말해두지만 나는 너의 선생이다")

H. 관사, 전치사, 접속사에도 강조강세가 올 수 있다.

- He is the [ði] man. ("그 사람이야말로 인물이다")
- He ánd his wife (그와 그의 부인까지)

I. 서로 대조, 대비를 이루는 말도 강세를 받는다. 이러한 강세를 대조강세라고 한다. 강조강세의 경우와 같이 대조강세에 있어서도 그 대조강세 때문에 인접한 낱말들의 강세가 변하여 결국 문장 전체의 강세형이 달라진다.

- We say ín the néwspaper, not ón the néwspaper.(in과 on의 대조)

다음과 같이 대조가 되는 말이 그 문장 속에 나타나 있지 않을 때도 있다.

- I don't imágine yóu can succéed in a búsiness venture.(someone else와 대조, 즉 다른 사람이라면 몰라도 너라면 투기사업에서 성공할 수 없다는 것을 나타냄)

J. 리듬을 부드럽게 하기 위하여 강세가 연속해서 올 때 그 중 하나를 비강세로 바꾸고, 비강세가 연속해왔을 때는 그 중 하나를 대강세로 바꾼다. 이렇게 하여 이루어지는 강세를 리듬강세라고 한다. 예를 들어 문장 'He eats three full meals each day.'에서 규칙에 따라 강세를 부여하면 사이사이에 비강세음절이 하나도 없이 여섯 개의 음절에 연속적으로 강세를 받게 된다. 그러나 원어민은 이러한 리듬을 부자연스럽게 느낄 것이며, 따라서 몇 개의 강세를 억제할 것이다.

- He eats thrée full meáls each dáy.

또한 문장 'I shall deliver it to you.'에서 규칙에 따라 강세를 부여하면, 연속된 네 개의 비강세음절로 끝맺게 된다. 따라서 원어민은 내용어인 deliver뿐만 아니라 기능어인 to에도 강세를 주는 것이 더 자연스럽다고 느낀다.

- I shall delíver it tó you.

리듬규칙에서 가장 흔히 일어나는 형태는 네 번째 음절마다 제1강세가 오며 두 번째 음절마다 제2강세가 오는 것인데, 이것이 이상적인 영어 리듬형이다. 영어 리듬 규칙은 음운론에서 다루어지는 문제로 여기서는 다만 기본적인 리듬 패턴만 소개하였다.

## 3. 단음절어의 발음

단음절(mono-syllabic)로 이루어진 비강세 낱말은 가장 보편적으로 나타나는 낱말들이다. 특히 다음 10개의 낱말은 가장 빈번히 사용되는 것들로서, 영어로 말하거나 쓸 때 25%를 차지한다.

the, of, and, to, a, in, that, it, is, I

바꾸어 말하면, 우리가 사용하는 말에서 네 낱말 중 한 낱말은 the, of, and 등이라는 것이다. 강세음절과 비강세음절로 구성된 리듬 패턴은 모음을 약화시키는 현상에 의해 만들어진다. 비강세음절의 모음을 /ə/, /ɪ/, 또는 /ʊ/로 발음함으로써, 그 음절을 약화시켜서 강세 음절과의 대조를 더욱 증가시키는 것이다. 다음절어에서 모음의 약화가 일어나는 것처럼, 단음절어가 문장강세를 받지 않을 때에도 모음의 약화가 일어난다. 이로써 우리는 영어발음에 대한 다음과 같은 관찰을 할 수 있다.

다음절어에서 강세를 받지 않는 모음이 약화되는 것과 마찬가지로 단음절로 구성된 비강세 낱말 대부분에서 모음을 약화시키는 경향이 강하다. 즉 이들을 /ə/, /ɪ/, 또는 /ʊ/로 발음하는 경향이 있다. 그러므로 부정관사 a는 /eɪ/로 발음되는 것이 아니라 대개 /ə/로 발음된다.

in a minute /ɪn ə mínɪt/

단지 몇몇 드문 경우에만 a가 강세를 받아 /eɪ/로 발음된다.

the article "a" /ðɪ ártɪkəl éɪ/

이렇게 단독으로 발음되었을 때나 특별한 강세를 받았을 때의 어형을 강형(strong form)이라 하고, 모음의 질이 약화되었거나 자음이 탈락되었을 경우의 어형을 약형(weak form)이라고 한다.

that의 경우 관계대명사(relative pronoun)나 접속사(conjunction)로서 사용될 때는 약형이 된다.

the word that you want /ðə wɚrd ðət ju wánt/
I know that he will / əɪ nóʊ ðət hi wíəl/

그런데 지시사(demonstrative)로서 사용될 때에는 강세를 받아 /ðæt/으로 발음된다.

the reason for that /ðə rizən fɔr ðæt/

are, can, had, has, have, was와 같은 동사는 대개 약화되지만 문장

강세를 받는 경우에는 명백하게 발음된다. 즉 문장의 끝이나 부가의문문의 경우이다.

- Whó can /kən/ gó?
  - Jóhn cán. /kæn/
- The flags are an /ən/ excellent ideá, áren't /árnt/ they?

can의 경우 축약형 can't에서는 /ə/보다 /æ/로 발음된다.

- I can't tell you. /ɔɪ kænt tɛl ju/

can't tell과 같은 경우에 can't의 /t/가 거의 들리지 않기 때문에 모음 a가 /æ/(can't)로 들리느냐, /ə/(can)로 들리느냐에 따라 긍정인지 부정인지의 여부를 이해하게 된다. 즉, 모음의 약화가 실제적으로 의미에 영향을 줄 수 있는 것이다.

## 4. 영어 강세

영어의 구어에서 어조를 이루는 것은 크게 나누어 강세(stress), 리듬(rhythm), 그리고 억양(intonation)이다. 이것은 영어에 모음이나 자음과 같이 분리될 수 있는 분절음만 가지고는 통제할 수 없는 또 다른 복잡한 음의 요소가 있음을 의미한다. 이처럼 분절음과는 달리 독자적으로 존재하지 못하고, 분절음에 편승하여 문법적인 면을 포함한 다양한 기능으로 의미를 변화시키는 부차적 요소를 운율(prosody), 초분절음

(suprasegment) 또는 초분절 자질(suprasegmental feature)이라고 부른다. 운율은 구어에서 본래의 의미를 정확히 전달하는 데 필수적이다.

초분절 자질 중에서 강세는 조음 활동적인 면, 음향학적인 면, 청각적인 면에서 각각 기술할 수 있다. 조음 활동적인 측면에서 볼 때, 강세 음절은 다른 음절들보다 상대적으로 폐에서 나오는 공기를 강하게 내뿜으며 발음하는 것을 말한다. 음향학적인 측면에서 물리적 원리를 이용해 강세 받는 음절을 측정하면, 강세 받는 음절이 그렇지 않은 음절보다 진폭이 크고 기본주파수가 높으며, 지속시간이 더 길다는 것을 알 수 있다. 그리고 청각적인 측면에서는 강세음절이 피치가 더 높고, 소리가 더 크며, 지속 시간이 더 길어진다.

### 1) 강세와 악센트

강세(stress), 악센트(accent), 그리고 우세(prominence)와 같은 세 가지 용어 사용에 있어서 분류상의 차이는 없으나 용어 사용이 혼란스럽다. 지금까지 강세라는 말이 여러 가지 혼란스러운 방법으로 사용되었다. 때때로 단어나 문장에서 우세를 나타내는 음절들을 단순히 언급하는 데 사용되기도 하였다. 악센트라는 용어는 피치 자질이 뚜렷하게 나타나는 음절을 언급할 때 사용되는데, 그 부분을 우세가 오는 위치라고 한다. 이런 의미로 영어에서는 피치악센트(pitch accent)라는 용어를 사용한다.

이 장에서 용어 사용의 혼란을 피하기 위해 편의상 강세는 단어 내에서 다른 인접 음절보다 운율 자질이 가장 강한 것을 나타내는 데 사용하겠다. 그리고 악센트는 실제 발화에서 실행되는 운율 자질로서 리듬단락에서 가장 강한 운율자질이 나타나는 음절을 표시하는 용어로 사용하겠다. 결과적으로 이 장에서 강세는 단어 단위에서, 그리고 악센트는 비교적 큰 발화 단위에서 보다 강한 운율 자질을 일컫는 것으로 사용하였다.

### 2) 강세의 표기

영어 강세를 설정하는 데 있어서도 학자에 따라 조금씩 차이가 있다. Hockett(1958)는 강세를 / ′, ` , ^ /와 같이 세 종류로 구분하였다. 그러나 Trager & Smith(1951)는 네 종류로 구분하기 때문에 음성 현상을 더 세밀하게 다룰 수 있는 이점이 있어서 후자가 더 널리 수용되고 있다.

Trager & Smith는 강세의 상대적인 차이를 네 단계 / ′, ^ , ` , ˇ / 로 표기하고 다음과 같이 이름을 붙였다.

| | | |
|---|---|---|
| 제1강세 | (Primary Stress) | : / ′ / |
| 제2강세 | (Secondary stress) | : / ^ / |
| 제3강세 | (Tertiary Stress) | : / ` / |
| 약강세 | (Weak Stress) | : / ˇ / 또는 무기호 |

이와 같이 강세를 기술하기 위해 네 종류를 사용하는 것은 다소 학습자에게 부담을 주는 단점이 있다. 그러므로 본 장에서는 제1강세 / ′/, 제2강세 / ^ /, 제3강세 / ` /만을 사용하기로 한다.

강세의 종류는 단어에 오는 단어강세(word stress), 구절 단위에 오는 구강세(phrase stress), 또는 핵강세(nuclear stress), 그리고 문장에 오는 문장

강세(sentence stress)로 구분되기도 한다.

### 3) 파생어의 강세

어근에 파생접사가 붙은 경우는 다음과 같은 강세 유형을 따른다.

A. 접미사 -ee, -eer, -ese, -oo, -oon, -ine, -eem, -een이나, -ette, -esce, -ique, -aire가 붙는 단어는 접미사 그 자체에 제1강세가 온다.

| betwéen | caréer | bambóo | ballóon | machíne |
|---|---|---|---|---|
| uníque | acquiésce | employée | estéem | cigarétte |

B. 접미사 -ience, -iency, -ian, -logy가 붙는 단어는 바로 그 앞의 음절에 제1강세가 온다.

| cónscience | áudience | effíciency |
|---|---|---|
| magícian | ideólogy | phonólogy |

C. 접미사 -tion, -sion, -ity, -ety가 어미에 오는 명사는 바로 그 앞의 음절에 제1강세가 온다.

| actívity | decísion | imitátion | socíety |
|---|---|---|---|

D. 접미사 -ate, -ute, -ude가 붙는 단어는 끝에서 셋째 음절에 제1강세가 온다.

| dédicate | commúnicate | índicate |
|---|---|---|
| ínstitute | cónstitute | látitude |

E. 접미사 -ic, -ics, -ical, -ual, -eous, -ial이 붙는 형용사는 바로 그 앞의 음절에 제1강세가 오는 경우가 많다.

| | | | |
|---|---|---|---|
| **repúblic** | **sénsual** | **médical** | **chémical** |
| **cóurteous** | **précious** | **prévious** | **spécial** |

F. 어근 every-, any-, some-, no-, by-, down- 등이 다른 어근과 연결되어 한 단어가 될 때는 앞 어근에 제1강세가 온다.

| | | |
|---|---|---|
| **ányone** | **býproduct** | **éverybody** |
| **sómehow** | **nówhere** | **dównfall** |

G. 접두사 fore-, out-, over-, up-, co-, anti-, ex-, post-, pre- 등이 붙는 단어도 첫 음절에 제1강가 온다.

| | | |
|---|---|---|
| **fóresight** | **óutline** | **óvercoat** |
| **cóeducation** | **póstwar** | **préwar** |

### 4) 복합어의 강세

두 단어의 연속을 구로 보아야 하느냐, 복합어로 보아야 하느냐를 결정하는 기준은 강세에 달려 있다. 복합어의 강세형에는 /ˊ+ ˋ/, /ˊ + ˆ/, /ˋ +ˊ/ 등이 있으며 대개 복합어를 명사 복합어, 동사 복합어, 형용사 복합어로 나눈다. 단순한 구와 복합어 사이에는 강세의 위치가 다를 뿐 아니라 의미도 달라진다. 복합어의 강세 종류와 해당하는 구와의 관계를 비교하기로 한다.

(1) 명사 복합어

**A. /′+ ` /(제1강세 + 제3강세)**

복합어 명사를 만드는 경우는 '형용사 + 명사', '현재분사 + 명사', 그리고 '명사 + 명사' 등과 같은 유형이 있다.

a. '형용사 + 명사'형

명사 복합어와 명사구를 비교 설명하면 다음과 같다. 형용사와 명사가 명사구를 이룰 때는 다음의 / ^ + ′/형과 같이 '제2강세 + 제1강세형'이 된다.

| 명사 복합어(형+명) | 명사구 |
|---|---|
| a bláckbòard(칠판) | a blâck bóard(검은 판자) |
| a gréenhòuse(온실) | a grêen hóuse(푸른 집) |
| a dárkròom(암실) | a dârk róom(어두운 방) |
| a nóblemàn(귀족) | a nôble mán(고상한 사람) |
| a bláckbìrd(찌르레기 새) | a blâck bírd(검은 새) |
| Énglish tèacher(영어 선생님) | Ênglish téacher(영국인 선생님) |
| a mád dòctor(정신과 의사) | a mâd dóctor(미친 의사) |
| a líght hòuse(등대) | a líght hóuse(밝은 집) |

b. '현재분사 + 명사'형

'현재분사 + 명사'형도 두 가지로 구분되는데 명사 복합어가 되면 /′+ ` /형이 되고 명사구가 되면 / ^ + ′/형이 된다.

| 명사 복합어(현 · 분+명) | 명사구(현 · 분+명) |
|---|---|
| a dáncing gìrl(직업적인 무희) | a dâncing gírl(춤추고있는 소녀) |
| a móving vàn(이사용 짐차) | a môving ván(움직이는 짐차) |
| a sínging tèacher(음악 선생) | a sînging téacher(노래부르는 선생) |

c. '명사 + 명사'형

'명사 + 명사'와 같이 두 개의 명사가 나란히 올 때 앞의 명사가 형용사 기능을 하여 뒤의 명사를 꾸미게 되는데, 이러한 경우 명사구가 '형용사 + 명사'의 강세형인 / ^ + ′/형이 된다.

| 명사 복합어(명+명) | 명사구 |
|---|---|
| a lády dòctor(부인과 의사) | a lâdy dóctor(여의사) |
| a tóy càr(장난감을 운반하는 차) | a tôy cár(장난감 차) |
| a bríck yàrd(벽돌 제조장) | a brîck yárd(벽돌을 깐 정원) |
| a gláss càse(유리를 넣는 상자) | a glâss cáse(유리로 만든 상자) |

d. '동사 + 부사'형

'동사 + 부사'는 보통은 동사구이지만 명사 복합어가 되는 경우가 있다. 이때도 마찬가지로 명사 복합어 강세형 / ′+ ` /형을 취하고, 동사구가 되면 / ^ + ′/형이 된다.

| 명사 복합어(동+부) | 동사구(동+부) |
|---|---|
| píckùp(소형 트럭) | pîck úp(집어 들다) |
| hóldùp(강탈) | hôld úp(치켜들다) |
| fállòut(낙하물) | fâll óut(밖으로 떨어지다) |

### (2) 동사 복합어

'동사 + 부사'가 동사 복합어가 될 때는 / ˋ + ˊ/형이 되어 특수한 뜻이 되고, 동사와 부사가 각기 자기 본래의 뜻을 강조하게 되면 '동사+부사' 가 되어 / ^ + ˊ/형이 된다.

| / ˋ + ˊ/ | /^ + ˊ/ |
|---|---|
| brìng úp(양육하다) | brîng úp(들어올리다) |
| lòok óver(조사하다) | lôok óver(바라보다) |
| stànd úp(오래 지속하다) | stând úp(일어서다) |
| càll úp(소환하다) | câll úp(위를 향해 소리치다) |
| tàke óver(인계하다) | tâke óver(너머로 가지고 가다) |

### (3) 형용사 복합어

두 단어가 모여 하나의 형용사의 구실을 할 때 강세형은 동일할지라도 앞에 나오는 단어는 명사와 형용사로 나누어볼 수 있다.

#### A. / ˊ + ˋ /형: **'명사+현재분사', '명사+과거분사', '명사+형용사'**

| **명사 + 현재분사** | **명사 + 과거분사** |
|---|---|
| bréath tàking(황홀한) | hóme màde(집에서 만든) |
| éarth shàking(매우 중요한) | héart bròken(슬픔에 잠긴) |
| éye càtching(남의 주목을 끄는) | blóod thìrsty(잔인한) |

#### B. / ˊ + ˋ /형: **'형용사+과거분사'의 경우**

| cléar-hèaded<br>(두뇌가 명석한) | fúnny-shàped<br>(우스운 형태의) | nèar-sìghted<br>(근시의) |
|---|---|---|

지금까지 두 단어가 결합되어 명사 복합어가 될 때 강세가 어떻게 변하는지 명사구와 명사 복합어와의 차이를 통해 알아보았다. 영어의 강세규칙은 매우 복잡하므로 모든 것을 다 제시할 수 없어서 기본이 되는 것만 요약하였다. 다음은 생성음운규칙을 적용한 단순단어 강세, 파생어 강세 및 핵강세에 대한 규칙을 알아보겠다.

## 5. 의사단락

보통 휴지를 사용하여 긴 문장을 끊어서 발음하는데, 끊는 단위를 의사단락(thought group)이라 할 수 있다. 휴지란 연속되는 발음이 잠깐 그치는 것을 말하는데 여기서는 휴지의 위치에 사선(/)을 사용하기로 한다. 휴지가 일어나는 경우는 대체로 다음 3가지이다.

A. 의미를 분명히 하기 위해서

When the wind blows / the waves run high.

B. 특정 부분을 강조하기 위해서

Frankly, / I'm disappointed in you.

C. 호흡조절을 하기 위해서

이처럼 휴지는 말하는 사람, 강조하고자 하는 점, 호흡 길이, 또는 말하는 방식에 따라서 달라진다.

### 1) 연결단위

연결은 의사단락과 깊이 관련이 있는데 보통 다음과 같은 경우에는 붙여서 말하거나 읽어야 한다.

(1) 관사 + 명사 (the desk)

(2) 형용사 + 명사 (beautiful scenery)

(3) 조동사 + 본동사 (have arrived)

(4) 전치사 + 명사 (to him)

(5) 부사 + 형용사 (very good)

(6) 대명사(주어) + 동사 (I went)

(7) 동사 + 목적어 (like her)

다시 말하면 말을 할 때 위와 같은 두 부분을 결합하여 사용하여야 한다. 그러나 특별한 강조를 하기 위해서는 예외가 될 수 있다.

이와 같이 서로 밀접하게 연결되어 있는 최소 어군을 의미단락(sense group)이라고 하는데, 의사단락은 이 의미단락을 기초로 하여 구성된다. 각 의미단락은 최소 의사단락이라고 볼 수 있다. 그러나 하나의 의미단락이 한 의사단락이 되는 경우는 많지 않다. 다음은 최소 의사단락으로 구분해 본 것이다.

It is not strange / that chlorophyll / has been called / green blood. This substance / is carried about / in little green discs / which, / like the corpuscles of our blood, / can move about / just as if they had / a life of their own. If the sun / is too strong, / they can turn /

their edges / toward it, / or sink / to the bottom / of the cells. When there is little sun, / they may rise / to the top of the cells / to make the most / of the light

물론 아무도 이와 같이 자주 휴지를 두어 말하거나 읽지 않을 것이다. 이처럼 너무 자주 휴지를 두는 것은 부자연스럽게 들릴 뿐만 아니라 불쾌하게까지 들린다. 그러나 너무 드물게 휴지를 두면 문맥이 흐려지고, 말하는데 숨이 차서 역시 듣기에 불편하고 부자연스러울 것이다. 말하는 내용이 글로 쓰여 있을 때는 그 글의 구두점(punctuation)이 대체로 휴지의 위치를 나타낸다고 할 수 있다. 구두점에 휴지가 오는 경우의 예를 들어보자.

- The storekeeper says / the clerk is a fool.
  (주인은 점원이 바보라고 말한다.)
- The storekeeper, / says the clerk, / is a fool.
  (점원은 주인이 바보라고 말한다.)

위의 두 문장은 휴지의 차이로 뜻이 달라진다.

### 2) 휴지의 위치

다음은 휴지의 위치에 대한 일반적인 원칙이다.

#### (1) 긴 주부의 뒤

The girl you saw in the church Sunday / was my sister.

The professor and the three students / went to the concert.

(2) 긴 목적어의 앞

I don't know / how long he's been away.

The father gave his son / a very good present.

(3) 절과 절 사이

He gets up very early in the morning / and goes to school by train.

When she saw me, / her face burned red with anger.

(4) 강조하는 말의 앞뒤

• He declares / that he likes / snakes.

cf) He declares / that he likes snakes.

• I don't think / he / can succeed in his job.

cf) I don't think / he can succeed in his job.

(5) 삽입어구의 앞뒤(접속사 that 뒤에 온 경우는 제외)

Punctuation, / like other matters, / should be governed by common sense.

Attention must / at the same time / be given to the fact / that we are now in a crisis.

(6) 병렬된 동일 품사의 단어 사이

He gave me food, / clothing, / shelter / and faith.

Spring, / summer, / autumn, / and winter

(7) 생략된 단어의 자리

To err is human, / to forgive / drivine.

He went there to speak, / you / to listen.

의사단락 내에서 단어와 음절들은 단독적으로 따로 발음되지 않는다. 끊어짐 없이 부드럽게 연결되어, 마치 하나의 긴 단어처럼 연결하여 발음하도록 해야 한다. 영어에 있어서 각 의사단락 내의 연결 현상은 매우 밀접하여 영어를 모르는 사람들은 원어민들이 말하는 영어를 듣고 각 낱말의 한계를 거의 식별하지 못한다. 한 의사단락 내에서는 모든 단어가 한 덩어리가 되어 조금도 중간에 틈을 두지 않고 발음되어 가며, 한 음이 조음되고 있는 동안에도 각 조음기관은 다음 음의 조음 위치로 벌써 옮겨가기 시작한다. 이러한 의사단락 내의 연결 현상은 자연스럽고 유창한 영어를 하는 데 꼭 필요하며, 외국 학생으로서 영어를 습득하는 데 가장 어려운 부분에 속한다. 외국 학생 중에서도 특히 모국어가 음절박자인 학생들은 의사단락을 한 단위로 발음하는 것이 아니라 각 단어를 또박또박 끊어서 발음하려는 경향이 있을 것이다. 그들은 당연히 한 의사단락으로 발음되어야 할 'I don't think so'를 '/əɪ doʊntə θɪŋkə soʊ/'와 같이 자음으로 끝나는 낱말 뒤에 약모음 /ə/(으)를 넣어서, 각 낱말을 구분하여 발음하려는 그릇된 노력을 하기 쉽다.

그러므로 필요 없는 모음을 삽입하지 않도록 주의가 필요하다.

## 6. 연접

연접(juncture)은 말의 단절을 나타내는 기능을 하는데 두 낱말이 결합되어 빨리 발음될 때 유사한 음이 여러 가지 있을 수 있기 때문에 의미를 혼동하기 쉬운 경우가 있다. 이것을 구분하기 위해 낱말 사이나 구절 단위 사이에 특별 부호를 사용하여 경계표시를 한다.

연접의 종류는 다음과 같이 네 가지로 나눈다.

내개연접 (internal open juncture): /+/
지속말미연접 (sustained terminal): /I/
상승말미연접 (rising terminal juncture): /II/
하강말미연접 (falling terminal juncture): /#/

### 1) 내개연접

한국어에서도 "강아지 가방에 들어간다"와 "강아지가 방에 들어간다"를 빠른 속도로 말할 때 그 의미 차이를 혼동하기 쉽다. 그러므로 연접을 사용하면 뜻이 분명해진다. 위에서 '가'를 어디에 속하게 하느냐에 따라 뜻이 달라진다. 또한 'I scream'과 'Ice cream'에서도 /s/가 어디에 붙느냐에 따라 뜻이 달라진다. 다음의 예에서도 연접을 설명할 수 있다.

A. night rate [naɪt reɪt]

B. nitrate [naɪtreɪt]

a에서는 /t/와 /r/ 사이에 내개연접(internal open juncture)이 오나 b에서는 연접이 오지 않는다. 이처럼 내개연접이 오지 않는 경우를 내폐연접(internal close juncture)이라고 부른다. 내개연접이 그 인접해 있는 음에 다음과 같이 세 가지 영향을 주기 때문에 구별하기가 용이하다.

(1) 앞의 낱말 종성을 좀더 길게 발음한다.

That's + cool 〉 That + school

(2) 뒤 낱말의 초성이 무성폐쇄음이면 기음을 내게 한다.

Ice + cream　　I + scream

[$k^h$]　　[k]

(3) 뒤따르는 낱말의 초성에 모음이 오면 그 모음 앞에 성문폐쇄음 [ʔ]을 삽입시킨다.

a name [əneɪm]　an aim [ən ʔeɪm]

이상은 내개연접이 휴지로서의 특징보다는 인접한 음에 다른 영향을 주어 낱말 경계를 알아차리기 쉽게 하는 방법이다.

### 2) 말미연접

내개연접은 한 단어 내에서 또는 구(phrase) 내에서의 의미변화를 주는 짧은 휴지이지만, 3개의 말미연접(terminal juncture)은 보통 절이나 문장단위로 하나씩 오며 그 절이나 문장의 끝에 온다. 다음에서 /ʃiz+goʊɪŋ/이라는 말이 3가지의 말미연접으로 발음된다.

A. She's going. /ʃiz+góʊĭŋ #/
B. She's going? /ʃiz+góʊĭŋ II/
C. She's going, (but he isn't.) /ʃiz+góʊĭŋ I/

A는 서술문으로 하강말미연접(falling terminal juncture #)으로 끝나고, B는 의문문으로 상승말미연접(rising terminal juncture)으로 끝나고, C는 아직 말이 끝나지 않은 것을 의미하는 지속말미연접(sustained terminal juncture)으로 된다.

A의 뜻은 '그녀가 가고 있는 중입니다.', B의 뜻은 '그녀가 가고 있다고?', C의 뜻은 '그녀는 가고 있지만…' 이다.

말미연접 표기 /#, II, I/를 각각 /↓,↑,→/로 표기하기도 하는데 후자는 시각적 효과가 있다. 그리고 /+, I, II, #/를 각각 그 기호의 이름을 따서 plus, single-bar, double-bar, double-cross juncture라고 부른다.

### 3) 내개연접과 말미연접 비교

다음과 같이 수식어구의 문법적인 관계에는 차이가 있다. 내개연접은 직접적인 수식관계를, 그리고 말미연접은 수식관계가 좀 약한 것을 나타낸다.

(1) 형용사와 명사 관계

A. Long pencils + and pens.

B. Long pencils I(II) and pens.

A문장의 내개연접인 +은 형용사 long이 pencils나 또는 pencils와 pens를 둘 다 꾸민다. 반면 B에서 형용사는 pencils만 꾸민다.

(2) 부사와 형용사 관계

A. Very beautiful + and sweet apples

B. Very beautiful I(II) and sweet apples

부사 very가 A에서는 beautiful 또는 형용사 두 개 모두를 꾸미고 B에서는 앞 형용사 beautiful만 꾸민다.

(3) 명사구와 분사구문 관계

A. We saw some children + and some dogs running around.

B. We saw some children I(II) and some dogs running around.

분사구 running around는 A문장에서 some dogs 또는 some chilren까지도 꾸미지만, B문장에서는 some dogs만 꾸민다.

지금까지 본 장에서는 구절 단위의 리듬 특징과 문장강세, 단음절어의 발음, 의사단락 및 연접에 관해 살펴보았다. 초분절 자질을 강세, 리듬 그리고 억양으로 나누어 따로 기술하기는 경계가 분명하지 않아 어려움이 많다. 이 세 가지 요소는 서로 밀접한 관계가 있기 때문에 어떤 부분은 서로 겹칠 수도 있다.

강세와 본 장의 리듬은 실제적인 발화(utterance)에서 나타나는 억양의 일부 요소라고도 할 수 있는데 가장 기본이 되는 낱말 단위의 강세 그리고 구절 단위에서 주기적으로 일어나는 강약 패턴이 합쳐져서 억양으로 표현되는 것이다.

# Part 3

## Understanding of the English History

제1부에서는 실용적인 면에서의 영어의 이해, 제2부에서는 영어음성학을 중심으로 한 영어학의 개념을 통해 영어의 이해에 접근하고자 시도해보았다. 이제 제3부에서는 영어의 역사를 통해 영어의 이해를 돕고자 한다.

# 영어의 유래

## The History of the English Language

다른 생명체와 마찬가지로 언어도 변화한다. 언어가 변화하지 않는다면 그 언어는 이미 사용되지 않는 것으로, 이를 '사어'(dead language)라고 부를 수 있다. 따라서 언어의 변화는 언어의 정상적인 모습이며 언어에 따라 변화하는 모습도 다를 것이다. 그러나 우리는 언어의 한 가운데에 존재하기 때문에 언어의 변화를 곧 인식할 수 없으며, 한 시대가 지난 후에야 비로소 언어의 변화를 인식할 수 있게 된다. 구체적으로 언어에서의 변화는 그 어휘에서 가장 쉽게 찾을 수 있다. 오래된 어휘가 없어지고 새로운 어휘가 생겨나며, 현존하는 어휘는 그 의미가 변질되는 것이다.

고대영어 어휘의 약 85%가 현재 사용되지 않고 있으며 Shakespeare

시대의 어휘 nice가 foolish의 의미로 사용되었음을 보더라도 어휘의 변화가 상당했으리라는 것을 짐작할 수 있을 것이다.

그렇다면 영어의 역사는 어떠하였으며, 그것은 영국과 어떤 관계에 있는 것일까? 이러한 질문에 대하여 영어의 역사는 영국의 역사와 밀접한 관계가 있음을 먼저 알아야 할 것이다. 구체적으로 449년경부터 시작된 고대영어의 시기는 북유럽의 게르만족인 앵글스족과 색슨족, 그리고 쥬트족이 영국에 들어온 시기를 말하며 중세영어의 시작이라고 말하는 1066년의 시기도 결과적으로는 프랑스지방의 Willam이 영국을 침략한 시기임을 생각한다면 영국의 역사가 곧 영어의 역사임을 알 수 있을 것이다. 본 장에서는 이러한 점에 착안하여 현재의 영어의 모습이 갖춰지기까지의 과정을 통시적으로 설명하고자 한다.

## 1. 영어발달사를 공부하는 이유

언어는 우리 인간의 고유한 능력이다. 그 능력의 표현인 실제 언어들을 연구함으로써만이 우리는 그 기저의 능력을 알 수 있다. 언어연구의 한 이유는 우리 자신을 발견하고 우리들을 인간으로 만드는 것이 무엇인가를 찾아 내는 데 있다. 그러한 언어연구의 좋은 접근법의 한 가지는 역사적으로 접근하는 방법이다.(A good approach to studying language is the historical one.) 만일 우리가 어떤 사람의 행동을 이해하고자 하는 심리학자라면, 우리는 그 사람의 가문과 성장과정을 이해해야 하는 것과 똑같은 이치이다.(If we are psychologists who want to understand a person's behavior, we must know something about that person's origins and development. The same is true of a language.)

구체적으로 말하자면, 현재의 영어에 존재하는 많은 불규칙적인 사항들을 이해하기 위하여 영어의 역사를 연구할 필요가 있다. 즉, 오늘날 영어의 불규칙성이 과거에는 아주 규칙적이었다는 것을 영어사를 공부함으로써 이해할 수 있다. 예를 들어 man-men, mouse-mice, goose-geese, ox-oxen과 같은 불규칙적인 명사의 복수형태들은 역사적으로 고찰해보면 설명할 수 있게 된다. 또한 현대영어의 철자의 불규칙성을 영어의 역사를 통해서만 이해할 수 있게 된다. 영어에서 fish는 ghoti(gh as in enough, o as in women, and ti as in nation)로 철자될 수 있다고 한 George Bernard Shaw의 철자법에 대한 농담이, 현대영어 철자의 불규칙성을 은유적으로 표현하기 위해서, 자주 인용된다.

또한 영어사에 대한 지식은 초기에 쓰인 문학 또는 최근에 쓰인 문학을 이해하는 데 도움을 줄 수 있다.

## 2. 현대영어의 일반적 특징

오늘날의 영어는 같은 게르만 계통의 언어인 독일어에 비해서 발음뿐만 아니라 굴절의 측면에서 보더라도 아주 다른 모습을 보이고 있음을 알 수 있다. 물론 정치, 경제, 사회, 문화, 학문적인 이유 때문에 영어가 널리 사용되고 있지만 영어라는 언어가 본질적으로 가지고 있는 특성이 많은 사람의 마음을 끄는 것도 사실이다. 그렇다면 영어에 있는 특성은 무엇일까?

첫 번째 특성은 **이질적 요소의 수용과 적응**이다. 영어는 세계의 여러 곳의 언어의 장점과 어휘들을 취하여 영어의 새로운 요소로 만들었다. 앵글로색슨족이 5세기와 6세기에 영국을 정복했을 당시에는 영어에는 외래요소가 섞이지 않는 순수한 언어였다. 그러나 오늘날의 영어는 그 역사를 통하여 많은 외래요소를 받아들여 그들을 동화시켰으므로 가장 혼합된 언어 중의 하나가 된 것이다. 영어는 어휘가 풍부한 반면에 다양하고 이질적이다. 또한 새로운 요소를 수용함으로써 세계각지에서 적절한 표현수단으로 사용되고 있다.

두 번째의 특성은 **굴절의 단순화**이다. 유럽의 여러 언어 중에서 영어는 굴절의 소실이 가장 심하다. 그 결과 영어의 문장에서는 어미에 의해서 단어 간의 문법적인 관계가 거의 나타나지 않게 되었으며 따라서 어순이 중요한 언어가 되었다. 오늘날 영어와 동족어인 독일어만 하더라도 많은 굴절을 하고 있음을 발견할 수 있다. 그러나 영어에서는 굴절이 많이 줄어들어서 명사의 굴절은 복수와 소유격표시로 줄어들었다. 한편 형용사의 경우에는 비교급과 최상급의 표시만이 남아 있으며 동사는 인칭어미가 소실되었다. 따라서 오늘날 남아있는 영어의 굴절은 인칭대명사의 굴절이 거의 전부인 셈이다.

세 번째의 특성은 **어순의 고정**이다. 이는 굴절의 단순화와 밀접한 연관을 갖는다. 영어에서는 굴절이 많이 소실되었기 때문에 단어와 단어의 문법적 관계가 형태에 의해서 표시되지 않고 어순에 의해서 결정되므로 어순이 고정되게 된 것이다. 이 외에도 현대영어에서는 전치사의 사용이 증가하였는데 그 이유는 굴절의 소실을 대신하기 위한 방편인 것이다.

이러한 특성들이 반드시 장점들이라고 말할 수는 없다. 물론 영어의 성공에 기여한 특성으로는 이질적 요소의 수용과 굴절의 단순화이다. 그러나 그 이면에는 어휘의 풍부함과 이질성으로 인하여 영어가 모호해지고 명확성이 부족한 점이 있다는 지적도 간과할 수 없다. 이러한 이유 때문에 영어를 잘 사용하기란 무척 어렵다.

## 3. 언어의 계통

### 1) 동족어

한 조상언어(a parent language)로부터 분화에 의해서 친족관계를 맺게 되는 언어들을 동족어(cognate languages)라 하고 이러한 언어들의 무리를 어족(a family of language)이라고 한다. 다음의 예문을 통해서 영어와 독일어의 비슷한 단어들을 살펴봄으로써 영어와 독일어가 동족어임을 확인하도록 하자. 일반적으로 언어에 유사한 특성이 있다는 것은 동족어이거나 차용어라고 볼 수 있다.

A. 명사

Vater(=father), Mutter(=mother),
Bruder(=brother), Haus(=house),
See(=sea), Land(=land),
Arm(=arm), Freund(=friend)

B. 동사

singen(=to sing), bringen(=to bring),
fallen(=to fall), schlafen(=to sleep),

haben(=to have), hören(=to hear),

sitzen(=to sit), helfen(=to help)

C. 형용사

grün(=green), gut(=good), hart(=hard), warm(=warm),

kalt(=cold), blind(=blind), freundlich(=friendly), jung(=young)

이 단어들은 비교적 독일어와 영어의 모양이 비슷한 것들이다. 만일 낱말어두위치에서는 독일어의 /t/가 영어의 /d/에 해당한다든지, 또는 모음 사이에 위치하는 독일어의 /s/는 영어의 /t/에 해당한다는 등의 연관성을 이해하고 있다면 아마도 두 언어 사이에서 더 많은 예문들을 찾아낼 수 있을 것이다. 첫 번째 설명에 해당되는 낱말로는 trinken(=to drink), Tag(=day), Tochter(=daughter) 등을 들 수 있고, 두 번째 설명의 예로는 essen(= eat), Wasser(= water), besser(= better) 등의 낱말들을 들 수 있을 것이다.

그러면 영어와 독일어 사이에는 왜 유사한 단어들의 짝이 많을까? 그것은 영어와 독일어는 본래 게르만어라는 동족어이기 때문이다. 우리가 서로 다른 두 언어 사이에서 이러한 동족어 관계를 밝혀내는 중요한 기준은 그것이 기본어휘여야 한다는 점이다. 기본어휘에는 일상생활에서 기본적으로 요구되는 '팔', '다리' 등 우리 신체의 이름들과 '해', '달', '별', '바람', '비' 등 삼라만상과 관련된 것들, 그리고 '아버지', '어머니' 등 가족 관계를 나타내는 말들을 들 수 있다. 또한 '하나'에서 '열'까지의 숫자나  일상적인 생활을 위해 필요한 동사들(예: '먹다', '마시다', '자다' 등)도 기본어휘에 속하는데 이러한 단어들을 기본어휘로 삼는 이유는 이 단어들은 인간이 생존하기 위해서 없어서는 안 될 단어들이기 때문이다.

19세기 언어학을 비교언어학(역사언어학)이라고 부르는데, 이 학문의 주된 목적은 언어들 상호 간의 친족관계를 밝히는 것이었다. 한편 이러한 연구의 주축은 독일학자들에 의해서 형성되었는데, 이 연구에 의해서 현재의 스페인에서 인도에 이르는 광활한 지역의 수많은 언어들이, 몇몇 언어들(터키어, 헝가리어, 핀란드어)을 제외하고는, 모두 원시인구어라는 하나의 공통조어(parent language)에서 출발했다는 사실이 밝혀지게 되었다.

### 2) 원시인구어

약 200년 전에 처음 제기되었고, 지금도 많은 언어들의 증거에 의해 뒷받침되고 있는 견해가 있다. 그 견해에 따르면, 지금은 사용되지 않는(no longer spoken) 하나의 언어가 한때 있었는데 이 언어가 언어 사용자들이 이동하여 들어간 세계의 여러 지역에서 서로 다른 방향으로 발전해 나갔다는 것이다. 지금은 사어가 되어버린 선사시대의 이 언어를 원시인구어(Proto-Indo-European) 또는 간단히 인구어(Indo-European)라고 부른다. 이렇게 부르는 이유는 이 원시인구어에서 파생된 언어들이 역사기 초(the beginning of historical times)에 서방의 유럽에서부터 동방의 인도에 이르는 지역에서 사용되고 있었기 때문이다. 따라서 원시인구어는 대부분의 유럽의 언어와 많은 남부 아시아 언어의 조상언어인 셈이다.(Proto-Indo-European was thus the ancestor of most of the languages of Europe and of many of those of south Asia.) 그러나 이들 역사이전의 언어가 실제 언어였는지에 대한 기록은 물론 남아있지 않으며 또한 인구어를 그들의 언어로 사용한 민족이 있었는지도 알 수 없다. 다만 원시인구어는 기원전 5,000년 내지 3,000년 전에 원시 인구어족 또는 Aryan족이라고 불리는 종족들에 의해 사용된 언어로 추측될 뿐이다. 인도-유럽어족은 한때는 인도-게르만어라고 불리었고 그 이전에는 아리아어(Aryan)로 불리었다.

이처럼 원시인구어에 대한 기록은 없으며, 역사 이전에 분할되어 흩어진 것이므로 인구어의 자손어(descendant)를 비교함으로써 인구어의 어휘와 굴절을 재구성할 수 있다. 이와 같은 방법에 의해 재구성된 원시인구어의 특징은 다음과 같다.

첫째, 원시인구어에는 파열음이 세 가지로 대립하였다.

p, b, bh
t, d, dh
k, g, gh

둘째, 원시인구어의 강세는 고정강세(fixed stress)가 아니라 첨가되는 접사의 음절수에 따라 움직이는 가변강세(free stress)를 가지고 있었다. 현대 언어 중 라틴계의 언어들에서는 가변강세이고, 그리고 게르만어 계통의 언어들에서는 고정강세이지만 영어는 가변강세와 고정강세의 특징이 함께 들어있다. 그 결과 영어 고유의 어휘들에서는 고정강세를 보이지만, 라틴계의 차용어들에서는 가변강세를 보여주고 있다.

A. 고정강세: lóve, lóvely, lóver, lóveliness, lóveless
B. 가변강세: fámily, famíliar, famíliarìze, famìliárity

그 외에도, 원시인구어는 8개의 격을 가지고 있었다는 점(현대 언어에서 이러한 격을 모두 가지고 있는 언어는 없다), 그리고 독일어나 프랑스어, 고대영어처럼 문법성(gender)이 있었다는 점, 시제와 서법이 있었다는 점 등이 또 다른 특징이었다. 마지막으로 원시인구어는 현대영어와는 달리 명사와 동사에서 양수(dual number)라는 범주를 가지고 있었다. 양수는 고대영어에도 있었으며, we나 you가 양수로 쓰이면 두 사람만을 지칭한다.

### 3) 원시인구어의 고향

인구어족의 고향이 어디냐 하는 문제에 대해서는 학자에 따라서 다소 차이가 있지만 대체적으로 중앙 유럽지역으로 보는 것이 보통이다. Brook(1958)와 Baugh & Cable(1978)은 인구어족의 고향을 중부유럽 부근으로 보는 근거로 다음의 사실을 들고 있다.

첫째, 인구어족(Indo-European family)에 속하는 언어들을 비교해 볼 때 우선 눈에 띄는 것은 이들 모두에 추위와 관련된 단어들이 공통으로 나타난다는 사실이다. 영어의 cold, 독일어의 kalt, 프랑스어의 froid가 그 예이다.

둘째, 인구어는 추운 지방에 서식하는 동식물에 대한 공통어를 지니고 있다. 예를 들어 beech, bear, wolf, pine, wild goose, wild duck 등이 있으며, 특히 beech는 중앙 유럽지역에서만 자생하는 것으로 알려지고 있다.

셋째, 인구어는 'sea'를 나타내는 공통어가 없다. 이것은 원시인구어족이 본래는 바다가 없는 내륙지방에 살다가 현재의 독일인과 영국인들이 아직도 게르만족(Germanic)이라는 이름으로 함께 살고 있을 때 바다가 있는 해안가로 이주해 왔다는 것을 암시해주고 있다.

한군데 모여 살던 원시인구어족은 분산되기 시작하였고 그 당시의 교통, 통신의 원시성 때문에 지역적 차이가 언어적 차이로까지 이어졌으며 그 결과 인구어가 다음의 10개 어군으로 나누어지게 되었다. 물론 나중에 이들이 또다시 나누어져서 라틴어만 하더라도 프랑스어, 스페인어, 이태리어, 포르투갈어, 루마니아어 등으로 나뉘게 된다. 인구어의 구성과 계통에 관한 모습은 John Algeo & Thomas Pyles(2005, pp. 62-63)의 〈그림 3-1〉을 통해 확인할 수 있다.

그림을 통해 인구의 구성을 확인할 수 있는데, 그들 하위어군들 중에서 현존하는 언어로 남아있는 어군들로는 인도-이란어군(Indo-Iranian), 발트-슬라브어군(Balto-Slavic), 헬레네어군(Hellenic), 이탈리아어군(Italic), 켈트어군(Celts) 및 게르만어군(Germanic)이다. 알바니아어(Albanian)와 아르메니아어(Armenian)는 인구어는 맞지만 어느 하위어군에도 속하지 않으며, 아나톨리아어(Anatolian)와 토카라어(Tocharian)는 더 이상 어떤 형태로도 사용되지 않는 언어이다. 아나톨리아는 옛날의 소아시아로서 현재의 아시아쪽 터키를 지칭하며, 중국 신강성 남중부의 타림분지에 살았을 것으로 추정되는 토카라족의 언어가 토카라어이다. 이들 현존하는 언어로 남아있는 어군들 중에서 인도-이란어군과 게르만어군에 관해 살펴보기로 하자.

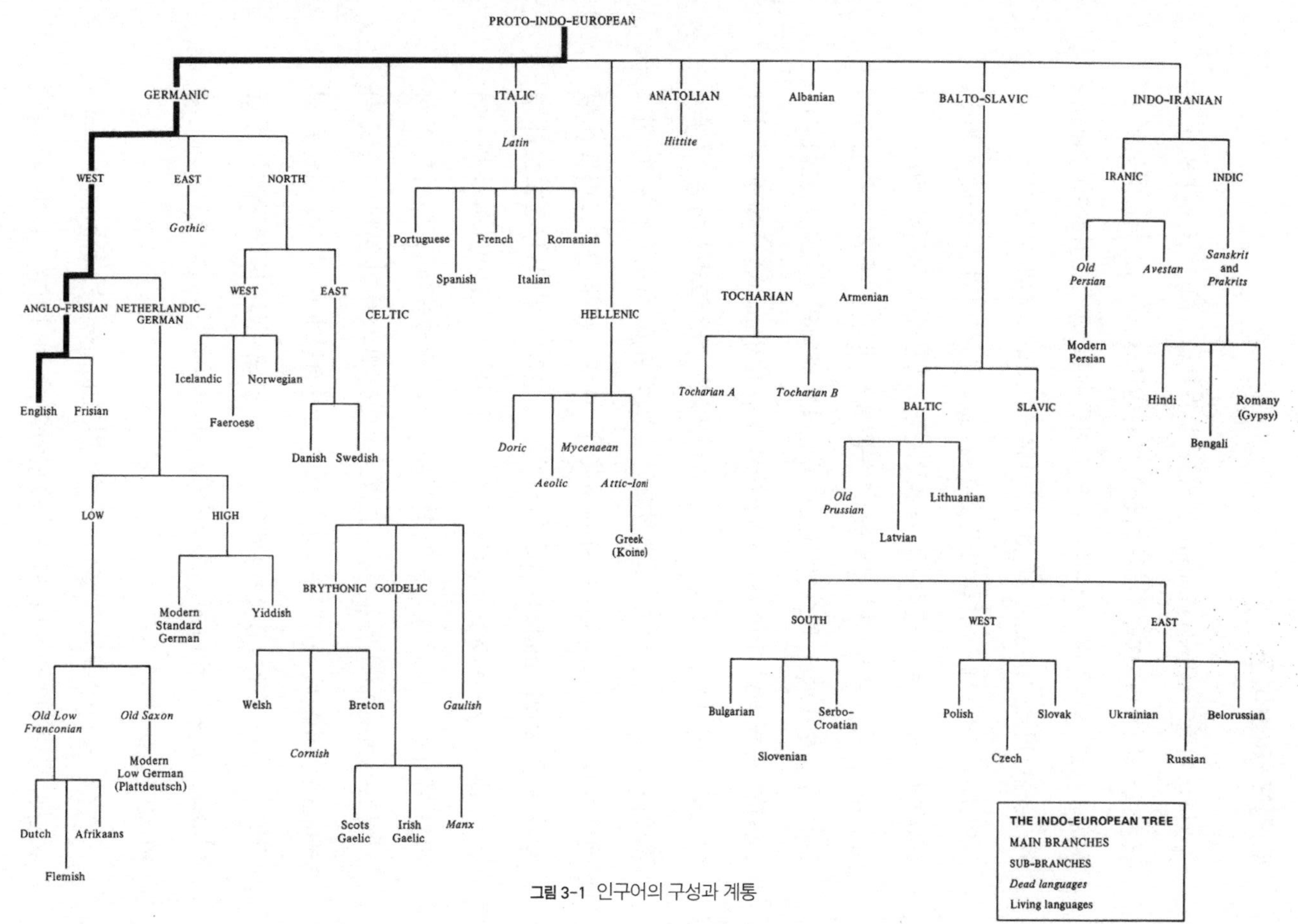


그림 3-1 인구어의 구성과 계통

## 4. 인도-이란어군

인도-이란어군(Indo-Iranian)은 역사적 기록을 갖고 있는 가장 오래된 어군 중 하나이다. 인도-이란어군은 인도어군(Indic)과 이란어군(Iranian)으로 다시 나누어지는데 인도어군에는 산스크리트어(Sanskrit)와 프라크리트어(Prakrits)가 있다. 기원전 1000년경의 초기 산스크리트어로 기록된 베다의 찬미가(Vedic hymns)의 시적인 전통은 기원전 2000년 무렵으로 거슬러 올라간다. 한편 고전 산스크리트어(Classical Sanskrit)는 기원전 500년 무렵에 모습을 보이게 되는데 초기 문법학자들이 다듬었기 때문에 고전 산스크리트어는 베다의 산스크리트어보다는 훨씬 더 체계화되어있었다. 이 당시 문법학자들 중에서 가장 뛰어난 인도의 문법학자는 바로 파니니(Panini)였다. 산스크리트어는 현재의 문법학자들도 경탄할 정도의 정교한 문법체계를 가지고 있는바, 현재에도 문어(written language)로서는 사어가 아니다. 본래 산스크리트란 낱말의 뜻은 'well-made'나 'perfected'를 지칭하는 말이다. 종교적인 경전을 잘 기록하는 것을 주요 목적으로 탄생된 산스크리트어가 만들어지기 이전부터 물론 대중들의 언어는 존재해왔었는데 그 언어를 프라크리트어(Prakrits)라고 부른다. 프라크리트란 말의 뜻이 본래 '자연스러운(natural)'이란 뜻을 지칭한 것을 보면 자연스럽게 탄생된 언어임을 짐작할 수 있다. 〈그림 3-1〉에서 알 수 있듯이 프라크리트어파에는 벵골어(Bengali), 힌디어(Hindi), 펀자브어(Punjabi), 그리고 우르두어(Urdu) 등이 있다.

집시어(Gypsi)라고도 불리는 로마니어(Romany)는 rom(사람, human being)에서 유래하였으며, 인도어의 방언들 중 하나이다. 이 언어의 특징은 집시들이 방랑하면서 많은 차용어를 갖게 되었다는 점이다. 본래 이들이 중세 말 유럽에 나타났을 때 사람들은 그들을 이집트인(Egyptians)이라고 하였으며, 이 Egyptian에서 집시가 유래되었다. 그러나 그들의 언어를 연구한 결과 그들은 인도의 북서부 지역에서 왔음이 밝혀졌다.

이란고원(Iranian Plateau)에 정착한 인구어족들은 여러 언어를 발달시켰는데, 고대페르시아어(Old Persian)는 현대 이란어의 조어(ancestor)가 된다. 또 다른 이란어인 아베스타어는 경전에 사용된 언어인데 아베스타(조로아스터교)의 성전(聖典)에 기록되어 있어서 아베스타어라고 불리게 되었다.

## 5. 게르만어군

인구어들 가운데 지금의 덴마크를 중심으로 하여 모여든 종족들은 지금까지의 원시인구어와는 다른 언어를 사용하게 되는데, 이들 종족이 사용했던 언어를 원시게르만어군(Proto-Germanic), 또는 게르만어군(Germanic)이라고 부르며, 이때가 대략 기원 1세기경의 일이다. 우리가 공부하는 영어가 게르만어군에 속한다. 게르만어군에 속한 언어들의 정확한 정보를 위해 John Algeo(2010, p. 62)를 참조하기로 한다.

> Unfortunately for us, those who spoke this particular development of Indo-European did not write. Proto-Germanic is to German, Dutch, the Scandinavian languages, and English as Latin is to Italian, French, and Spanish. But Proto-Germanic, which was

probably being spoken shortly before the beginning of the Christian era, must be reconstructed just like Indo-European, whereas Latin is amply recorded.

Because Germanic was spread over a large area, it eventually developed marked dialectal differences leading to a division into North Germanic, West Germanic, and East Germanic. The North Germanic languages are Danish, Swedish, Norwegian, Icelandic, and Faeroese (very similar to Icelandic and spoken in the Faeroe Islands of the North Atlantic between Iceland and Great Britain).

The West Germanic languages are High German, Low German, Dutch (and practically identical Flemish), Frisian, and English. Yiddish developed from medieval High German dialects, with many words from Hebrew and Slavic. Before World War Ⅱ, it was a sort of international language of the Jews, with a literature of high quality. Since that time it has declined greatly in use, with most Jews adopting the language of the country in which they live; and its decline has been accelerated by the revival of Hebrew in Israel.

The only East Germanic langage of which we have any detailed knowledge is Gothic. Ghotic as a spoken tongue disappeared a long time ago without leaving a trace.

한편 게르만어군은 다음과 같은 특징을 갖는다는 점에서 인구어에 속하는 언어들과 구별된다.

첫째, **게르만어군의 어휘들은 다른 원시인구어에서는 동족어를 찾**

**아볼 수 없는 어휘들을 가지고 있다**. 물론 이러한 어휘들은 인구어에 있었으나 소실되었을 수 있고, 또한 게르만족들이 비인구어의 지역에서 차용한 어휘일 수도 있는 일이다. 분명한 게르만 특유의 몇 개의 단어를 현대영어 형태로 제시하면, broad, drink, drive, fowl, hold, meat, rain, wife 등이다.

둘째, 모든 인구어의 시제와 상의 구별이 본래의 5개의 시제에서 **게르만어군에서는 현재와 과거라는 두 개의 시제로 줄어들었다**. 문법범주란 의미상의 차이가 형태적 차이를 동반할 때 인정되는 것이 보통이다. 따라서 He will play football 등의 형태를 미래형이라고 하지는 않는다. 만약에 이와 같은 형태를 미래시제로 인정한다면 He is going to play football, He may play football, He is about to play football 등도 모두 미래에 일어날 사건에 대해 언급하고 있기 때문에 미래시제로 간주해야 하는 잘못된 기준이 될 것이다. 즉, 게르만어에 해당하는 영어에서는 미래시제를 위해서 미래형을 쓰지 않고 조동사의 도움을 받는다. 하지만 라틴어인 프랑스어는 미래시제를 나타내는 어미를 어간에 첨가하여 미래형을 만든다.

셋째, **게르만어군에서는 과거시제형에 /t/, /d/음을 포함하는 치음 접미사(dental suffix)가 사용되었다**.(구체적으로 분류하면 /t/, /d/음은 치경음이다. 그러나 넓은 의미로 interdental, alveolar, alveolar-palatal 등을 모두 치음으로 분류하기도 한다.) 게르만어에 속하는 언어들은 두 가지 형태의 과거형을 갖는다. 과거시제에서 동사 내부의 모음이 변하는 강변화 동사(strong verb)와 치음 접미사만 첨가되는 약변화 동사(weak verb)의 두 가지이다. 이렇듯 강변화와 약변화를 구별짓는 데 있어서 중요한 기준이 되는 것은 치음 접사이다. 따라서 brought, thought, bought 등은 동사 내부의 모음이 변했지만 강변화동사가 아니라 약변화동사이다. 그 이유는 이 동사들 모두 -t로 끝났으므로 비록 내부 모음이 변화했다고 하더라도 이들 동사는 약변화동사인 것이다.

여기에서 참고로 한 가지 알아두어야 할 것이 있다. 영어에서는 현재형과 과거형의 모양이 동일한 단어들이 예외 없이 -t로 끝나는 것은 이들이 이미 과거형이기 때문에 다시 과거형을 만들 수 없어 현재형과 과거형이 같은 형태로 쓰이게 되었던 것이다.(beat, bet, burst, cut, forecast, hit, let, list, must, ought, overcast, put, quit, set, shut, wet 등) 이제 여러분은 왜 must의 과거시제로 had to라는 표현을 써야만 하는지를 알 수 있으리라 생각한다.

넷째, 강세가 원시인구어의 가변강세(the "free" accentual system)에서 **게르만어군에서는 고정강세**로 변했다. 현대영어와는 달리 **고대영어에서 강세는 항상 첫 번째 음절**에 고정적으로 놓였다.

다섯째, 원시인구어의 정지자음들(stops)이 **게르만어군의 언어들에서는 일정한 음 변화**를 겪게 되는데 이를 **그림의 법칙**(Grimm's Law), 혹은 **제1차 게르만어군 자음추이**(the First Germanic Consonant Shift)라 한다.

### 1) 그림의 법칙

게르만어군을 다른 인구어와 구별하는 가장 두드러진 특징은 자음의 변화이다. 즉, 게르만어군을 인구어의 다른 언어들과 비교할 때 일정한 자음의 대조를 가지고 있다. 이러한 사실은 Rasmus Rask(1787-1832)에 의해서 처음으로 발견되고 Jacob Grimm(1785-1863)에 의해 체계화되었는데 Grimm은 게르만어군의 자음 군과 다른 인구어의 자음 사이의 관계를 다음과 같이 설명하고 있다.

첫째, 인구어의 유성대기 파열음(aspirated voiced stops)인 bh, dh, gh가 게르만어군에서는 유성무대기 파열음(unaspirated voiced stops)인 b, d, g로 나타난다. 다음의 예를 참조하자.

| 원시인구어 | 라틴어 | 영어 |
|---|---|---|
| bhrāter | frāter | brother |
| ghosti- | hostis | guest |

둘째, s가 선행한 경우를 제외하고 인구어의 무성 파열음인 p, t, k가 게르만어군에서는 무성 마찰음인 f, θ, x(문두에서는 h음)로 나타난다. 다음의 예를 참조하자.

| 원시인구어 | 라틴어 | 영어 |
|---|---|---|
| pətēr | pater | father |
| ped- | ped(em) | foot |

셋째, 인구어의 유성파열음인 b, d, g가 게르만어군에서는 무성파열음인 p, t, k로 나타난다. 다음의 예를 참조하자.

| 원시인구어 | 라틴어 | 영어 |
|---|---|---|
| dent- | dentis | tooth |
| dwō | duo | two |

다음은 지금까지의 설명을 알기 쉽게 정리한 것이다.

| (1) (a) 인구어(IE) p, t, k → 게르만어군(Gmc) f, θ, x(h) |
|---|
| (b) 인구어(IE) b , d, g → 게르만어군(Gmc) p, t, k |
| (c) 인구어(IE) bh, dh, gh → 게르만어군(Gmc) b, d, g |

(1a)는 무성폐쇄음의 마찰음화 현상이며, 기원 1세기에서 3세기 사이에 일어난 것으로 알려져 있다. 한편 (1b)는 유성폐쇄음의 무성음화(devoicing) 현상으로서 마찰음화에 이어 4세기에서 6세기 사이에 일어났으며, (1c)는 기식폐쇄음의 비기식음화(deaspiration) 현상으로 7세기에서 9세기 사이에 가장 늦게 일어났다고 추정된다. 이들 자음변화의 정확한 연대에 대해서는 확실치 않지만, 이 변화는 아마 1000년 정도에 걸쳐 일어난 것 같다. 한편, 이러한 그림의 법칙이 적용 여부에 따라서 게르만어군과 다른 인구어군이 구별됨을 알 수 있다.

Grimm은 (1)의 법칙을 제안하면서 그의 법칙으로는 설명이 되지 않는 예외도 동시에 제시하고 있다.

| (2) IE pətēr 〉 Icelandic faðir |
|---|

(1a)에 의하면 pater의 /t/는 무성마찰음 /θ/가 되어야 함에도 불구하고 (2)에서 보듯 유성음의 /ð/가 되었다. 여기에 대해 덴마크 학자 karl Vemer는 /θ/는 강세를 가진 모음이 선행하지 않는 경우 유성음의 /ð/로 나타난다는 주장을 내놓았다. 따라서 pətēr의 /t/는 (1a)에 의해

/θ/로 변했다가 선행하는 모음이 강세를 받지 않으므로 /ð/로 나타나게 된 것이다. 이러한 음 변화를 '베르너의 법칙'(Verner's Law)이라고 한다. 한편 Jespersen은 이 법칙의 적용을 받는 현대영어의 대표적인 예로 exit[éksit](명사) → exit[ɪgzít](동사)를 들고 있다.

## 2) 제2차 게르만어군 자음추이

원시게르만 민족도 다시 여러 갈래로 흩어지게 되었다. 그 결과 언어도 지역별로 나뉘게 되었는데 대체로 동게르만어군(East Gmc), 북게르만어군(North gmc), 서게르만어군(West Gmc)으로 나눌 수 있다.

| (1) (a) East Gmc: Gothic |
|---|
| (b) North Gmc: Swedish, Danish, Norwegian, Faeroese, Icelandic |
| (c) West Gmc: German, English, Frisian |

일반적으로 독일어는 남부 산악지대의 고지대 독일어(High German)와 북부 해안가의 저지대 독일어(Low German)로 나누어지며, 영어는 저지대 독일어와 함께 저지대 게르만어군에 속한다. 고지대 독일어와 저지대 독일어의 차이는 6~8세기경에 일어난 이른바 제2차 게르만어군 자음추이(the Second Germanic Consonant Shift)라고 불리는 음성법칙의 적용 여부에 따라 구별된다. 저지대 게르만어군에 속하는 영어는 원시게르만어의 본래의 모습을 가지고 있으며, 제2차 게르만어군 자음추이가 일어난 형태가 현재의 표준 독일어이다. 결국 형태만을 놓고 본다면 영어는 현대 독일어보다 더 오래된 형태의 언어이다. 여기에서 제2차

게르만어군 자음추이란 제목을 붙인 이유는 Low German에서는 게르만어의 자음 p, t, k, d를 그대로 유지하고 있는 반면에 High German에서는 이들 자음이 일정하게 변화하는 과정을 겪기 때문이다. 즉, 대체로 High German(현대 표준독일어)에서는 p, t, k가 모음 뒤에서는 마찰음이 되고 다른 위치에서는 파찰음이 된다. 그리고 d는 항상 무성음 t가 된다. 다음의 예는 영어와 독일어의 음성차이를 비교하기 위한 것으로 『영어학개론』(전상범, 1999)에서 인용하였다.

| (2) | 영어 | 독일어 |
|---|---|---|
| (a) t 〉z | *t*en | *z*ehn |
| | *t*ide | *Z*eit |
| | hear*t* | Her*z* |
| (b) t 〉s | wa*t*er | Wa*ss*er |
| | foo*t* | Fu*ss* |
| | ea*t* | e*ss*en |
| (c) d 〉t | *d*ance | *t*anzen |
| | *d*aughter | *T*ochter |
| | *d*ay | *T*ag |
| | *d*eer | *T*ier |
| | *d*eep | *t*ief |
| (d) k 〉x | boo*k* | Bu*ch* |
| | brea*k* | bre*ch*en |
| | ma*k*e | ma*ch*en |
| | wa*k*e | wa*ch*en |
| | mil*k* | mil*ch* |
| (e) s 〉š | *s*now | *Sch*nee |
| | *s*leep | *sch*lafen |
| | *s*wan | *Sch*wan |
| (f) v 〉b | gi*v*e | ge*b*en |
| | ha*v*e | ha*b*en |
| | li*v*e | le*b*en |
| (g) p 〉f | hel*p* | hel*f*en |
| | o*p*en | ö*ff*nen |

앞의 도표에서 (2b)는 모음 뒤에서 일어나는 교체이고 (2a)는 그 밖의 환경에서 일어나는 교체이다.

# 제2장

# 고대영어

## The Old English Period

영어를 시대적으로 구분할 때 일반적으로 고대영어(Old English), 중세영어(Middle English), 그리고 현대영어(Modern English)로 구분한다. 고대영어가 처음 영국에 들어온 시기는 449년에 북유럽의 앵글로색슨족이 영국에 정착하면서부터이다. 이때부터 1100년까지를 고대영어, 1100년부터 1500년까지를 중세영어, 1500년 이후를 현대영어로 보는 것이 보통이다. 물론 각 시대를 구분하는 데 있어서 커다란 사건이나 변화가 있게 마련인데, 고대영어의 시작을 알리는 449년에는 앵글로색슨족의 침입이 있었고, 중세영어는 노르만 정복(1066)을 경계로 시작되었으며, 현대영어는 대모음추이(The Great Vowel Shift)라는 전무후무한 엄청난 음운변화(phonological changes)를 그 기준으로 삼고 있다.

## 1. England, English의 유래와 기독교의 전파

앞에서 설명한 것처럼 영어의 역사는 대체로 다음의 세 단계로 나눈다.

| | |
|---|---|
| 고대영어 (Old English: OE) | 450-1100 |
| 중세영어 (Middle English: ME) | 1100-1500 |
| 현대영어 (Modern English: Mod E) | 1500 |

본질적으로 언어는 어떤 때를 축으로 하여 그 이전의 시기와는 전혀 다르게 갑자기 바뀔 수 있는 것이 아니기 때문에 과도기적 특성을 보이게 된다. 따라서 1500년 이후의 영어를 현대영어로 분류하였지만 1600년을 전후하여 작품 활동을 한 Shakespeare의 작품에도 중세영어의 모습이 많이 남아 있기 때문에 현대영어의 지식만으로는 읽기가 쉽지 않다. 그러나 여기서는 편의상 위의 시기를 기준으로 분류하기로 한다.

고대영어란 고대의 영국에서 사용된 언어를 말하는 것이다. 그런데 본래 고대 영국에는 영어를 말하는 종족이 아니라 켈트족에 속하는 브리튼인들(Celtic Britons)이 살고 있었다. 그러다 449년부터 시작된 앵글로색슨족의 침입에 의해 영국의 주인이 바뀌게 되어 침략자들이 사용하던 영어가 영국의 언어가 되었다. 이 때문에 고대영어의 시작을 449년으로 보게 된 것이다. 앵글로색슨족의 침입이 있기 이전에 영국에는 켈트족(Celtic people)이 살고 있었고, 아일랜드에는 스코트족(Scots)이, 그리고 스코틀랜드에는 픽트족(Picts)이 살고 있었다.

앵글로색슨족의 침입이 시작된 449년 이전의 브리튼의 역사를 간략하게 요약하면, 켈트족이 주로 살던 브리튼 섬(앵글로색슨족의 침입이 시작된 449년 이전의 국명은 영국이 아니라 브리튼이다)에 Julius Caesar의 군대가 기원전 55년과 54년의 두 번에 걸쳐 침범하게 된다. 그러나 브리튼 섬이 로마제국의 한 부분으로 귀속된 것은 이로부터 약 1세기가 지난 후인 클라우디우스 황제(the Emperor Claudius) 시대(A.D. 43) 때이다. 이때부터 브리튼 섬은 로마가 기원 410년에 본국 수비를 위해 로마군대를 본토로 철수시킬 때까지 약 450년 동안의 오랜 로마지배를 받게 된다. 이 동안의 로마지배의 흔적은 Lancaster, Leicester, Manchester 등의 지명(라틴어의 castra(camp)를 지명에 사용하였음)에서 찾아볼 수 있으며, 현재에도 로마의 유물이 런던의 중심부에서 건설공사 중에 가끔씩 발견된다. 로마 군대가 5세기 초(410년까지)에 브리튼에서 철수하고 난 후, 북쪽의 픽트족과 서쪽의 스코트족은 브리튼 켈트족을 무차별적으로 공격했을 뿐만 아니라 잔인하게 괴롭혔다. 이를 감당할 수 없었던 켈트족은 유럽 대륙의 앵글로색슨족에게 원조를 청하게 된다. 그리하여 449년을 기점으로 대륙으로부터 앵글로색슨족의 유입이 시작되는데, 이들은 지금의 덴마크를 비롯하여 독일의 북부 해안에 거주하던 종족들이다. 그러나 앵글로색슨족은 주인인 켈트족을 몰아내고 새로운 국가인 영국의 주인이 된다. 켈트족은 Arthur왕을 주축으로 항전하지만 결국 앵글로색슨족에 밀려 Cornwall과 Wales의 오지로 쫓겨나게 된다. 이때 들어온 종족들은 다양하지만 대체로 Jutes, Angles, Saxons의 세 종족이 주류를 이루고 있다. 고대영어의 시기를 449년으로 잡은 이유는 후손들이 앵글로색슨족들을 진정한 영국의 주인이라고 여기고 있기 때문이며 이러한 생각은 그들의 언어와 국가의 이름에 담겨있다. 오늘날 우리가 영국을 칭할 때 사용하는 **England**(the land of the Angles) **나 영어를 뜻하는 English**(the language of Angles) **모두 Angles라는 한 부족의 명칭에서 유래**하였다. 이는 Bede가 730년경에 저술한 『영국민 교회사』(*Ecclesiastical History of the English People*)에 기록되어 있다. 고대영어의 시작에 관해서 John Algeo(2010, p. 80)의 설명을 덧붙이기로 한다.

> The date that Bede gives for the first landing of those Saxons is 449. With it the Old English period begins. With it, too, we may in a sense begin thinking of Britain as England —the land of the Angles —for, even though the longships carried Jutes, Saxons, Frisians, and doubtless members of other tribes as well, their descendants a century and a half later were already beginning to think of themselves and their speech as English. (They naturally had no suspicion that it was "Old" English.) The name of a single tribe was thus adopted as a national name (prehistoric Old English *Angli* becoming *Engle*). The term Anglo-Saxon is also sometimes used for either the language of this period or its speakers.

한편 영국에 정착하게 된 부족들은 Jutes, Saxons, Angles의 순서로 영국에 들어오게 되는데 이들은 7개의 왕국(the Anglo-Saxon Heptarchy)— Kent, Essex, Sussex, Wessex, East Anglia, Mercia, and Northumbria —을 건설하게 된다. 맨 먼저 온 쥬트족은 영국의 동남부에 위치한 Kent에 정착했으며, 이어서 색슨족들이 템즈강 남부의 나머지 지역들

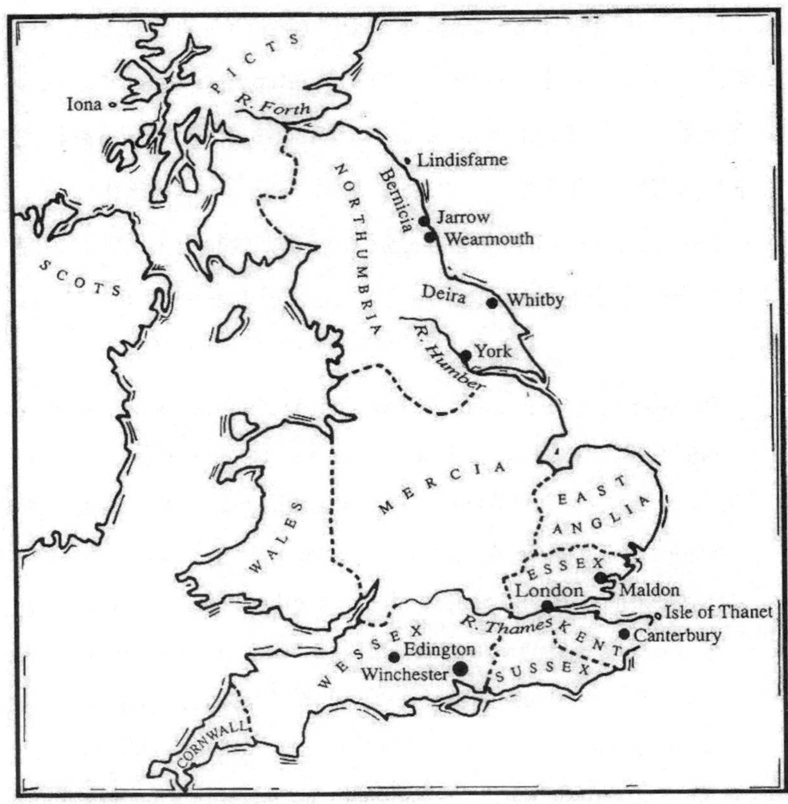


그림 3-2 앵글로색슨족의 7왕국 구성도(Britain in Old English Times, John Algeo, 2010, p. 82)

을 차지하게 된다. 한편 앵글족은 템즈강에서부터 북으로 서남 지역의 오지(Wales)를 제외한 스코틀랜드 고원까지 차지하게 되었다.

현재의 영국인과 미국인의 조상이 되는 앵글로색슨족의 문화사에서 가장 중요한 사건은 이들이 기독교로 개종했다는 사실이다. 원주민인 브리튼인(켈트인들)의 종교였던 기독교는 서로마제국의 멸망으로 인한 로마군의 철수와 바로 이어지는 앵글로색슨족의 침입 등의 혼란기를 맞아 정착하지 못하고 사라지게 된다. 본래 브리튼의 침입자인 앵글로색슨족의 유일한 종교는 게르만족의 이교도정신(paganism)이었다. 그들이 유럽대륙에서 쓰던 룬문자가 바로 이교도의 부적이나 신비를 기록하는 데 사용된 문자였음을 생각하면 이해하기 쉬울 것이다. 이러한 문화적 배경 때문에 앵글로색슨족들이 그들이 종교를 기독교로 개종하는 과정에는 초기에 반대하는 세력들이 만만치 않았던 것이다. 그 결과 게르만의 이교도전통과 관습은 그들의 기독교화와 관계없이 수세기동안 지속되었으며, 그 당시의 이교도 전통을 보여주는 고대영어의 표현들이 지금까지 내려오고 있다. 예를 들어, 요일을 지칭했던 고대영어 Twesdæg, Wodnesdæg, Þunresdæg, Frigedæg는 게르만인의 신(deity)인 Tiw, Woden, Thurdor, Frig에서 유래된 날말들이다. 뿐만 아니라, 기독교에서 아주 신성시되는 부활절(Easter)도 사실은 게르만의 여신인 Eastre에서 유래한 것이다. 이렇듯 이교도관습에 젖어있던 앵글로색슨족들에게 기독교를 전파한다는 것은 쉽지 않은 일이었음을 짐작할 수 있으리라 생각한다. 그러나 597년에 기독교로 개종하게 된 중요한 계기가 만들어지게 되는데, 그것은 바로 그레고리교황(Gregory I)이 그 해에 성 오거스틴(St. Augustine)과 약 40명의 선교사들을 로마로부터 Kent에 파견한 사건이다. 한편 St. Augustine이 영국에 온지 100년 이내에 영국 전체가 기독교로 개종하였는데 영국의 기독교화는 크게 다음의 두 가지 점에서 중요한 의미를 지닌다. 첫째, 문화적 수준이 낮았던 앵글로색슨족이 발달된 로마문명과 접하게 되었다. 둘째, 기독교의 종교의식과 관련하여 많은 라틴어가 영어에 도입되었다.

## 2. 고대영어의 철자와 발음

고대영어의 모음표시철자는 a, æ, e, i, o, u, y였으며, 자음표시철자로는 b, c, d, f, g, h, k, l, m, n, p, r, s, t, Þ or ð, w, x, z가 있다. 특이한 점은 y가 현대영어에서는 자음의 음가를 나타내는 데 사용하는 철자임에 반하여 고대영어에서는 모음표시철자로 사용되었다는 것이다. 한편 오늘날 자음철자인 j, q, v는 고대영어기술에 사용되지 않았다. 고대영어는 철자와 발음의 관계가 1 : 1의 관계였기 때문에 거의 쓴 대로 읽었으며, 예외적인 발음이나 묵음이 거의 없었다. 따라서 철자를 보고 발음하기가 현대영어보다 월등히 쉬웠으며, 오늘날의 독일어의 모습과 매우 비슷한 모습이라고 생각하면 쉽다.

고대영어의 자음발음 중에서 환경에 따라 다르게 발음되는 대표적인 발음이 철자 c와 g의 발음이다. 우선 c는 자음 앞에 위치하거나, 후설모음 옆에 위치하는 경우에는 항상 연구개파열음인 [k]의 음가를 가졌으며, 전설모음 옆에서는 파찰음인 [ʧ]의 음가를 가졌다. cnāwan 'to know', cræt 'cart', camp 'battle', bōc 'book'의 경우가 전자의 예이며, cild 'child', cēosan 'to choose', ic 'I'의 경우가 후자의 예이다.

자음철자인 g도 이웃하는 음에 따라 발음이 달라졌다. 자음 앞에서는 항상 유성연구개폐쇄음 [g]의 음가를 가졌다. 어두 위치에서 후설모음 앞에 나오거나, 본래 후설모음이었는데 모음변이에 의해 나중에 전설모음으로 바뀌게 된 경우의 모음 앞에 나오는 경우에도 유성연구개폐쇄음 [g]의 음가를 가졌다. glad 'glæd', gōs 'goose', gēs 'geese'의 경우가 각각 그 예들이다.

자음철자 g가 [y]의 음가를 갖는 경우가 있었는데, 전설모음 앞 위치의 어두에 나오는 경우나, 어중에서 전설모음 사이에 나오는 경우, 그리고 음절말 위치에서 전설모음 다음에 나오는 경우엔 [y]의 음가를 가졌다. gēar 'year', slægen 'slain', dæg 'day' 등이 각각의 예이다.

그 외에도 고대영어발음에서 특이한 모습들을 찾아볼 수 있는데, [v], [z], [ð]의 자음발음들은 음소의 기능을 하지 못하고 유성음과 유성음 사이에서만 나타났다는 점도 독특한 점이다. 오늘날의 현대영어에서는 [ð]가 유성자음의 표시에만 사용되지만 고대영어에서는 무성자음과 유성자음 공히 사용될 수 있었다. 또한 모음사이에서 자음이 중복되어 쓰인 경우, 장음을 나타냈다는 점은 현대영어와 전혀 다른 모습이라 할 것이다. 또한 이음음자(digraph)인 cg와 sc는 고대영어 시기 이후에 각각 dg와 sh로 대체되었다. ecg 'edge', fisc 'fish' 등을 그 예로 들 수 있다.

고대영어의 모음발음에서 가장 중요한 특징 중의 하나는 모음의 길이가 음소의 기능을 했다는 점이다. 현대영어에서는 모음의 길이가 음소의 기능을 하지 못하지만 고대영어에서는 현대영어와 달리 모음의 장단이 음소의 기능을 할 수 있었다는 사실이다. John Algeo(2010, p. 93)는 이 상황을 다음과 같이 설명하고 있다.

> One striking difference between the Anglo-Saxons' pronunciation and ours is that vowel length was a significant distinction in Old English. Corresponding long and short vowels probably differed also in quality, but the length of time it took to say them seems to have been of primary importance. We conventionally mark the spellings of Old English long vowels with a macron and leave short

vowels unmarked, thus; *gōd* 'good' versus *god* 'god'.

위의 설명을 통해 모음 위에 ~라는 장음표시(macron)를 하는 것이 현대의 관행임을 알 수 있다. 그러나 본래 고대영어의 문헌에서는 불규칙적으로 모음 위에 현대의 강세표시(´)를 이용하여 장모음을 표시했다. 현대영어와 고대영어의 모음발음에서의 또 다른 차이는 고대영어는 /a, e, i, o, u, y/의 여섯 개의 단순모음을 가지고 있었는데 오늘날의 영어와 비교해보면 /y/가 모음으로 사용된 점이 현대영어와는 다른 점이라 할 것이다.

한편 자음의 발음에서는 우리가 보지 못한 철자가 눈에 띄는데 구체적으로 고대영어에서 자음을 나타내기 위한 철자들 중에서 þ와 ð는 각기 thorn, eth(edh)라고 불리는 것으로 고대 게르만족이 사용하던 룬문자에서 가져온 것이다.

## 3. 게르만인의 룬문자와 고대영어문자

앵글로색슨인들이 브리튼에 들어올 때 대륙으로부터 가지고 온 문자가 있었는데 이 문자를 룬문자(The Germanic Runes)라 부른다. 룬문자에 관련하여 John Algeo(2010, p. 43)는 다음과 같이 기술하고 있다.

> When the English came to Britain, some of them were already literate in runic writing, but it was a highly specialized craft, the skill of rune masters. These Germanic invaders had little need to

write, but on the few occasions when they did, they used twenty-four runes, derived from their relatives on the Continent, to which they added six new letters. These runes were early associated with pagan mysteries — the word *rune* means 'secret.' They were angular letters originally cut or scratched in wood and used mainly for inscriptions, charms, and the like. The English runic alphabet is sometimes called *futhorc* from the first six of these.

즉, 룬문자란 앵글로색슨인들이 브리튼에 들어올 때 대륙으로부터 가지고 온 문자를 말하는데, 이것은 고도로 전문화된 기예로 룬문자의 기술자들(rune masters)이 사용할 수 있는 문자였다. 한편 g는 현대영어의 표기로 바꿔 쓴 것이며, 당시에는 yogh[youx]라 불리던 ʒ라는 글자가 사용되었다. 나머지의 자음들의 발음은 현대영어와 동일하다. 현대영어와 다른 자음들의 발음을 살펴보면 오늘날의 자음과 비교할 수 있을 것이다.

(1) (a) c [k]: cnēo(=knee), cōl(=cool)

[č]: iċ(=I), ċild(=child)

(b) g [g]: gān(=to go), god(=god)

[y]: ġe(=ye), ġiefan(=to give)

(c) cg [ǰǰ]: brycg(=bridge), secgan(=to say)

(d) ng [ŋg]: bringan(=to bring), sengan(=to singe)

(e) sc [š]: scip(=ship), fisc(=fish)

*예외: āscian(=to ask), scōl(=school), Scottas(=Scots)

(f) h [h]: habban(=to have), hīeran(=to hear)

[x]: lēoht(=light), þohte(=thought)

[ç]: riht(=right), niht(=night)

한편 c, g 위에 점을 찍어 ċ나 ġ처럼 표시하는 것은 고대영어 본래의 관행이 아니라 H. Sweet가 구별을 위해 사용한 표시이며, c, g, h 등이 각기 전설모음 앞뒤에 올 때에는 구개음화가 일어난다. 마찰음은 유성음 사이에서는 유성음으로 발음되었으며, 고대영어에서는 마찰음의 유 · 무성의 구별이 변별적이 아니었다.

(2) (a) s [s]: hūs(=house), sunu(=son)

[z]: ċēosan(=to choose), ārīsan(=to rise)

(b) f [f]: folc(=people), līf(=life)

[v]: ofer(=over), lufian(=to love)

(c) þ(ð) [θ]: þencan(=to think), mūþ(=mouth)

[ð]: eorþe(=earth), brōþor(=brother)

## 4. 바이킹족의 침입

앵글스족의 문화는 9세기에 바이킹의 침략을 받게되어 상당한 타격을 입게 되었다. 본래 바이킹이란 creek-dweller란 뜻으로 주로 덴마크와 노르웨이에 거주하는 해적들이었다. 이들은 787년에 처음 침략을 시작한 이래 9세기에 들어서면서 침략의 강도를 높여 851년에는 영국에서 월동하게 되었다. 867년에 York를 함락시킨 바이킹들은 그 여세를 몰아 남하하여 영국의 서남부를 제외한 영국 전토를 점령하게 된다. 궁지에 몰린 당시 Wessex 왕국의 Alfred 대왕(Alfred the Great, 871-900(치세))은 필사의 항전을 벌여 적을 패주시키는 데 성공하고, 덴마크왕 Guthrum에게 Wessex에서의 철퇴와 기독교로의 개종을 조건으로 강화조약을 맺게 된다. 그러나 강화조약으로 인하여 템즈강(The Thames) 이북의 광활한 지역을 포함한 영국의 대부분의 땅을 바이킹들에게 양보하게 되는데 이 지역을 Danelaw(덴마크의 법이 통용되는 지역이란 뜻)라고 부른다.

그러나 991년에 또 다시 대륙으로부터 덴마크인들의 침략이 있어 Wessex의 왕 Ethelred the Unready 때인 1016년에 런던이 함락되고, 이듬해 덴마크의 Cnut왕(1017-35)이 영국왕을 겸하게 된다. 그러나 이때부터 두 민족은 평화롭게 공존하였으며, 얼마 뒤에는 Wessex의 Edward(the Confessor, 1042-66)가 즉위하게 된다. 두 민족 사이의 융합의 정도를 단적으로 보여주는 예이다. 한편 우리가 잘 이해해야 할 내용은 덴마크인들의 주된 침략의 목적이다. 그들은 싸우거나 지배하러 온 것이 아니고 새로운 거주지를 찾아 살기 위해 온 것이었다.

이러한 바이킹의 침범은 세 번째로 고대영어에 외국어의 영향을 끼친 결과를 낳게 되었다. 첫 번째는 원주민의 언어인 켈트어와 고대영어가 접하게 되었고, 두 번째는 광범위한 라틴어의 영향 하에 고대영어가 놓이게 된 상황이며, 이제 제일 늦게 바이킹들의 언어의 영향을 받게 된 것이다. 물론 북유럽의 스칸디나비아지방에 살고 있던 북유럽인들도 본래 앵글로색슨족과 마찬가지로 게르만족에 속한다. 결국 이러한 양 민족의 접촉의 양상이 영어에 영향을 미치게 된다.

바이킹들의 침략이 영어에 미친 가장 큰 영향은 영어 굴절의 단순화와 스칸디나비아 계통 어휘의 영어에의 유입이다. 고대영어기에 차용된 라틴어의 차용어와 스칸디나비아어의 차용어를 비교해 보자. 우선, 라틴어 차용어는 로마인들로 말미암아 새롭게 들어온 사물과 새로운 생각을 표현하기 위하여 영어에 도입된 단어들인 반면에, 스칸디나비아어의 차용어는 새로운 사물이나 사상을 표현하는 단어는 거의 없고 일상생활에서 사용하는 단어들이다. 스칸디나비아어의 다음 차용어들을 살펴보면 잘 이해할 수 있을 것이다.

A. 명사

anger, bread, bull, egg, fellow, gate, haven, husband, knife, law, root, score, seat, skill, skin, skull, sky, steak, window, wing

B. 형용사

awkward, flat, happy, ill, loose, low, meek, odd, rotten, scant, seemly, sly, thrift, ugly, wrong

C. 동사

call, clasp, cut, die, drown, gape, get, guess, happen, hit, raise, scare, scrape, scream, take, thrive, throw, want

스칸디나비아어의 차용어들을 보면 /sk/로 시작하는 단어들이 많은데 이러한 /sk/ 발음은 스칸디나비아 어원에 대한 단서가 된다. 왜냐하면 본래 고대영어기 이후에는 cg와 sc는 각각 dg와 sh로 대체되어 ecg 'edge', scir 'shire', scacan 'to shake', scip 'ship', fisc 'fish' 등으로 표기되었다. 그 결과 /sk/ 발음은 고대영어의 철자로는 이루어질 수 없었으며, 결국 /sk/ 발음은 스칸디나비아 어원에 대한 단서가 되는 것이다.

이처럼 고대영어의 발음법칙과 일치하지 않은 경우는 대개 차용어인 어휘이다. 예를 들어 get의 g가 [g]로 발음되고 있다는 사실은 get이 차용어임을 우리에게 알려주는 단서라 할 수 있다. 본래 고대영어에서 g는 전설모음 앞뒤에서는 구개음화하여 [y]로 발음되었기 때문에 전설모음 앞 위치에서 g가 [g]로 발음되고 있다는 사실은 이 단어가 차용어라는 증거인 것이다. 마찬가지로 give도 차용어임을 발음을 통해서 확인할 수 있을 것이다. 이처럼 일상생활에서 아주 중요한 기능을 하는 get이 차용어라는 사실은 이들 차용어가 영어에 아주 동화되어 있음을 보여준다. 숫자상으로는 프랑스어의 차용어가 스칸디나비아의 차용어에 비해 월등히 많지만 차용어가 영어에서 차지하는 비중을 보면, 프랑스어 차용어보다는 스칸디나비아 차용어가 훨씬 더 크다. 이는 그만큼 스칸디나비아 차용어는 영어에서 일상생활에 중요한 기본 어휘의 기능을 하고 있다는 증거이다.

제3장

# 중세영어

## The Middle English Period

영어의 조어는 게르만어고, 그 중에서도 서게르만어의 분파임을 공부한 바 있다. 따라서 고대영어시대의 영어모습은 독일어의 모습과 아주 비슷한 모습을 가진 시기라고 말할 수 있을 것이다. 그러나 고대 게르만적인 시대가 지나고 노르만 정복이라는 큰 사건을 겪게 된 영국에는 프랑스어가 공용어로 등장하게 되었으며, 그 결과 언어적인 면에서 이전과는 전혀 다른 모습을 띠게 된다. 노르만 정복이라는 역사적 사건을 계기로 이전과는 전혀 다른 모습으로 급속하게 변하게 된 이 시기의 영어를 중세영어라 한다. 노르만 정복을 통해 영어에 프랑스어의 어휘뿐만이 아니라 발음이나 철자 등이 크게 영향을 끼치게 되어 영어의 전반적인 성격을 변모시키게 된 것이다. 따라서 노르만 정복에 의한 프랑스어의 시대를 맞이하지 않았다면 현재 영어의 모습은 독일어와 아주 흡사한 언어가 되어있었을 것이다.

## 1. 노르만 정복

노르만 정복(Norman Conquest, 1066)은 영국의 역사와 영어 발달사에서 가장 중요한 사건중의 하나로 꼽힌다. 이 사건은 프랑스의 북부 노르망디 지방의 William과 그 휘하의 Northmen, 즉 노르만족이 1066년에 영국을 침략하여 왕권을 쟁취한 사건이다.

본래 노르망디(Normandy)는 "Northmen's land"(북부유럽에서 온 사람들에게 준 땅)이란 의미이며, 영국의 Danelaw와 비슷한 성격을 지닌 지역이다. 구체적으로 말하면, 노르망디는 영국 바로 건너편 프랑스 북부 해안의 약 75마일에 걸쳐 뻗어있는 지역인데 이 지역의 이름은 9-10세기에 여기에 정착한 고대 스칸디나비아인(Northmen=Normans)에서 유래하였다. 따라서 노르만인들은 앵글로색슨족이 영국으로 이주해 가기 전에는 구라파 대륙에서 바이킹족과 마찬가지로 모두 영국민의 이웃이었다. 노르만족은 그들의 지도자인 Rollo의 영도하에 프랑스의 북쪽 해안가를 약탈하여 당시 프랑스 왕 Charles III세로부터 노르망디를 할애받게 되었으며, Rollo 자신은 911년에 Duke of Normandy로 책봉되게 된다. Normandy에 정착한 이들은 시간이 흐름에 따라 고도로 발달한 프랑스 문화를 전폭적으로 받아들이면서 흡사 프랑스인으로 변화하게 된다. 그들의 언어가 프랑스어로 바뀌었고, 모든 생활양식이 프랑스식으로 변해버렸기 때문에 이들이 강력한 힘을 기반으로 1066년 노르만 정복의 주역이 되었을 때는 이미 같은 게르만의 분파라기보다는 프랑스인의 모습이라고 이해해야할 것이다. 이들이 사용하던 프랑스어를 파리를 중심으로 하는 Central French와 구별하기 위해 Norman French, 혹은 Anglo-Norman이라고 부른다.

이전부터 노르망디와 영국은 서로 내왕이 있었으며 영국 왕 Ethelred the Unready(978-1016)의 왕비는 노르망디의 공주 Emma이고, 그 사이에서 태어난 Edward the Confessor는 영국의 왕위를 계승하게 된다. 그 당시 영국은 국력이 침체된 상황이었고, 국내정세뿐만 아니라 대외적인 위치가 안정적이지 못하여 부왕을 따라 노르망디로 망명길에 오른 Edward는 노르망디에서 성장했다. 노르망디의 수도사들 사이에서 성장한 그는 종교생활에 심취하였고(그의 이름 the Confessor가 이를 상징적으로 보여준다), 영국에 돌아와 왕위에 오르게 되었지만 프랑스 문화에 더 가까운 사람이었다. 그는 프랑스어를 사용할 뿐만 아니라 종교에 심취하고, 정치에 뜻이 없어서 종교적인 일에만 정력을 쏟게 되었고, 그 결과 정치는 제대로 이루어지지 못하게 된다. 그러던 중 1066년에 Edward가 후계자 없이 죽게 되자 Harold 백작이 영국의 왕으로 즉위하게 된다. 이것을 못마땅하게 여긴 Duke of Normandy였던 William이 드디어 영국을 침공하게 된다. William the Conqueror는 Hastings 전투에서 Harold가 이끄는 영국군을 굴복시킨다. 이 전투에서 Harold는 눈에 화살을 맞아 전사하게 되고 그의 두 형제들도 전사하게 되었으며, 결국 영국인들은 굴욕적인 항복을 하게 된다. 1066년에 일어난 이 침공을 노르만 정복이라고 부르며, 이것은 역사상 영어에 가장 큰 영향을 미친 사건이 되었다.

## 2. 영어의 몰락과 프랑스어의 공용어화

노르만 정복 이후 영어에 프랑스어의 요소가 가미되게 되었으며, 따라서 오늘날의 영어의 모습이 현대 독일어와 그 모습이 많이 다른 원인은 바로 이 사건에서 비롯된다고 볼 수 있다. 이 사건의 결과로 인하여 궁정은 말할 것도 없고, 법정, 학교, 의회도 프랑스어가 공용어로 등장하게 되었으며, 이로부터 약 200년 동안 프랑스어가 영어를 물리치고 영국 전역을 휩쓸게 된다. 그 이후로 영어가 다시 그 모습을 나타내기까지 영어는 서민, 농민, 종의 일상어로 격하되어 빛을 완전히 잃게 되었다.

영어가 서민의 언어로 전락하게 되고, 약 200년간 영국의 모든 상류계급의 일상생활에서 프랑스어가 상용되었다. 이 때 영국에 도입된 프랑스어는 노르망디 지역에서 사용되던 방언인 Norman French로서 프랑스의 파리에서 사용되던 Parisian French 또는 Central French와는 다소 다른 프랑스어 형태였다.

## 3. 영어의 위상 복구와 런던표준어의 등장

노르만 정복 이후 영국에서는 세 언어가 사용되고 있었다. 라틴어는 교회에서, 프랑스어는 공용어로서, 영어는 민중어로서 사용되었다. 그러나 1204년 존 왕의 노르망디 상실과 1337년 시작된 백년전쟁의 여파로 인하여 프랑스어는 쇠퇴의 길을 걷게 되었고 영어의 위상이 이전의 모습으로 복구되기 시작하였다. 이 시기의 상황을 John Algeo(2010,

p. 123)는 다음과 같이 설명하고 있다.

> For a long time after the Norman Conquest, England was trilingual. Latin was the language of the Church, Norman French of the government, and English of the majority of the country's population. The loss of Normandy in 1204 by King John, a descendant of the Conqueror, removed an important tie with France, and subsequent events were to loosen the remaining ties. By the Fourteenth century, several things happened that promoted the use of English. The Hundred Years' War, beginning in 1337, saw England and France bitter enemies in a long, drawn-out conflict that gave the deathblow to the already moribund use of French in England. Those whose ancestors were Normans eventually came to think of themselves as English.

또한 14세기에 흑사병의 창궐로 인하여 인구의 1/3이 죽게 되었고, 그로 인한 노동력 부족현상은 농민의 위상을 높이는 결과를 가져오게 되었다. 종교적으로도, John Wycliffe는 교회의 교리와 조직에 관한 문제로 기존의 교회의 권위에 도전하는 이른바 Lollardy운동을 전개하여 1382년 라틴어 성서를 최초로 성경 전권을 영어로 번역(*The Wycliffe Bible*)하여 교리를 대중화함으로써 종교개혁의 시작을 알리는 사건 등도 영어의 위상복구에 크게 기여하게 되었다. 루터의 16세기 종교개혁이 시작되기 이전에 14세기에 부패한 교회의 개혁을 부르짖으며, 성서의 영어번역작업 등을 통해 당시의 권위에 정면으로 맞선 사람이 바로 John Wycliffe이다. 중세영어시대뿐만 아니라 모든 시대를 망

라하여 가장 위대한 시인 중 한 사람인 Geoffrey Chaucer는 프랑스어와 영어로 글을 썼지만 중요한 작품은 항상 영어로 써온 사실도 영어의 위상복구에 기여한 점이다. 그러한 과정 중에 영어를 공용어로 하는 결정들이 나오게 되었는바, 1362년에는 법정에서 공용어를 영어로 하도록 결정되었다.(1362 The Statute of Pleadings was enacted, requiring all court proceedings to be conducted in English.) 이러한 변화의 결과, 1400년에 Chaucer가 사망할 때에는 영어가 영국의 언어로 상당히 정착되었고, 14세기 말에는 공적인 문서와 기록이 영어로 쓰이기 시작하였으며, 1399년 영국 왕 헨리 4세의 즉위식이 영어로 행하여지기에 이르렀다. 이리하여 노르만족에 의해 지배를 받기 시작한지 약 300년 만에 영어는 다시 영국의 국어로서 복귀한 셈이다.

다음은 중세영어의 표준어에 대하여 알아보기로 하자. 중세영어에는 다양한 방언이 있었으며, 북부방언은 고대영어의 Northumbrian에 해당되고 중부방언은 East Midland와 West Midland로 나누어져있었지만 대체로 고대영어 Mercian 방언에 해당된다. 남부는 고대의 West Saxon에 해당되며, Kentish 또한 남부의 방언이다. 그러나 시간이 지나면서 그 당시 큰 규모의 중요도시이던 런던이 속한 East Midland 방언이 영국전체의 표준어로 자리하게 된다. 우선 중세영어 시기에 런던의 방언이 표준어로 정립될 수 있었던 중요한 요인 몇 가지를 들면 다음과 같다. 첫째, 런던 방언이 속해있는 East Midland 방언은 지리적으로 영국의 중심에 위치해 있다. 둘째, 런던은 정치와 상업, 교통의 중심지였다. 템즈강 하류에 위치한 런던은 바다로 연결되는 관문이었다. 셋째, 런던은 당시 학문의 중심이었던 Oxford와 Cambridge에서 가까운 거리에 위치하고 있어서 이곳에서 교육을 받은 런던 방언 사용자들이 전국에 흩어져 나감으로써 런던 방언을 표준어로 만드는 요인이 되었다. 넷째, 당시 최초로 인쇄업을 시작한 Caxton이 런던에 근거지를 정하고 1476년에 런던 방언으로 인쇄물을 만들었다. 다섯째, Chaucer가 런던 방언으로 시를 썼다. 이와 같은 여러 요인들 때문에 15세기에는 런던 방언이 표준어의 자리를 차지하게 되었다.

## 4. 음운과 철자의 변화

중세영어의 어휘에 가장 큰 영향을 끼친 것이 프랑스어 어휘의 차용인데 프랑스어 철자의 관습도 같이 차용되었다. 그러나 중세영어의 새로운 철자처럼 보이지만 사실은 이전의 과거시대로 복귀한 것들이 있다. 이중음자 th는 900년 이전의 최초의 영어문헌에서 사용되었다가 고대영어에서는 Þ과 ð로 대체되었던 것이다. 따라서 중세영어 시기에 새롭게 쓰이기 시작한 th철자는 따지고 보면 그 이전의 시대로 되돌아간 것이라고 해야 할 것이다. 또한 초기 필사본에 uu[w]도 룬문자인 wynn으로 대체되었다가 노르만 필사생들에 의해서 이 두 문자의 합자 형태인 w로 영국에 재차 도입된 것이다. 그 철자이름이 '더블 유'임을 보면 유래를 이해하는 데 도움이 될 것이다.

중세영어의 발음은 고대영어와 현대영어의 과도기적 특성을 그대로 나타내고 있었다. 고대영어 시기의 철자는 발음기호의 의미를 담고 있었으나 중세영어의 철자는 이미 발음기호와는 어느 정도 거리감을 보이기 시작하였다. 그러나 중세영어 시기의 발음이 현대영어처럼 철자와 발음의 괴리가 큰 것은 아니기 때문에 그야말로 고대영어기와 현대영어기의 과도기적인 모습을 보여주는 시기라 할 것이다.

한편, 중세영어 시기에 새로 소개된 글자로는 g, k, v, z 등을 들 수 있다. 우선 고대영어의 ʒ는 나타나는 환경에 따라 [g]나 [y]의 두 가지로 발음되었으나 중세영어기에 들어와 g가 도입되면서 고대영어에서 [g]로 발음되던 ʒ의 경우 — 즉 ʒ가 후설모음 앞뒤에 나타나던 ʒōs와 같은 경우 — 를 g를 사용하여 goos로 표기하였다. 그러나 ʒ가 [y]로 사용되는 환경에서는 ʒ를 사용하여 ʒeldan(to yield)으로 표기하였다. 한편 중세영어의 ʒ는 나중에 i가 되었다가 13세기 말경에는 y가 되어 yeldan으로 표기했다.

철자 k도 중세영어에 들어서면서 그 사용이 본격화한 글자이다. 고대영어 시기에는 c도 g와 마찬가지로 나타나는 환경에 따라 [k](cōl(=cool))나 [č](ċild(=child))의 음가를 가졌다. 그러나 k의 사용이 본격화하면서 전설모음 앞에서는 k를 사용하게 되었다. 예를 들면 kepe(=to keep), kille(=to kill), kinde(=kind) 등이다. 그러나 후설모음 앞에서는 여전히 c를 사용하였다. care(=to care), cou(=cow) 등이 그 예이다.

고대영어에서는 마찰음의 경우 유 · 무성의 구분은 비변별적이었기 때문에 f, s, þ는 유성음들 사이에 나타나는 경우 각기 [v, z, ð]의 음가를 가졌다. 그러나 프랑스어에서의 차용이나 혹은 어미가 탈락함으로 인해서 [v, z, ð]가 vertu(=virtue), verray(=very) 등처럼 어두나 어미에 나타나는 경우가 생기게 되었다. 한편 give, lose, bathe 등에서 어말의 -e 발음이 소실됨으로써 각기 [v, z, ð]가 어말에 오게 되었다. 이런 상황에서 v, z 등의 철자사용이 필요해졌기 때문에 중세영어에서 비로소 철자로 등장하게 되며, 그 결과 고대영어시대의 drifen과 같은 단어는 driven으로 표기할 수 있게 되었다. 자음 [v]는 고대영어에서 어두에 나오는 일이 없었으며, 어중에서는 drifen 'driven', scofl 'shovel' 처럼 철자 f를 사용했다. 따라서 실제로 어두 v를 갖는 모든 영어단어들은 라틴어나 프랑스에서 들어온 차용어라고 이해하면 좋을 것이다. vulgar(Latin), vocal(French), voice(French) 등의 낱말이 우리에게 익숙해 보이지만 사실은 모두 차용어인 것이다. 마찬가지로 이러한 철자규정과 발음 등에 의해서 현대영어에서 어두가 very나 voice처럼 [v]로 시작하거나 zeal이나 zodiac처럼 [z]로 시작되는 대부분의 단어들은 차용어임을 확인할 수 있게 된다.

한편, 고대영어에는 있으나 프랑스어에는 없던 æ는 a가 대신하게 되었으며, þ는 th로 대체해서 사용했다. [x]나 [ç]의 발음을 위해서 사용되던 h를 대신하여 gh를 사용하였으며, 고대영어의 hw-(hwæt) 철자는 wh-(whæt)로 바뀌었다. 한편 [š]의 음가를 가졌던 고대영어의 sc는 sh로 대체되었으며, [č]의 음가를 가졌던 c의 철자를 대신해서 ch를 쓰기 시작했다.

모음의 음운에서 중요한 점은 모음의 장음을 표시하기 위해서 중세영어에서는 ee나 oo처럼 중첩한 철자들(doubled letters)을 사용하였는데, 이 관습이 중세영어 후기에 표준어인 East Midland 방언에서 일반화되었다는 것이다. 한편, 중세영어의 철자에서 주의해야 할 모음철자는 바로 단자음 다음에 나오는 어말의 e이다. fode 'food', fede 'feed'에서 보는 것처럼 중세영어에서도 어말의 비강세 모음 e는 바로 이전의 모음 길이가 길다는 것을 나타내주고 있는데 이는 현대영어의 모습과 일치

한다. 현대영어에서 case, mete, bite, rote, rule 등의 낱말을 보면 묵음 e는 단어 내에서 선행하는 모음길이가 길다는 것을 보여준다. 고대영어에서는 같은 자음을 중첩하여 쓰면 그 자음의 길이가 길다는 것을 나타냈으나 중세영어시대에는 중첩된 자음 앞의 모음길이가 짧다는 것을 나타내게 되었다. diner vs. dinner, biter vs. bitter 등을 통해 그 구별을 확인할 수 있을 것이다.

# 현대영어

## The Modern English Period

시대적으로 1500년에서 현재에 이르기까지의 시대를 현대영어시대라고 부른다. 그러나 언어속성상 어느 시기를 기점으로 한다는 것이 쉬운 일이 아니며, 일정시간의 과도기가 있은 후에 이전 시기와 다른 모습을 보이기 마련인데 이 과도기를 일반적으로 1450년부터라고 얘기하고 있다. 이 기간 중에 일어난 일들 중에 가장 획기적인 일은 William Caxton(1422-91)이 인쇄소를 차려서 출판 사업을 전개한 것이라 할 것이다. 그 결과로 런던을 중심으로 한 East Midland 방언이 영국 전역으로 전파되는 계기를 맞이하였으며, 영어의 정자법이 고정되는 기초가 되었다고 볼 수 있다. 아울러 1755년에 영국에서 Samuel Johnson이 제 모습을 갖춘 *The Dictionary of the English Language*라는 사전을 출간하게 되는데 이 사전의 출현은 영어의 철자법이 고정되는 큰 계기가 되었다고 볼 수 있다. 언어적으로는 중세영어에서 현대영어로 옮아가는 시점에 장모음의 변화가 두드러지게 일어났는데 이 변화를 '대모음추이'(The Great Vowel Shift)라고 부르며, 이 사건이 바로 중세영어와 현대영어를 가르는 기준이다.

## 1. 대모음추이

중세영어와 현대영어 사이에는 고대영어와 중세영어의 분기점이 된 노르만 정복과 같은 역사적 사건은 없다. 그러나 중세영어와 현대영어를 가르는 기준으로 대모음추이를 내세우는 것이 보통이다. 대모음추이란 한마디로 말해서 중세영어의 장모음이 현대영어기로 들어오면서 조음의 위치가 한 단계씩 올라가는 이른바 상설화(上舌化)가 일어난 현상을 말한다. 따라서 이 현대영어의 시기를 정확히 정한다는 것은 사실상 어렵다. 그러나 일반적으로 현대영어는 16세기, 즉 1500년부터 시작된다고 보고 있다. 16세기에 접어들면서 영어는 대모음추이라고 불리는 엄청난 음운변화를 겪게 되는데 이 변화는 이전이나 이후에도 나타나지 않은 큰 변화이다.(The fifteenth century, following the death of Chaucer, marks a turning point in the history of English, for during this period the language underwent greater, more important phonological changes than in any other century before or since.) 중세영어의 대표적인 작가 Chaucer와 16세기의 대표적인 작가 Shakespeare의 영어를 비교해보면 비록 이들이 많은 경우에 동일한 철자를 사용하고 있음에도 불구하고 그 발음에 있어서는 상당한 차이가 생겨났다는 것을 알게 된다.

대부분의 음운변화가 그렇듯이 어찌하여 장모음들이 일제히 한 단계씩 상승하게 된 이런 엄청난 변화가 생겨났는지는 알 수 없다. 대개 음운변화란 오랜 세월에 걸쳐 진행되는 것이므로 우리들이 그 변화를 알기란 쉽지 않다. 결국 16세기에 들어서면서 영어의 장모음은 일제히 한 단계씩 높아지게 되며, 가장 높은 자리에 있던 [iː]와 [uː]는 각기 [aɪ]와 [aʊ]로 이중모음화했다. John Algeo & Thomas Pyles(2005, p. 161)의 〈그림 3-3〉은 대모음추이의 전반적인 모습을 보여주고 있다.

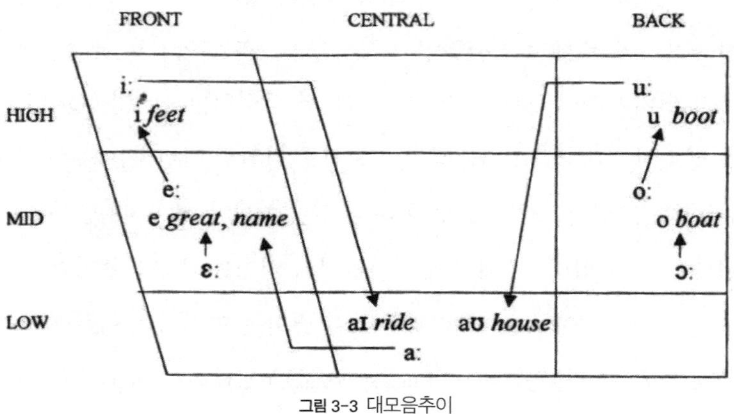


그림 3-3 대모음추이

다음은 대모음추이를 도표로 표시한 것이다.

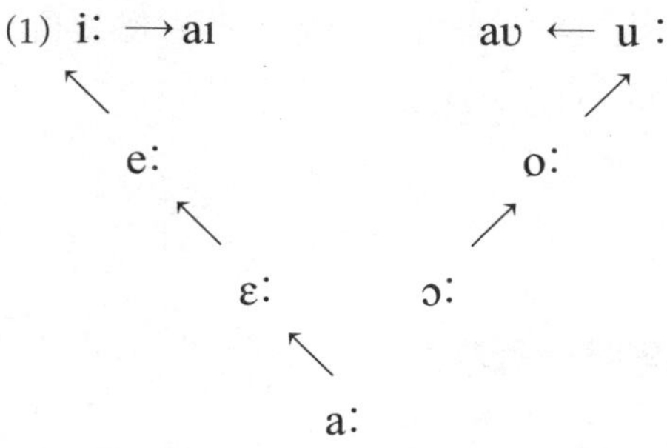


이러한 대모음추이의 결과로 다음과 같이 발음이 변화하게 되었다.

| (2) | OE | ME | Mod E |
|---|---|---|---|
| (a) | [i:] → [aɪ]: | ride | [ri:də] 〉 [raɪd](=to ride) |
| (b) | [e:] → [i:]: | deed | [de:d] 〉 [di:d](=deed) |
| (c) | [ɛ:] → [e:]: | deel | [dɛ:l] 〉 [de:l] 〉 [di:l](=to deal) |
| (d) | [a:] → [ɛ:]: | name | [na:mə] 〉 [nɛ:mə] 〉 [neɪm](=name) |
| (e) | [u:] → [aʊ]: | hous | [hu:s] 〉 [haʊs](=house) |
| (f) | [o:] → [u:]: | mone | [mo:n] 〉 [mu:n](=moon) |
| (g) | [ɔ:] → [o:]: | hoom | [hɔ:m] 〉 [ho:m] 〉 [hoʊm](=home) |

(2)의 예문과 (1)의 음운변화의 도표를 통해서 얼마나 큰 차이를 가져오게 되었는지를 짐작할 수 있다. 예를 들어 (2c)에서는 [ɛ:]가 [e:]가 되었다가 다시 [i:]로 2단계 상승하였고, (2d)에서는 상승한 모음이 다른 모음으로 바뀌기도 하였다. 이처럼 음운변화에서만큼은 대모음추이 같이 큰 변화는 없었던 것이다. 철자는 중세영어와 동일하지만 발음이 대모음추이의 영향으로 다르게 변화했기 때문에 현대영어에서의 철자와 발음의 괴리는 더욱 커지게 되었다. 따라서 현대영어에

서 볼 수 있는 철자와 발음의 괴리를 가져온 첫 번째 이유는 바로 대모음추이 때문이라고 할 것이다.

## 2. 초기현대영어의 정자법

현대영어의 정자법이 확립된 시기는 매우 최근의 일이다. 예를 들어 모음에는 i를 사용하고 자음에는 j를 사용하는 구별은 17세기가 되어서 비로소 이루어진다. 초기현대영어로 쓰인 *King James Bible*(1616년)만 보더라도 철자 i가 자음과 모음의 음가에서 모두 쓰이고 있음을 볼 수 있다. 17세기에 두 철자의 구별이 확립되었다고는 하지만 여전히 i와 j가 하나의 동일한 철자이었다는 인식 때문에 19세기까지도 혼동되어 쓰인 경우가 있음을 문헌을 통해 찾아볼 수 있다. 심지어 Dr. Johnson의 *Dictionary*(1795)에서도 이 두 철자를 하나의 동일한 철자로 다루고 있으며 이러한 관습이 19세기까지 이어진 것이다.

u의 굽은 형태와 모난 형태, 즉, u와 v의 경우도 비슷한 경우이다. 이들 철자들은 모음이나 자음의 구별과 상관없이 사용되었다. 17세기가 되어서야 대륙의 인쇄업자들을 중심으로 자음에는 v를 쓰고 모음에는 u를 쓰기 시작하였고, 17세기 중엽에 이르러서야 영국의 인쇄공들도 구별하여 쓰기 시작했다. i와 j의 경우처럼 u와 v의 철자들 역시 19세기까지도 서로 혼동되어 사용되고 있음을 알 수 있다.

초기 현대영어에서 3인칭의 동사표시는 -(e)s와 -(e)th의 두 가지 형태가 있었다. 17세기 이후로 -(e)s 형태가 우세하게 사용되기 시작하였으며, Shakespeare는 이 둘을 섞어서 사용하고 있다. 그러나 doth

와 hath의 철자형태는 18세기까지 계속 사용되었으며, 1616년에 편찬된 *King James Bible*에서는 –th 철자만을 사용하였다.

## 3. 영국영어와 미국영어의 차이

미국영어는 1620년에 영국인들이 미국의 Virginia 주로 건너간 때를 그 기원으로 보고 있다. 그 당시의 미국영어는 영국영어의 한 방언에 불과했다. 시간이 지나면서 애팔래치아 동부 지역에 국한되어 살던 이주민들이 세력을 확장시켜 나갔고, 많은 유럽인들이 끊임없이 이주해 오면서 결국에 태평양 연안까지 진출하게 되었다. 또한 17세기 노예무역으로 인해 흑인들이 들어오기 시작했고 19세기까지 2,500여만 명의 흑인들이 정착했다. 지리적인 조건은 말할 것도 없고, 서로 다른 사회적, 경제적, 또는 그 밖의 여러 환경들에 의해서 영국영어와 미국영어는 각각 개별적인 방향으로 변화하고 발전해 온 것이다. 발음과 어휘선택 등에서 다소 다른 면이 있다할지라도 영국영어와 미국영어 사이에 본질적인 차이는 없다. 마찬가지로 캐나다의 영어, 호주영어, 뉴질랜드 영어, 남아프리카의 영어, 인도영어, 그리고 다른 많은 지역의 영어들 사이에서도 본질적인 차이는 없다는 사실을 이해하도록 하자.

### 1) 철자의 차이

미국식 철자는 대부분 Noah Webster(1758-1843)의 견해에 따른 것으로, 그가 내세운 철자법이 어원, 발음에 충실하여 배우기 쉽고 합리적인 것이라고 주장했다. 그의 견해에는 많은 비평의 여지가 있었지만, 간단하고 명료하다는 호평을 받아, 그의 spelling book과 사전이 널리 퍼지게 되어 마침내 표준 미국식 철자가 되었다.

미국식 철자와 영국식 철자의 차이를 보면, 미국식 영어에서는 honour, colour 등의 낱말에서 철자 u를 빼고 honor, color로 쓰고 있다. 또한 두 개의 자음이 중첩되어 사용되는 traveller, waggon 등의 낱말에서도 traveler, wagon처럼 자음을 하나만 쓰는 것을 볼 수 있다. 또한 fiber, center, theater의 낱말에서 볼 수 있는 것처럼 미국식 철자는 낱말의 어미에서 -re 대신에 −er철자를 사용하고 있음을 볼 수 있다. defense, offense 등과 같이 −ce 대신에 -se를 쓰는 모습을 볼 수도 있다. 이러한 변화는 Webster가 그의 사전에 이러한 철자를 넣었기 때문이라고 생각되며, 물론 영국식 철자가 아직도 미국에서, 그리고 일부 미국식 개혁안 철자가 영국 내에서도 일반화되어 있는 것도 사실이다.

앞에서 살펴본 것처럼 미국영어의 철자와 영국영어의 철자 사이에는 차이가 있다. 이러한 철자의 개혁안을 주장한 Webster가 철자를 변화시키고자 했던 근본적인 이유는 발음에 충실한 철자를 사용하고자 했기 때문이며, 특별히 발음되지 않은 철자는 철저히 배격하고자 한 흔적을 찾아볼 수 있다. 그러나 이처럼 그가 제안한 새로운 철자들에는 사실 예전에 영국영어에서 사용되었던 철자가 많이 들어 있음을 간과해서는 안 된다.

(1) -our-/-or

| 영국영어 | 미국영어 | 의미 |
|---|---|---|
| colour | color | 색깔 |
| labour | labor | 일 |
| honour | honor | 명예 |
| humour | humor | 유머 |
| ardour | ardor | 열정 |
| armour | armor | 갑옷 |
| behaviour | behavior | 행동 |
| candour | candor | 공평무사 |
| endeavour | endeavor | 노력 |
| favour | favor | 호의 |
| neighbour | neighbor | 이웃 |
| odour | oder | 냄새 |
| rumour | rumor | 소문 |
| vapour | vapor | 증기 |
| vigour | vigor | 활력 |
| succour | succor | 구조, 원조 |
| saviour | savior | 맛, 풍미 |

(2) -ou-/-o-

| 영국영어 | 미국영어 | 의미 |
|---|---|---|
| mould | mold | 틀, 주형 |
| smoulder | smolder | 그을리다 |

(3) -ae,oe-/-e-

| 영국영어 | 미국영어 | 의미 |
|---|---|---|
| anaesthetic | anesthetic | 마취제 |
| encyclopaedia | encyclopedia | 백과사전 |
| foetus | fetus | 태아 |
| manoeuvre | maneuver | 작전적 행동 |

### (4) -re/-er

| 영국영어 | 미국영어 | 의미 |
|---|---|---|
| centre | center | 중앙 |
| theatre | theater | 극장 |
| litre | liter | 리터 |
| spectre | specter | 유령 |
| accoutre | accouter | 복장을 하다 |
| calibre | caliber | 직경 |
| fibre | fiber | 섬유 |
| metre | meter | 미터 |

### (5) -ll-/-l-

| 영국영어 | 미국영어 | 의미 |
|---|---|---|
| traveller | traveler | 여행자 |
| counsellor | counselor | 상담자 |
| levelled | leveled | 수평으로 하다 |
| jewellery | jewelery | 보석 |
| crueller | crueler | 더 잔인한 |

### (6) -ce/-se

| 영국영어 | 미국영어 | 의미 |
|---|---|---|
| defence | defense | 방어 |
| offence | offense | 공격 |
| pretence | pretense | 구실 |
| licence (n) | license (n) | 허가 |
| license (v) | license (v) | 허가하다 |

(7) -dgement/dgment

| 영국영어 | 미국영어 | 의미 |
|---|---|---|
| abridgement | abridgment | 요약 |
| judgement | judgment | 판단 |
| acknowledgement | acknowledgment | 인정 |

(8) -exion/-ection

| 영국영어 | 미국영어 | 의미 |
|---|---|---|
| connexion | connection | 연결 |
| inflexion | inflection | 굽음, 굴절 |
| deflexion | deflection | 편향 |
| reflexion | reflection | 반영 |

(9) -gg-/-g-

| 영국영어 | 미국영어 | 의미 |
|---|---|---|
| waggon | wagon | 마차 |

(10) 기타

| 영국영어 | 미국영어 | 의미 |
|---|---|---|
| cheque | check | 확인/수표 |
| draught | draft | 도안 |
| moustache | mustache | 콧수염 |
| programme | program | 프로그램 |
| tyre | tire | 타이어 |
| woollen | woolen | 울의 |
| yoghurt | yogurt | 요구르트 |
| disc | disk | 편편한 원반 |
| kerb | curb | 고삐 |
| zip | zipper | 옷의지퍼 |
| luggage | baggage | 수화물 |

### 2) 어휘와 구문의 차이

미국과 영국에서 사용되는 동의어 어휘들이 많은 것은 사실이다. 그러나 그러한 어휘들의 사용이 큰 문제를 일으킨다기보다는 사용빈도상의 차이로 보는 것이 더 타당한 경우가 많이 있는 것 같다. 어휘에서 두드러지는 차이로는 영국영어에서의 postman, railway 등을 미국영어에서는 mailman, railroad 등으로 쓰는 경향이 강한 편이고, 영국영어의 luggage가 미국영어에선 baggage로 흔히 사용된다. 구문이나 어형의 차이도 가끔씩 보이지만 그 차이는 사소한 것이라고 할 것이다. 예를 들면, 집합명사의 사용에서 영국인들은 미국인들에 비해 더 복수동사 형태를 사용하는 경향이 강한 것 같다. 문법적으로 본다면 전체를 단위로 볼 때는 단수동사를 쓰고, 개체를 단위로 볼 때는 복수동사를 쓰는 것이 맞지만 이러한 것과는 상관없이 영국인들은 집합명사에 복수동사를 쓰는 경향이 강하다는 것이다. 이와 관련하여 Thomas Pyles & John Algeo(1993, pp. 219-220)의 설명을 빌리면 다음과 같다.

> With regard to collective nouns, for instance, the British are much more likely than Americans to use a plural verb form, like "the public are ....." Plural verbs are frequent with the names of sports teams, which, because they lack the plural -s, would require singular verbs in American usage: "England Await Chance to Mop Up"(a headline, the reference being to England's cricket team, engaged in a test match with Australia); "Wimbledon Are Fancied for Double" (also a headline); and "Middlesex were in a strong position when they continued their innings at Gloucester."

This usage is not confined to sports pages: witness "The village are livid"; "The U.S. Government are believed to favour ..."; "Eton college break up for the summer holidays to-day"; "The Savoy [Hotel] have their own water supply"; "The Government regard ......"; and "Scotland Yard are ...."

다음은 영미언어어휘의 차이를 비교하여 본 것이다. 물론 어휘들의 사용빈도상의 차이라고 여길 수 있는 정도의 단어들도 있고, 두 어휘를 영국과 미국에서 공히 사용하는 경우도 있기 때문에 너무 중요한 구별로 받아들이지 않는 것이 좋을 것 같다.

### (1) 자동차/교통과 관련 있는 단어들

| 의미 | 영국영어 | 미국영어 |
|---|---|---|
| 자동차 앞의 양쪽 거울 | wing mirror | side mirror |
| 지시등, 방향등 | indicator | turn signal |
| 자동차 번호판 | number-plate | license plate |
| 후진등 | rear-light | taillight |
| 자동차 트렁크 | boot | trunk |
| 본네트 | bonnet | hood |
| 앞유리 | windscreen | windshield |
| 변속기어 | gear lever | gearshift |
| 자전거 의자 부분 | saddle | seat |
| 주유소 | filling station | gas station |
| 보도 | pavement | sidewalk |
| 횡단보도 | pedestrian | crosswalk |
| 신호등 | traffic-lights | traffic light |
| 교차로 | crossroads | intersection |
| 양보 | give way | yield |
| 버스 | coach | bus |
| 연료/화학물질 운반트럭 | tanker | fuel truck |
| 여행용 자동차 | caravan | trailer |

| 의미 | 영국영어 | 미국영어 |
|---|---|---|
| 세단형 자동차 | saloon | sedan |
| 지하철 | underground/tube | subway |
| 택시 | taxi | cab |
| 택시 승차장 | taxi rank | cab stand |
| 펑크 | puncture | flat |

## (2) 상점/음식과 관련된 것들

| 의미 | 영국영어 | 미국영어 |
|---|---|---|
| 과자 | biscuits | cookies |
| 감자깡 | crisps | potato chips |
| 요구르트 | yoghurt | yogurt |
| 옥수수 | sweet corn | corn |
| 일회용반창고 | (sticking) plaster | band-aid |
| 사탕 | sweets | candy |
| 바퀴 달린 짐수레 | trolley | cart |
| 점원 | shop assistant | salesperson |
| 필름 한통 | reel of film | roll of film |
| 축하카드 | greetings card | greeting card |

## (3) 의복/소지품/액세서리와 관련된 것들

| 의미 | 영국영어 | 미국영어 |
|---|---|---|
| 바지 | trousers | pants |
| 핸드백 | handbag | purse |
| 남자용 수영복 | swimming-trunks | bathing suit |
| 여성용 원피스 수영복 | swimsuit | bathing suit |
| 팬티스타킹 | tights | pantyhose |
| 여자용 원피스 잠옷 | night-dress | nightgown |
| 남자용 파자마 잠옷 | pyjamas | pajamas |
| 손지갑 | purse | wallet |
| 운동화 | trainer | sneaker |
| 팔 없는 상의 | vest | tank top |

| 의미 | 영국영어 | 미국영어 |
|---|---|---|
| 브로치 | broach | pin |
| 면도크림 | aftershave | after-shave lotion |
| 공책 | exercise book | notebook |
| 지우개 | rubber | eraser |
| 지폐 | notes | bills |

## (4) 건물의 층

| 의미 | 영국영어 | 미국영어 |
|---|---|---|
| 1층 | ground floor | first floor |
| 5층 | fourth floor | fifth floor |
| 6층 | fifth floor | sixth floor |

## (5) 기타

| 의미 | 영국영어 | 미국영어 |
|---|---|---|
| 휴가 | holiday | vacation |
| 기록하다 | fill in | fill out |
| 승강기 | lift | elevator |
| 계산서 | bill | check |
| 영화 | film | movie |
| 우편송부 | send | mail |
| 소포 | parcel | package |
| 약국 | chemist's | pharmacy |
| 연금 받는 노인 | old age pensioner | senior citizen |
| 통화 중 | engaged | busy |
| 시간표 | timetable | schedule |
| 왕복표 | return | round-trip |
| 수학 | maths | math |
| 빌리다 | hire | rent |
| 운전 면허증 | driving license | driver's license |
| 간격 | interval | intermission |
| 가을 | autumn | fall |
| 주점 | pub | bar |

| 의미 | 영국영어 | 미국영어 |
|---|---|---|
| 아파트 | flat | apartment |
| 머리의 가르마 | parting | part |
| 기브스 | plaster cast | cast |
| 치과간호사 | dental nurse | dental assistant |
| 회색 | grey | gray |
| 가정집의 편지함 | letter-box | mail box |
| 안테나 | TV aerial | antenna |
| 싱크대 | wash-basin | sink |
| 화장실 수건 걸이대 | towel-vail | towel rack |
| 저울 | scales | scale |
| 욕조 | bath | bathtub |
| 블라인드 | blind | shade |
| 거울 있는 화장대 | dressing table | dresser |
| 붙박이 옷장 | wardrobe | closet |
| 옷걸이 | coat-hanger | hanger |
| 계단 | stair | step |
| 물통 | bucket | pail |
| 빨래집게 | clothespeg | clothespin |
| 전기제품의 코드(줄) | flex | cord |
| 손전등 | torch | flashlight |
| 수도꼭지 | tab | faucet |
| 요리책 | cookery book | cookbook |
| 식기를 닦는 헝겊 | tea towel | dish towel |
| 깡통따개 | tin-opener | can opener |
| 냉장고 | fridge | refrigerator |
| 찬장 | cupboard | cabinet |
| 주머니칼 | penknife | pocketknife |
| 스패너 | spanner | wrench |
| 집의 뒷마당 | back garden | backyard |
| 현금 자동 지급기 | cash dispenser | cash machine(ATM) |
| 소방관 | fireman | fire fighter |
| 호텔 리셉션 | hotel reception | front desk |
| 가방을 들어주는 호텔직원 | porter | bellhop |
| 경마장의 말이 달리는 트랙 | racecourse | racetrack |
| 바퀴벌레 | cockroach | roach |
| 수탉 | cock | rooster |
| 공연장의 연주가들의 자리 | stalls | orchestra seats |
| 발코니석 | gallery | balcony |

## 참고문헌

구희산, 『영어음성학』, 한국문화사, 1998.

김영석, 『영어음운론』, 한신문화사, 1991.

박희석, 『네이티브 영어발음 3단계 트레이닝』, 월드컴, 2010.

_____, 『영어의 이해』, 남서울대학교 출판국, 2012.

전상범, 『영어학개론』, 한국문화사, 1998.

Algeo, J., *The Origins and Development of the English Language,* Boston: Wadsworth Cengage Learning, 2010.

Bloomfield, L., *Language*, New York: Holt, Rinehart & Winston, 1933.

Bronstein, A. J., *The pronunciation of American English*, New York: Appleton, Century, and Crofts, Inc, 1960.

Chomsky, N. and M. Halle, *The Sound Pattern of English*, New York Harper & Row, 1968.

Crystal, D., *The Cambridge Encyclopedia of the English Language,* New York: Cambridge University Press, 1995.

Denes, P. B. and E. N. Pinson, *The Speech Chain*, Bell Telephone Laboratories, 1970.

Gimson, A. C., *An Introduction to the Pronunciation of English*, London: Edward Arnold, 1975.

Greenbaum. S., R. Quirk., *A Student's Grammar of the English Language,* London: Longman, 1990.

Hee-San Koo, *Phonetics and Phonology in English,* Seoul: Han Shin, 1990.

Hyman L. M., *Phonology: Theory and Analysis,* New York: Holt, Rinehart and Winston, 1975.

Jespersen, O., *Essentials of English Grammar,* London: George Allen & Unwin, 1933.

Jones, D., "On Phonemes," *Travaux du Cercle Linguistique de Prague IV,* 1931.

Ladefoged, P., *A Course in Phonetics,* NewYork: Harcourt Brace Jovanovich, Inc, 1985.

Ladefoged, P., *A Course in Phonetics,* Boston: Thomson Wadsworth, 2006.

Prator, C. H. and B. W. Robinett, *Manual of American English Pronunciation,* New York: Holt, Rinehart and Winston, 1985.

Saussure, F. de, *Course in General Linguistics,* New York: Philosophical Library, 1959.

Schane, S. A., *Generative Phonology*, New Jersey: Prentice Hall, 1973.

Singh, S. and K. Singh., *Phonetics: Principles and Practices,* London: University Park Press, 1977.

Wolfram, W. and R. Johnson, *Phonological Analysis: Focus on American English*, The Center for Applied Linguistics, 1982.

## 1. 대명사의 형태 파악하기

(  )의 단어 중에서 적합한 대명사형태를 고르세요.

① (They, Their) are the greatest astronauts.

② Sam and (I, me) are some big fans of space exploration.

③ This cat is (my, mine).

④ Has (your, you're) pet ever saved a life?

⑤ The dog's intelligence and (its, it's) keen sense of smell enable it to find lost travelers.

---

**해설 및 정답**

① **해석** 그들은 위대한 우주비행사들이다.
**정답** They
**해설** 주어위치이므로 주격!

② **해석** 샘과 나는 우주탐험의 굉장한 팬이다.
**정답** I
**해설** 주어위치이므로 주격!

③ **해석** 이 고양이는 내 것이다.
**정답** mine
**해설** 주격보어 위치이므로 소유대명사형태인 mine이 적합!

④ **해석** 너의 애완동물이 생명을 구한 적 있니?
**정답** your
**해설** 명사(pet)를 수식하는 위치이므로 소유격형태가 적합!

⑤ **해석** 개는 총명함과 예민한 후각 때문에 실종된 여행객을 구할 수 있다.
**정답** its
**해설** it의 소유격형태는 its!. it's는 it has나 it is의 축약 형태이다.

## 2. 인칭과 수의 일치 확인하기

문법적인 문장이 되도록 밑줄 친 부분을 고치세요.

① Gary should always do her assignments.

② I read some books. It was good.

③ His family is large. They are composed of nine members.

④ Visitors realize you can learn from other cultures.

⑤ Everyone has their own ideas.

---

**해설 및 정답**

① 해석 Gary는 항상 그의 숙제를 해야 한다.

정답 her → his

해설 Gary가 남성이므로 소유격으로는 his!

② 해석 나는 책을 몇 권 읽었다. 그것들은 좋았다.

정답 It was → They were

해설 books가 복수형이기 때문에 대명사는 they!

③ 해석 그의 가족은 대가족이다. 그것은 9명으로 구성되어 있다.

정답 They are → It is

해설 이 문장에선 family가 집합명사이기 때문에 대명사는 it이 적합!

④ 해석 방문객들은 그들이 다른 문화로부터 배울 수 있다는 것을 깨닫는다.

정답 you → they

해설 visitors를 받는 대명사로는 they가 적합!

⑤ 해석 모든 사람들은 자신의 생각을 가지고 있다.

정답 their → his or her

해설 everyone을 받는 대명사의 소유격형태는 his!

### 3. 수의 일치 확인하기

문법적인 문장이 되도록 (　　)에서 맞는 표현을 고르세요.

① Some of the time capsules list (its, their) contents outside.

② Everyone likes to think that (he or she, they) will leave a mark on the world.

③ We all want to create something, and we hope (it, they) will outlive us.

④ I'm almost finished. I just need (another, others) five minutes.

⑤ Some people prefer classical music, but (the others, others) prefer rock music.

---

**해설 및 정답**

① 해석　어떤 타임캡슐들은 목록을 밖에 적어둔다.

정답　their

해설　time capsules가 복수이므로 문장의 주어인 부정대명사(some)도 복수 취급! 따라서 소유격형태도 their가 적합하다.

② 해석　모든 사람들은 이 세상에 발자취를 남기고 싶어 한다.

정답　he or she

해설　everyone은 단수취급하므로 대명사는 he or she!

어휘　leave a mark: 발자취를 남기다.

③ 해석　우리 모두는 뭔가를 창조하길 원하고, 그것이 우리보다 더 오래 지속되길 희망한다.

정답　it

해설　something은 '어떤 것'이라는 의미로서 단수 취급하며, 대명사형태는 it!

어휘　outlive: ~보다 더 오래 살다[남다], ~보다 더 오래 지속되다.

④ 해석　나는 거의 다 마쳤다. 나는 단지 5분만 더 필요하다.

정답　another

해설　시간, 거리, 가격, 무게 앞에서 another는 '하나 더'의 의미!

⑤ 해석　어떤 사람들은 클래식 음악을 좋아하지만, 다른 사람들은 록 음악을 더 좋아한다.

정답　others

해설　많은 사람들 중에서 '일부는 ~하고, 또 다른 일부는 ~하다'라는 표현을 나타낼 때에는 'some~, others~'의 표현이 쓰인다. the others를 쓰면 클래식음악을 좋아하지 않은 나머지 모든 사람들은 록 음악을 좋아한다는 뜻이 되므로 불가!

### 4. 문맥에 맞는 형용사 사용하기

다음 (　　)안의 형용사 중에서 문장에 적합한 것을 고르세요.

① We didn't spend (many, much) money.

② He's not popular. He has (few, little) friends.

③ Many people are multilingual, but (few, little) people speak more than five languages.

④ Hurry up! We don't have (many, much) time.

⑤ Don't bother me. I have (many, much) work to do.

---

**해설 및 정답**

① 해석　우리는 돈을 많이 쓰지 않았다.
　정답　much
　해설　money는 불가산명사이므로 much가 적합!

② 해석　그는 인기가 없다. 그는 친구가 거의 없다.
　정답　few
　해설　friends는 셀 수 있는 명사이므로 few가 적합!

③ 해설　많은 사람들은 다중언어 사용자이다. 그러나 다섯 언어 이상을 말하는 사람은 거의 없다.
　정답　few
　해설　people은 셀 수 있는 명사이므로 few가 적합!

④ 해석　서둘러라! 우리는 시간이 많지 않다.
　정답　much
　해설　time은 불가산명사이므로 much가 적합!

⑤ 해석　귀찮게 하지 마세요. 나는 해야 할 일이 많아요.
　정답　much
　해설　work는 불가산명사이므로 much가 적합!

## 5. 형용사와 부사 구별하기

다음 문장에서 밑줄 친 '~ly'로 끝나는 낱말의 품사와 의미를 구별하세요.

① Jennifer drove carefully along the narrow road.

② The building was totally destroyed in the fire.

③ This is a monthly magazine.

④ Everyone was very friendly towards me.

⑤ They were deeply disturbed by the accident.

---

**해설 및 정답**

① 해석 Jennifer는 좁은 길을 조심스럽게 운전했다.
정답 부사: 조심스럽게, 신중히
해설 carefully는 동사 drove를 수식하는 부사!

② 해석 그 건물은 화재에 완전히 파괴되었다.
정답 부사: 전적으로, 아주
해설 totally는 was destroyed를 수식하는 부사!
어휘 totally 전적으로, 아주

③ 해석 이것은 월간지이다.
정답 형용사: 매달의, 한 달에 한번의
해설 monthly는 magazine을 수식하는 형용사!
'명사+ly=형용사' monthly 형 매달의, 월 1회의

④ 해석 모든 사람들이 나에게 친절했다.
정답 형용사: 친절한, 친한
해설 friendly는 주격보어로 사용되고 있는 형용사!
'명사+ly=형용사'

⑤ 해석 그들은 그 사고로 몹시 불안해했다.
정답 부사: 몹시, 깊이, 철저히
해설 deeply는 were disturbed를 수식하는 부사! deep이나 high가 부사로 쓰일 때에는 공간적인 의미의 '깊게'나 '높게'로 해석되지만, deeply나 highly는 '추상적 표현'에 사용되는 부사로서 공히 '매우, 깊이, 몹시' 등의 의미를 갖는다.

## 6. by와 until 구별하기

다음 빈 곳에 전치사 by나 until 중에서 선택하여 넣으세요.

① Ross went away. He will be away ________ Monday.

② Tell me ________ Wednesday whether or not you can come.

③ Jennifer will be working ________ 12 o'clock.

④ I think I'll wait ________ Thursday before making a decision.

⑤ ________ the time Mrs. An got to the party, most of the guests had left.

---

**해설 및 정답**

① 해석 Ross는 떠났다. 그는 월요일까지 돌아오지 않을 것이다.

정답 until

해설 '~까지'의 계속을 나타내는 경우에는 until!

② 해석 당신이 올 것인지 아닌지를 수요일까지 나에게 알려주세요.

정답 by

해설 '~까지'의 완료를 나타내는 경우에는 by!

③ 해석 Jennifer는 12시까지 공부할 것이다.

정답 until

해설 '~까지'의 계속을 나타내는 경우에는 until!

④ 해석 나는 결정을 내리기 전에 목요일까지 기다릴 것이라고 생각한다.

정답 until

해설 '~까지'의 계속을 나타내는 경우에는 until!

어휘 make a decision: 결정하다

⑤ 해석 안 선생님이 파티에 도착했을 때, 대부분의 손님들은 떠났었다.

정답 by

해설 '~까지'의 완료를 나타내는 경우에는 by! 그가 파티에 도착한 시점에는 이미 대부분의 손님들이 떠나고 없었다는 의미이다.

## 7. 평행구조 이해하기

다음 (　　)의 단어 중에서 적절한 것을 고르세요.

① Jennifer is friendly and (kind, kindness).

② Honesty and (generous, generosity) are admirable qualities in a person.

③ Not only Gary (but also, and either) Jennifer is here.

④ Gary will take either physics (or, and) chemistry next year.

⑤ Jennifer is working on both a degree in finance (or, and) a degree in statistics.

---

### 해설 및 정답

① 해석 Jennifer는 호의적이고 친절하다.

정답 kind

해설 등위접속사 and는 같은 품사를 연결한다. friendly는 '호의적인'이란 뜻을 갖는 형용사이기 때문에 and 다음에도 형용사인 kind를 연결!

② 해석 정직과 관대함은 사람에게 있어서 훌륭한 특질이다.

정답 generosity

해설 등위접속사 앞에 명사인 honesty가 왔으므로 다음에도 명사형인 generosity가 적합!

어휘 admirable: 칭찬할 만한 / generosity: 관대(함), 아량

③ 해석 Gary 뿐만 아니라 Jennifer도 이곳에 있다.

정답 but also

해설 not only A but also B: A뿐만 아니라 B도

④ 해석 Gary는 내년에 물리학이나 화학을 수강할 계획이다.

정답 or

해설 either A or B: A 혹은 B

⑤ 해석 Jennifer는 금융학과 통계학을 복수학위전공하고 있다.

정답 and

해설 both A and B: A와 B 둘 다

## 8. 현재시제는 언제 사용하는가?

다음 문장에서 현재시제가 나타내는 바를 쓰세요.

① Jennifer always eats cereal for breakfast.

② School starts at 9:00 and finishes at 5:00

③ Water consists of hydrogen and oxygen.

④ If you see Mike tomorrow, ask him to phone me please.

⑤ Gary is a freshman in college this year.

---

**해설 및 정답**

① 해석 Jennifer는 항상 아침식사로 시리얼을 먹는다.
정답 규칙적인 습관

② 해석 학교는 9시에 시작하고 5시에 끝난다.
정답 계획된 일

③ 해석 물은 수소와 산소로 이루어져있다.
정답 과학적 사실 또는 불변의 진리
어휘 consist of: ~로 구성되다 / hydrogen: 수소 / oxygen: 산소

④ 해석 만일 내일 마이크를 만나면, 나에게 전화해 달라고 해 주세요.
정답 미래시제의 표현
해설 때나 조건의 부사절에서 현재시제로 미래시제를 표현한다.

⑤ 해석 Gary는 금년에 대학 1학년이다.
정답 현재의 상태

## 9. 진행형시제는 언제 사용하는가?

다음 중 진행형시제가 가능한 경우와 불가능한 경우를 구별하세요.

① A tree is standing over there.

② She is standing over there.

③ I am really liking this cappuccino.

④ Jennifer is having a nice car.

⑤ Gary is having a good time.

---

**해설 및 정답**

① **해석** 나무 한 그루가 저기에 서 있다.
**정답** 비문법적인 문장
**해설** 나무가 서 있는 상황은 일시적인 상황이 될 수 없으므로 진행형으로 쓸 수 없다.

② **해석** 그녀가 저기에 서 있다.
**정답** 문법에 맞는 문장
**해설** 사람이 서 있는 상황은 일시적인 상황이므로 진행형이 가능!

③ **해석** 나는 이 카푸치노를 정말 좋아한다.
**정답** 비문법적인 문장
**해설** '좋아하다(like)'는 일시적일 수 없는 성질이기 때문에 진행형이 불가!
c.f) I really like this cappuccino. (O)

④ **해석** Jennifer는 멋진 차를 가지고 있다.
**정답** 비문법적인 문장
**해설** '소유'는 의미상 일시적일 수 없으며 따라서 진행형이 불가능!

⑤ **해석** Gary는 즐거운 시간을 보내고 있다.
**정답** 문법에 맞는 문장
**해설** 'have'가 '즐기다'의 뜻으로 쓰이는 경우에는 진행형이 가능!

## 10. 수동태의 사용 시기 알아두기

다음 (　　)의 낱말 중에서 적합한 것을 고르세요.

① The music at the party was very loud and could be (hear, heard) from far away.

② The new hotel will be (opening, opened) next year.

③ This room (is, was) cleaned yesterday.

④ Jennifer is (cleaned, cleaning) the room right now.

⑤ The scientists were satisfied (by, with) the results of the experiments.

---

**해설 및 정답**

① 해석 그 파티에서의 음악소리는 너무 시끄러워서 멀리서도 들렸다.
　정답 heard
　해설 문장주어인 the music은 들려지는 대상이므로 수동태문장형식이 필요!
　'be동사+과거분사' 형태가 되어야 하므로 heard가 적합!

② 해석 그 새 호텔은 내년에 문을 열 예정이다.
　정답 opened
　해설 문장주어인 the new hotel은 개관되는 대상이므로 수동태문장형식!
　'be동사+과거분사' 형태가 되어야 하므로 opened!

③ 해석 이 방은 어제 청소되어졌다.
　정답 was
　해설 문장에 과거시제의 부사인 yesterday가 있으므로 'be+과거분사' 형태의 be동사의 시제는 was가 적합!

④ 해석 Jennifer는 지금 방 청소를 하고 있다.
　정답 cleaning
　해설 문장주어가 Jennifer이므로 청소를 하는 주체이며, 따라서 능동형식이 되어야 한다.

⑤ 해석 과학자들은 그 실험결과에 만족했다.
　정답 with
　해설 수동태형식의 문장에서 by 대신에 관용적으로 다른 전치사를 사용하는 경우!
　어휘 be satisfied with~: ~에 만족하다

## 11. 수동태문장에서의 변화들

다음 문장의 밑줄 친 곳에 적절한 단어를 넣으세요.

① I only did it because I was made _____ do it.

② Gary was spoken _____ by the man.

③ The cat ______ run over by the car.

④ The floor was felt _______ move beneath my feet.

⑤ Ross was heard _______ say so by me.

---

**해설 및 정답**

① 해석 나는 그렇게 하도록 강요되어져서 그 일을 했다.

정답 to

해설 능동태에서 사역동사의 목적격보어로 원형부정사를 취하지만, 이 문형이 수동태로 바뀌면 원형부정사는 to부정사로 바뀐다!

They **made** me <u>do</u> it.(능동태) → I **was made** <u>to do</u> it.(수동태)

② 해석 그 사람이 Gary에게 말을 걸어왔다.

정답 to

해설 The man <u>spoke to</u> Gary.(능동태) → Gary <u>was spoken to</u> by the man.(수동태)

어휘 speak to: ~에게 말을 걸다

③ 해석 그 고양이가 차에 치었다.

정답 was

해설 The car <u>ran over</u> the cat.(능동태) → The cat <u>was run over</u> by the car.(수동태)

어휘 run over~: ~을 치다

④ 해석 발밑의 바닥이 움직이는 것을 느꼈다.

정답 to

해설 능동태에서 지각동사의 목적격보어로 원형부정사를 취하지만, 이 문형이 수동태로 바뀌면 원형부정사는 to부정사로 바뀐다!

I **felt** the floor <u>move</u> beneath my feet.(능동태)

→ The floor **was felt** <u>to move</u> beneath my feet.(수동태)

⑤ 해석 나는 Ross가 그렇게 말하는 것을 들었다.

정답 to

해설 능동태에서 사역동사의 목적격보어로 원형부정사를 취하지만, 이 문형이 수동태로 바뀌면 원형부정사는 to부정사로 바뀐다!

I **heard** Ross <u>say</u> so.(능동태) → Ross **was heard** <u>to say</u> so by me.(수동태)

## 12. 부정사의 역할 알아두기 I

다음 문장에서 부정사를 찾고 그 역할을 구별해보세요.

① I plan to go to the theater this evening.

② We decided not to go out because of the weather.

③ To learn a second language is difficult.

④ It was late, so we decided to take a taxi home.

⑤ I need to borrow some money.

---

**해설 및 정답**

① 해석 나는 오늘 저녁 영화 보러 갈 계획이다.

정답 부정사 to go는 명사적 용법!

해설 to go가 타동사 plan의 목적어 역할을 하고 있으므로 명사적 용법!

② 해석 우리는 날씨 때문에 외출하지 않기로 결정했다.

정답 부정사 not to go out은 명사적 용법!

해설 not to go out이 타동사 decided의 목적어 역할을 하고 있으므로 명사적 용법! 부정사를 부정하는 부정어(not)는 부정사(to go out) 앞에 온다.

③ 해석 제2외국어를 배우는 것은 어렵다.

정답 부정사 to learn은 명사적 용법!

해설 to learn은 문장의 주어 역할을 하고 있으므로 명사적 용법!

④ 해석 시간이 늦었다. 그래서 우리는 집에 택시를 타고 가기로 결정했다.

정답 부정사 to take는 명사적 용법!

해설 to take가 타동사 decided의 목적어 역할을 하고 있으므로 명사적 용법!

⑤ 해석 나는 돈을 좀 빌려야 한다.

정답 부정사 to borrow는 명사적 용법!

해설 to borrow가 타동사 need의 목적어 역할을 하고 있으므로 명사적 용법!

## 13. 부정사의 역할 알아두기 II

다음 문장에서 부정사를 찾고 그 역할을 구별해보세요.

① He came here to study English.

② We were sorry to hear the bad news.

③ I was surprised to see Gary at the meeting.

④ I went to the library to study last night.

⑤ Jennifer went to Chicago to attend the conference.

---

**해설 및 정답**

① **해석** 그는 영어를 공부하기 위해서 이곳에 왔다.

**정답** to study: '목적'을 나타내는 부사적 용법

**해설** 부정사(to study)가 동사(came)를 수식하고 있으므로 부사적 용법!

② **해석** 우리는 그 나쁜 소식을 들어서 유감이었다.

**정답** to hear: '감정의 원인'을 나타내는 부사적 용법

**해설** 부정사(to hear)가 형용사인 sorry를 수식하고 있으므로 부사적 용법!

③ **해석** 나는 그 회의에서 Gary를 만나서 깜짝 놀랐다.

**정답** to see: '감정의 원인'을 나타내는 부사적 용법

**해설** 부정사(to see)가 과거분사(형용사취급)인 surprised를 수식하고 있으므로 부사적 용법!

④ **해석** 나는 어젯밤에 공부하기 위해 도서관에 갔다.

**정답** to study: '목적'을 나타내는 부사적 용법

**해설** 부정사(to study)가 동사(went)를 수식하고 있으므로 부사적 용법!

⑤ **해석** Jennifer는 컨퍼런스에 참석하기 위해 시카고에 갔다.

**정답** to attend: '목적'을 나타내는 부사적 용법

**해설** 부정사(to attend)가 동사(went)를 수식하고 있으므로 부사적 용법!

## 14. 동명사 역할 알아두기

다음 문장에서 동명사를 찾아내고 그 역할을 쓰세요.

① Jennifer is in charge of organizing the meeting.

② Gary enjoys watching movies on weekends.

③ Completing Frankenstein at 19 was an incredible accomplishment.

④ The man apologized for being late.

⑤ Frankenstein's error was creating the monster.

---

**해설 및 정답**

① 해석 Jennifer는 그 모임의 준비를 담당하고 있다.
정답 organizing: 전치사(of)의 목적어 역할
어휘 be in charge of: ~을 담당하다 /
organize: 조직하다, 체계화하다, 설립하다, 준비하다

② 해석 Gary는 주말에 영화보기를 좋아한다.
정답 watching: 타동사(enjoys)의 목적어 역할

③ 해석 프랑케슈타인을 19세에 완성한 것은 믿을 수 없는 업적이었다.
정답 completing: 문장의 주어 역할

④ 해석 그 사람은 늦은 것에 대해 사과했다.
정답 being: 전치사(for)의 목적어 역할
어휘 apologize: 사과하다, 사죄하다, 변명하다

⑤ 해석 프랑켄슈타인의 실수는 괴물을 만든 일이었다.
정답 creating: 문장의 주격보어 역할
어휘 create: 만들다, 창조하다 / monster: 괴물, 도깨비

## 15. 동명사와 부정사의 구별

다음 문장이 성립하도록 (　　)의 표현 중에서 고르세요.

① Don't forget (to mail, mailing) the letter I gave you.

② Would you mind (to close, closing) the door?

③ Jason now regrets not (to study, studying) harder when he was in college.

④ They decided not (to go, going) out because of weather.

⑤ Jennifer really enjoys (to go, going) for long walks in the country.

---

**해설 및 정답**

① 해석 내가 너에게 준 편지 부치는 걸 잊지 말아라.
정답 to mail
해설 forget의 목적어로 부정사가 나오면 그 시점에서 아직 닥치지 않은 일을 표현한다.

② 해석 문 좀 닫아 주시겠습니까?
정답 closing
해설 mind는 동명사를 목적어로 취한다.

③ 해석 Jason은 그가 대학시절에 열심히 공부하지 않았던 것을 이제 후회한다.
정답 studying
해설 regret 다음에 동명사가 오면 그 이전의 과거 사실을 표현!

④ 해석 그들은 날씨 때문에 나가지 않기로 결정했다.
정답 to go
해설 decide는 부정사를 목적어로 취한다.

⑤ 해석 Jennifer는 시골에서 오래 산책하는 것을 아주 즐긴다.
정답 going
해설 enjoy는 동명사를 목적어로 취한다.

## 16. 분사형태 알아두기

다음 문장이 성립하도록 (    )의 낱말을 변형시켜서 밑줄 친 빈 칸을 채우세요.

① The (injure)________ woman was put into an ambulance.

② The (exhaust) __________ man sat down to rest under the shade of a tree.

③ The (terrify) _________ villagers ran for their lives.

④ It was a (frighten) ___________ sound.

⑤ Did you meet anyone (interest) ___________ at the party?

---

**해설 및 정답**

① 해석 부상당한 여자는 구급차에 태워졌다.

정답 injured

해설 부상을 당한 것은 경험이나 수동의 의미라고 볼 수 있기 때문에 과거분사형태가 적합!

어휘 injured: 부상한, 상처 입은, 감정이 상한

② 해석 피곤에 지친 그 사람은 휴식을 취하기 위해 나무그늘 아래에 앉았다.

정답 exhausted

해설 피곤한 상황은 경험의 형태라고 볼 수 있기 때문에 과거분사형태가 적합!

③ 해석 겁에 질린 마을 사람들은 필사적으로 도망쳤다.

정답 terrified

해설 겁에 질린 상황은 경험의 형태라고 볼 수 있기 때문에 과거분사형태가 적합!

어휘 run for one's life 필사적으로 도망가다 / villager: 마을사람

④ 해석 그것은 깜짝 놀라게 하는 소리였다.

정답 frightening

해설 그 소리가 놀라게 만드는 원인이 되었으므로 원인격인 현재분사가 적합!

⑤ 해석 당신은 그 파티에서 재미있는 사람을 만났습니까?

정답 interesting

해설 파티에서 흥미를 주는 사람이란 뜻이므로 원인격인 현재분사형태가 적합!

## 17. 관계사와 형용사절의 이해

다음 문장에서 관계사와 관계사가 이끄는 형용사절을 각각 표시하세요.

① The boy who sits near the door is a good student.

② I felt sorry for the farmer whose cattle had strayed.

③ The man who lives next door gave Bob an old bicycle.

④ The employer for whom Dick worked raised his pay.

⑤ A sailor whom the boys had met invited them on board his ship.

---

**해설 및 정답**

① **해석** 문 옆에 앉아있는 소년은 착한 학생이다.

**정답** 관계대명사: who / 형용사절: who sits near the door

**해설** 선행사가 the boy이고, 관계사절 내에서 주어의 역할을 해야 하므로 who가 적합!

② **해석** 나는 길을 잃은 소의 주인인 농부가 안타까웠다.

**정답** 소유격 관계대명사[=관계형용사]: whose / 형용사절: whose cattle had strayed

**해설** 선행사가 the farmer이며, 다음에 오는 명사인 cattle을 수식해주는 위치이므로 관계형용사인 whose가 적합!

**어휘** cattle: 소, 축우 / stray: 길을 잃다

③ **해석** 옆집에 사는 사람이 Bob에게 중고자전거를 주었다.

**정답** 관계대명사: who / 형용사절: who lives next door

④ **해석** Dick이 일하는 회사의 사장은 Dick의 급여를 인상시켜주었다.

**정답** 관계대명사: whom / 형용사절: for whom Dick worked

**해설** 선행사가 the employer이고, 관계사절 내에서 전치사 for의 목적어 역할을 하는 목적격 관계대명사로는 whom이 적합하다.

**어휘** employer: 사장, 고용주 / work for: ~에서 일하다.

⑤ **해석** 소년들이 만났던 그 선원은 그 소년들을 배 위로 초대했다.

**정답** 관계대명사: whom / 형용사절: whom the boys had met

**해설** 선행사가 a sailor이고, 관계사절 내에서 타동사 had met의 목적어 역할을 하는 목적격 관계대명사로는 whom이 적합하다.

**어휘** on board a ship: 선내에, 승선하여 / sailor: 선원, 해군 군인

## 18. 관계사와 명사절의 이해

다음 문장에서 관계사와 관계사가 이끄는 명사절을 각각 표시하세요.

① What James said was a surprise to all of us.

② Ross always wants to hear about what movie stars are wearing.

③ What he was talking about was interesting.

④ What we are doing in class is easy.

⑤ I don't know what happened.

---

**해설 및 정답**

① 해석 James가 말한 것은 우리 모두에게 놀랄만한 사건이었다.

정답 관계사: what / 명사절: What James said

해설 what James said는 명사절로서 문장전체의 주어 역할!

② 해석 Ross는 항상 영화배우가 입고 있는 것에 관해서 듣고 싶어 한다.

정답 관계사: what / 명사절: what movie stars are wearing

해설 what movie stars are wearing은 전치사 about의 목적어 역할을 하는 명사절이다. 일반적으로 절이 전치사의 목적어 역할을 할 수는 없기 때문에 혼동할 수 있으나 이 문장에서는 'what=the thing which'라고 할 수 있으므로 the thing이 about의 목적어라 이해하자!

③ 해석 그가 한 말은 재미있었다.

정답 관계사: what / 명사절: what he was talking about

해설 What he was talking about은 문장의 주어 역할을 하고 있는 명사절!

④ 해석 우리가 수업시간에 하고 있는 것은 쉽다.

정답 관계사: what / 명사절: what we are doing

해설 what we are doing은 문장에서 주어 역할을 하고 있는 명사절!

⑤ 해석 나는 일어났던 일을 모른다.

정답 관계사: what / 명사절: what happened

해설 what happened는 동사 know의 목적어 역할을 하는 명사절!

## 19. 관계사의 생략

다음 문장에서 관계사를 생략할 수 있는 경우와 없는 경우를 구별하세요.

① She told me her address, which I wrote down on a piece of paper.

② Anyone who wants to take the exam must sign up before next Friday.

③ She is the woman whom I told you about.

④ We visited the National Museum, which I had never been to before.

⑤ Jennifer passed her driving test, which surprised everybody.

---

**해설 및 정답**

① **해석** 그녀는 나에게 그녀의 주소를 말했고, 나는 종이 위에 그 주소를 받아 적었다.

**정답** 생략할 수 없다.

**해설** 이 문장에 쓰인 관계사절은 관계대명사 which 앞에 comma(,)가 있어서 계속적 용법임을 알 수 있다. 이러한 계속적 용법에서는, 비록 which가 전치사 wrote down의 목적어 역할을 하는 목적격관계대명사라 할지라도, 관계대명사를 생략할 수 없다.

② **해석** 시험을 치고자 하는 사람은 누구나 다음 금요일 전까지 신청해야 한다.

**정답** 생략할 수 없다.

**해설** 이 문장의 관계사절은 who wants to take the exam이며, 관계사 who는 주어 역할을 하고 있으므로 주격관계대명사이다. 일반적으로 주격관계대명사는 생략될 수 없다.

③ **해석** 그 여자는 내가 너에게 말했던 여자이다.

**정답** 생략이 가능하다.

**해설** whom I told you about에서 관계대명사 whom은 전치사 about의 목적어 역할을 하고 있다. 따라서 생략할 수 있다. 제한적 용법의 관계사절에서 타동사나 전치사의 목적어 역할을 하는 관계대명사는 생략이 가능!

④ **해석** 우리가 국립박물관을 방문했는데, 나는 이전에 그곳을 가본 적이 없었다.

**정답** 생략할 수 없다.

**해설** 관계사절 which I had never been to before 앞에 comma(,)가 있으므로 계속적 용법이다. 이러한 계속적 용법에서는, 비록 which가 전치사 to의 목적어 역할을 하는 목적격관계대명사라 할지라도, 관계대명사를 생략할 수 없다.

⑤ **해석** Jennifer는 그녀의 운전시험에 합격했는데, 그 일은 모든 사람을 놀라게 했다.

정답 생략할 수 없다.

해설 관계사절 which surprised everybody 앞에 comma(,)가 있으므로 계속적 용법 이다. 이러한 계속적 용법에서는 관계대명사를 생략할 수 없다.

## 20. 주어와 동사의 일치 I

다음 문장의 주어의 수에 일치하는 동사를 ( ) 에서 고르세요.

① Gary (work, works) cooperatively with his classmates.

② They (have, has) been seeking advice from their peers.

③ The professor and the student (agree, agrees) on the point.

④ Tom, as well as his two older brothers, (is, are) in college.

⑤ One of the countries I would like to visit (is, are) America.

---

**해설 및 정답**

① 해석 Gary는 그의 학급동료들과 협력해서 일한다.

정답 works

해설 주어인 Gary는 3인칭 단수 형태이므로 현재시제에서는 동사에 s/es를 붙인다.

어휘 cooperatively: 협조적으로, 협력해서

② 해석 그들은 그들의 동료들로부터 조언을 구해오고 있다.

정답 have

해설 주어 역할을 하는 they는 3인칭 복수 형태!

어휘 peer: 동료, 친구

③ 해석 그 교수님과 학생은 그 점에 동의한다.

정답 agree

해설 주어가 the professor와 the student이므로 복수 형태!

④ 해석 그의 두 형들 뿐만 아니라 Tom도 대학에 있다.

정답 is

해설 A as well as B의 구문에서 동사의 수는 A의 수에 일치시킨다.

⑤ 해석 내가 방문하고 싶은 나라들 중에 한 나라는 미국이다.

정답 is

해설 'one of+복수명사' 구문의 주어는 one이므로 동사를 단수주어에 일치시킨다.

## 21. 주어와 동사의 일치 II

다음 문장의 주어의 수에 일치하는 동사를 (　　)에서 고르세요.

① Economics (is, are) Gary's favorite subject.

② Twenty minutes (is, are) more than enough time to complete this exercise.

③ Each of the boys in the class (has, have) his own computer.

④ The news about Nicole (is, are) surprising.

⑤ Six thousand miles (is, are) too far to travel.

---

**해설 및 정답**

① 해석 경제학은 Gary가 가장 좋아하는 과목이다.
정답 is
해설 학문명은 단수 취급!

② 해석 20분은 이 연습문제를 끝마치기에 충분한 시간이다.
정답 is
해설 시간, 거리, 가격, 무게 등은 단수 취급!

③ 해석 학급의 소년들은 각자 자신의 컴퓨터를 가지고 있다.
정답 has
해설 each는 단수 취급!

④ 해석 Nicole에 관한 소식은 놀랍다.
정답 is
해설 news는 단수 취급!

⑤ 해석 6천 마일은 여행하기에 너무 장거리이다.
정답 is
해설 시간, 거리, 가격, 무게 등은 단수 취급!

## 22. 현재시제의 확장

다음 밑줄 친 동사에서 현재시제를 쓰는 이유를 설명하세요.

① The earth <u>goes</u> around the sun.

② I <u>get up</u> at 7:00 every morning.

③ Water <u>consists</u> of hydrogen and oxygen.

④ He always <u>eats</u> a sandwich for lunch.

⑤ Pennsylvania <u>is</u> in the United States.

---

**해설 및 정답**

① **해석** 지구는 태양 둘레를 돈다.
**정답** 불변의 진리는 항상 현재시제!

② **해석** 나는 매일 아침 7시에 일어난다.
**정답** 되풀이되는 규칙적인 행동에는 현재시제!

③ **해석** 물은 수소와 산소로 이루어져 있다.
**정답** 과학적 사실에는 항상 현재시제!

④ **해석** 그는 점심으로 항상 샌드위치를 먹는다.
**정답** 되풀이되는 규칙적인 행동에는 현재시제!

⑤ **해석** Pennsylvania는 미국에 있다.
**정답** 지리적이거나 환경적인 사실에는 현재시제!

## 23. 가정법의 형태 알아두기

다음 (　　)에 들어갈 적절한 낱말을 고르세요.

① If I (were, was) you, I wouldn't buy the car.

② If we took the 7:30 train, we (would, will) arrive too early.

③ If I (ate, had eaten) breakfast this morning, I would not be hungry now.

④ If Judy (studied, had studied) hard, she would have passed the exam.

⑤ If I could travel to the past, I (will, would) visit my ancestors.

---

**해설 및 정답**

① **해석** 만일 내가 너라면, 나는 그 차를 사지 않을 것이다.
**정답** were
**해설** 가정법 과거시제에서 be동사는 인칭이나 수에 관계없이 were를 쓴다.

② **해석** 만일 우리가 7시 30분 기차를 타면 우리는 너무 일찍 도착할거야.
**정답** would
**해설** 가정법 과거의 주절의 시제에는 '조동사의 과거형+원형동사'를 쓴다. 조동사의 과거형으로는 would, should, could, might 등이 있다.

③ **해석** 만일 내가 오늘 아침 식사를 했더라면, 나는 지금 배고프지 않을텐데.
**정답** had eaten
**해설** 혼합가정법: 과거사실이 현재에까지 영향을 미치고 있을 때 사용한다. 과거사실을 가정하는 경우에는 가정법 과거완료시제를 쓰고, 현재사실을 가정하는 경우에는 가정법 과거시제를 사용한다.

④ **해석** 만일 Judy가 공부를 열심히 했었더라면, 그녀는 시험에 합격했을텐데.
**정답** had studied
**해설** 주절의 시제가 would have passed임으로 미루어, if절의 시제는 'had+p.p.' 형태임을 알 수 있다. 이 문장은 과거사실의 반대를 나타내는 가정법과거완료시제의 문장!

⑤ **해석** 내가 과거로 여행할 수 있다면, 나는 나의 조상을 방문할 텐데.
**정답** would
**해설** 현재사실의 반대를 가정하는 가정법과거시제의 문장이므로, 주절에는 조동사과거형이 필요!

## 24. 문장에서 if의 생략 알아보기

다음은 if가 생략되어 있는 문장입니다. if가 있는 문장으로 바꿔보세요.

① Were I you, I wouldn't do that.

② Had I known, I would have told you.

③ Should anyone call, please take a message.

④ Should there be a global nuclear war, life on earth would end forever.

⑤ Did I know something about plumbing, I would fix the leak in the sink.

---

### 해설 및 정답

① 해석 내가 너라면, 나는 그걸 하지 않을 텐데.

정답 If I were you, I wouldn't do that.

해설 현재사실의 반대를 가정하는 가정법과거시제의 문장! 가정법시제의 문장에서 if가 생략되면 주어와 조동사의 순서가 바뀐다.

② 해석 내가 알았더라면 나는 너에게 말했을 텐데.

정답 If I had known, I would have told you.

해설 과거사실의 반대를 가정하는 가정법 과거완료시제의 문장!

③ 해석 만일 누군가로부터 전화가 온다면 메시지를 받아두세요.

정답 If anyone should call, please take a message.

해설 불확실한 일의 가정에는 가정법 미래시제!
가정법 미래시제의 문장에는 if절에 조동사 should를 쓴다.

④ 해석 만일 세계적인 핵전쟁이 일어난다면, 지구상의 생명체는 영원히 사라질 텐데.

정답 If there should be a global nuclear war, life on earth would end forever.

해설 아주 불확실한 일의 가정에는 가정법 미래시제!
가정법 미래시제에는 if절에 조동사 should를 쓴다.

⑤ 해석 만일 내가 배관에 대해 안다면, 내가 싱크대의 새는 곳을 수리할 수 있을 텐데.

정답 If I knew something about plumbing, I could fix the leak in the sink.

해설 현재사실의 반대를 가정하는 가정법과거시제의 문장! 가정법시제의 문장에서 if가 생략되면 주어와 조동사의 순서가 바뀌게 된다. 이 문장에서는 동사가 일반동사인 knew이므로 조동사는 did를 써야 한다는 점에 주의하자!